인성교육과 국어교육

인성교육과 국어교육

정기철

도서출판 **역락**

서문

솔직히 말해보자.

내 아이가 인성을 제대로 갖춘 사람으로 성장하는 것과 일류 대학에 가는 것, 둘 중에 하나를 선택하라고 하면 무엇을 선택하겠는가?

고약한 질문이라고 생각하거나, 아니면 쓸데없는 질문이라 생각할 줄도 모른다. 그러나 고약한 질문도 아니고 쓸데없는 질문도 아니다. 이 질문은 우리의 미래이고 우리의 삶이다.

다시 묻는다.

내 아이가 인성을 제대로 갖춘 사람으로 성장하는 것과 일류 대학에 가는 것, 둘 중에 하나를 선택하라고 하면 무엇을 선택하겠는가?

마음속으로는 인성을 제대로 갖춘 아이로 커줬으면 싶지만, 현실적으로는 일류대학에 갔으면 하는 것이 솔직한 대답일 것이다. 그것이 우리 사회의 현실이니까.

그렇지만 다시 한번만 생각해보자. 인성은 우리의 미래이다. 인성교육을 잘 이루어야 경제발전을 이룰 수 있고 선진국이 될 수 있다. 선진국이 되기 위해서는 여러 가지 요소가 필요하다. 그러나 "선진국가 = 인성국가"의 등식은 선진국으로 가기 위한 가장 기본적인 필요조건이다. 인성국가가 되지 않는 경제발전도 없고 선진국도 될 수 없다는 말이다.

인성국가가 되지 않으면 경제적으로 엄청난 '지체비용'과 '갈등비용', '복구비용'을 지불해야 한다. '지체비용'이란 경제활동이 제때 이루어지지 않아 발생하는 비용이다. 가령, 사업상의 계약이나 유통 과

서문

정에서 서로 상대방을 믿지 못하기 때문에 확인하는 시간을 허비하거나 경제적 손해를 보는 비용을 말한다. '갈등비용'이란 사업가와 노동자, 생산자와 소비자, 정책입안자와 정책집행자 간의 불신에서 생기는 비용을 말한다. 대표적으로 노사불신에서 일어난 파업과 태업 등으로 인해 발생하는 손해비용이 있다. '복구비용'이란 쉽게 말하면 쓰러진 기업을 되살리거나 파괴된 산업구조를 되살리는 데 투자해야하는 비용을 말한다.

이처럼 인성국가가 되지 않았을 때에는 엄청난 비용을 허비해야 한다. 그래서는 경제는 발전할 수 없다. 미래 산업 구조나 새로운 기술 발전에 투자해야할 비용을 엉뚱한 곳에 쏟아 부어서는 경제를 발전시킬 수 없고 또한 선진국이 될 수 없다.

우리 경제가 21세기에 접어들면서 발전의 기회를 갖지 못하고 몇십 년 퇴보한 이유는 바로 인성국가가 되지 못했기 때문이다. 따라서 인성교육은 선택 사항이거나 추상적이고 이상적인 과제가 아니다. 지금 당장 실천해야할 활동이다.

또 인성교육이 제대로 이루어지지 않은 사회는 삶의 만족도가 낮은, 불행한 사회가 될 수밖에 없다. 지금 우리 사회는 혼란과 반목(反目), 불신과 싸움이 만연하고 있다. 우리 사회가 행복한 사회라고 대답할 수 있는 사람도 그리 많지 않다. 그렇다면 왜 행복하지 않은가?

우리 사회의 불행은 지능이나 지식 부족에서 온 것이 아니다. 현대인을 불행하게 하고 국가를 위기 속으로 몰아가는 요인 역시 불가피

서문

한 천재지변이나 사회 구조적인 요소보다는 인재지변이나 개인적인 요소가 더욱 크다. 즉, 한 인간의 삶에 미치는 요소 중에서 가장 큰 것은 인간과 인간 사이에서 일어나는 대인관계라 할 수 있다.

가령, 인간은 사회구조나 제도에 의해 행복과 불행을 느끼는 것이 아니라 불친절한 은행원, 일 처리를 어렵게 하는 공무원, 난폭 운전하는 상대편 운전자에게서 불쾌감을 느끼고 불행한 삶을 경험한다. 그러나 반대로 친절하게 길을 가르쳐 주는 행인, 자신의 잘못을 솔직히 시인하고 환불해주는 가게의 주인, 자신의 이야기를 진지하게 들어주는 상대방에게서 행복을 느끼는 경우가 더욱 많다는 것이다.

문제는 인성이다. 그러나 우리 교육은 인성교육을 통해 행복하게 사는 법을 가르치지 못하고 있다. 아직도 출세지향주의, 경쟁원리에 의한 지식 주입 교육에 열을 올리고 있다. 미래사회에서는 박제화 된 지식으로는 살아남을 수 없다는 경고를 끊임없이 접하면서도 교육 현장은 그 비대한 몸집 때문에 제대로 변하지 못하고 있다.

이제 인성교육의 절박성을 피부로 느껴야할 때이다.

이제 인성교육은 더 이상 추상적이거나, 관념적이거나, 이상적이거나, 미래에나 쓸모 있는 교육이 아니다. 이제 인성교육은 구체적이며, 현실적이고, 현재적인 것이다. 그리고 그래야 한다.

행복하게 살고 싶다. 아침에 일어나 즐거운 마음으로 집을 나서고 싶다. 즐거운 마음으로 운전을 하고, 일을 하고, 사람들을 만나고 싶다. 사람들 사이에서 행복을 느끼고 싶고 그들을 믿고 나도 그들에게

서문

믿음과 행복을 주는 사람이 되고 싶다. 집에 돌아오는 길이 더 행복했으면 좋겠다. 아이들과 성적 때문에 다투지 않고 오늘 있었던 아름다웠던 이야기를 나누며 행복하게 웃고 싶다. 잠자리에 들며 눈을 뜨면 내게 올 내일이라는 행복을 생각하며 미소지으며 잠들고 싶다.

그런 사회를 만들고 싶다.

부끄러운 고백이 있다.

사실 이 책은 내 생애의 역작으로 만들고 싶었다. 인성발달을 생각하는 교육. 아이들을 행복하게 만들어주는 교육을 위해 혼신을 다하고 싶었다. 그러나 이렇게 채 익지 않은 채 발간하게 되었다. 부끄러울 뿐이다. 그러나 희망이 있다면 이 책을 보신 분들이 부족한 점, 잘못된 점을 고치고 채워주신다면 더 좋은 책을 낼 수 있다는 희망이다. 그렇다면 내가 생애를 걸고 이루고 싶은 인성교육을 하루라도 더 빨리 뿌리 내릴 수 있을 것이다.

부디 꼼꼼히 읽으시고 부족한 점, 잘못된 점을 고치고 채워주시길 빈다.

2001. 10. 20.
저자 올림

차례

차례

제3장 인성교육과 쓰기 영역

차례

차례

제4장 인성교육과 읽기 영역

차례

제5장 인성교육과 문학 영역

제1장 인성교육과 국어교육

1. 1 인성 교육의 필요성

교육은 인간을 대상으로 하는 활동이다. 따라서 교육의 목표는 인간다운 인간을 만드는 것, 나아가 인간이 행복하게 살아갈 사회를 만드는 것이라 할 수 있다. 이러한 교육의 목표를 이루기 위해 동서고금을 막론하고 새로운 교육원리와 교육방법을 논의하고 구안하는 데 노력해 왔다.

그러나, 현대인들이 삶을 통해 더 많은 행복을 느끼고 있다거나 현대사회가 인간의 행복을 오롯하게 지켜주고 있다고 말하기에는 어려움이 있다. 오히려 비윤리적이고 비인간적인 사건들이 빈발하는 가운데 현대인은 더욱 각박한 삶을 살아가고 있다. 더욱이 '교육이민'이라는 새로운 용어가 등장할 정도로 교육이 사회문제가 되고 있다.

윤정남[1]은 청소년 인성교육의 문제점으로 ① 급격한 사회 변화에서 오는 부작용 ② 가정형태의 변화에 따른 교육기능의 약화 ③ 학교교육의 위기 현상 ④ 민족적 자아정체감과 비전의 상실 등을 들었다.

윤정남의 견해를 빌리지 않더라도 기계화·도시화로 특징짓는 산업사회로의 전환은 물질의 풍요를 가져왔으나 정신세계의 빈곤과 인간소외 현상을 가속화하였다. 특히 세계화·국제화로 급속히 진행되면

---

1) 윤정남, 「학교에서의 인성교육」, 『학교경영』 13권 7호, 2000. 71 - 76쪽 참조.

서 고유의 민족정신과 민족 주체성은 뿌리 채 흔들리고 있다. 뿐만 아
니라 그 동안 지니고 있던 인성교육의 구조가 해체되고 그 결과 교육
전체가 공멸(共滅)의 위기를 맞고 있다.

인성교육은 가정·학교·사회에서 동시에 이루어져야 함에도 불구
하고 가정은 가정대로, 학교는 학교대로, 사회는 사회대로 각각의 역
할을 하지 못하고 있으며 동시에 가정·학교·사회가 인성교육을 위
해 삼위일체를 이루지 못하고 있다. 이러한 상황에서 학습자들은 가
치관을 확립하지 못하고 이상과 현실의 너무도 먼 거리 사이에서 당
혹해하고 있다.

실제로 요즘 학생들은 과거의 학생과 달리 모범생과 문제아로 구별
되지 않는다. 집에서는 얌전하고 복종을 잘 하던 아이가 학교에 가서
는 폭력 그룹의 일원이 된다든지, 성적 우수학생이 선생님들의 지갑
에서 돈을 훔치는 절도 행위를 한다. 즉, 모범생이 언제든지 문제아가
될 수 있는 게 현실이다.

이러한 현상은 균형 잡힌 인성교육보다 경쟁과 수단을 은연중에 강
요하는 사회와 교육 풍토에 기인한다고 할 수 있다. 공부를 잘 하면
무엇이든 용서되는 풍토는 지혜보다 지식을 강조한다. 이렇게 수단과
방법을 가리지 않고 경쟁에서 이길 것을 강요하는 풍토는 더불어 사
는 삶보다는 남에게 피해를 주더라도 나만 잘 먹고 잘 살면 된다는
의식을 심어주고 있다.

이러한 전반적인 현상은 지능이나 지식 부족에서 기인한 것은 아니
다. 또한 현대인을 불행하게 하고 국가를 위기 속으로 몰아가는 요인
역시 불가피한 천재지변이나 사회 구조적인 요소보다는 인재지변이나
개인적인 요소가 더욱 크다. 즉, 한 인간의 삶에 미치는 요소 중에서
가장 큰 것은 인간과 인간 사이에서 일어나는, 대인관계라 할 수 있다.

가령, 인간은 사회구조나 제도에 의해 행복과 불행을 느끼는 것이
아니라 불친절한 은행원, 일 처리를 어렵게 하는 공무원, 난폭 운전하

는 상대편 운전자에게서 불쾌감을 느끼고 불행한 삶을 경험한다. 그러나 반대로 친절하게 길을 가르쳐 주는 행인, 자신의 잘못을 솔직히 시인하고 환불해주는 가게의 주인, 자신의 이야기를 진지하게 들어주는 상대방에게서 행복을 느끼는 경우가 더욱 많다는 것이다.

그러나 우리 교육은 인성교육을 통해 행복하게 사는 법을 가르치지 못하고 있다. 아직도 출세지향주의, 경쟁원리에 의한 지식 주입 교육에 열을 올리고 있다. 미래사회에서는 박제화 된 지식으로는 살아남을 수 없다는 경고를 끊임없이 접하면서도 교육 현장은 그 비대한 몸집 때문에 제대로 변하지 못하고 있다.

이제 인성교육의 절박성을 피부로 느껴야할 때이다.

이제 인성교육은 더 이상 추상적이거나, 관념적이거나, 이상적이거나, 미래에나 쓸모 있는 교육이 아니다. 이제 인성교육은 구체적이며, 현실적이고, 현재적인 것이다. 그리고 그래야 한다.

인성교육을 잘 이루어야 선진국이 될 수 있다. 선진국이 되기 위해서는 여러 가지 요소가 필요하다. 그러나 "선진국가 = 인성국가"의 등식은 선진국으로 가기 위한 가장 기본적인 필요 조건이다. 인성국가가 되지 않는 한 선진국이 될 수 없다.

인성국가가 되지 않으면 선진국이 될 수 없는 이유는 멀리 있지 않다. 선진국이 되기 위해서는 우선 경제발전을 이루어야 한다. 그러나 인성국가가 되지 않으면 '지체비용'과 '갈등비용', '복구비용' 때문에 경제는 발전할 수 없다.

지체비용이란 경제활동이 제때 이루어지지 않아 발생하는 비용이다. 가령, 사업상의 계약이나 유통 과정에서 서로 상대방을 믿지 못하기 때문에 손해를 보는 비용을 말한다. 경제활동은 서로 믿음을 가지고 있을 때 서류 하나만으로도 이루어질 수 있다. 그러나 서로 믿지 못했을 때에는 서류보다는 현장 확인, 재무구조 확인, 사업성 확인 등 많은 확인 절차를 거쳐야 한다. 이러한 확인 절차를 거치기 위해 많은 시간을 허비해야 하는 데 이때 생기는 것을 지체비용이라 한다.

갈등비용이란 사업가와 노동자, 생산자와 소비자, 정책입안자와 정책집행자 간의 불신에서 생기는 비용을 말한다. 대표적으로 노사불신에서 일어난 파업과 태업 등으로 인해 발생하는 손해비용이 있다. 가령, 어느 기업이 파업에 돌입했을 때 제품을 생산하지 못해 발생하는 손해비용과 기타 관련 하청업체들이 입는 손해비용 등이 이에 해당한다. 뿐만 아니라 제품을 제 때에 공급하지 못하기 때문에 생기는 기업 이미지 하락과 파업 전후 기간에 생기는 불량품 때문에 생기는 비용 등이 모두 갈등비용에 해당한다.

복구비용이란 쉽게 말하면 쓰러진 기업을 되살리거나 파괴된 산업구조를 되살리는 데 투자해야하는 비용을 말한다. 기업의 회장이나 담당자의 전횡이나 공금 유용을 원래대로 복구할 때 지불하는 비용을 바로 복구비용이라 한다.

막대한 손해비용을 지불해야 했던 예는 수없이 많다. 한 예를 들어 모 자동차회사는 회장의 전횡 때문에 파산에 이르렀고, 그 회사를 해외에 매각한다는 결정에 반발하는 강성 노조 때문에 엄청난 비용을 손해보았으며, 원래의 상태로 돌려놓기 위해서는 더 많은 시간과 비용을 지불해야만 한다.

이처럼 인성국가가 되지 않았을 때 경제는 발전할 수 없다. 미래 산업 구조나 새로운 기술발전에 투자해야할 비용을 엉뚱한 곳에 쏟아부어서는 경제가 발전할 수 없다.

우리 경제가 21세기에 접어들면서 발전의 기회를 갖지 못하고 몇 십 년 퇴보한 이유는 바로 인성국가가 되지 못했기 때문이다. 따라서 인성교육은 선택 사항이거나 추상적이고 이상적인 과제가 아니다. 지금 당장 실천해야할 활동이다.

인성교육이 절박한 또 하나의 이유는 컴퓨터에 의한 사회구조의 변화 때문이다. 컴퓨터 등장은 일상생활의 매체 변화를 의미하고 매체

변화는 사회구조의 변화를 의미한다.2)

컴퓨터가 가져온 사회구조의 변화 중 대표적인 것이 '개인활동의 증대'이다. 직장에 출근하지 않고도 집에서 개인의 컴퓨터로 직무를 수행할 수 있는 재택 근무자가 생겼고, 직장에서도 동료 직원들과 협의하여 처리하는 일보다는 개개인이 자신의 책상에 있는 컴퓨터로 처리하는 일이 많아졌다.

또한 인터넷 발달은 생활의 중심을 컴퓨터의 세계로 끌어들였다. 컴퓨터를 인터넷에 연결만 하면 일상생활의 모든 일과 업무를 처리할 수 있고, 세계 모든 곳을 돌아다닐 수 있게 되었다. 컴퓨터와 인터넷은 '세계화'를 완성해 가고 있다.

이제 컴퓨터와 인터넷으로 인해 변화된 사회에서 왜 인성교육이 절실한지에 대해 좀 더 구체적으로 논의할 때가 되었다.

조금 돌려서 말해보자. 과거에는 집단에 의해 범죄가 이루어졌다. 물론 몇몇 범죄는 단독으로 이루어지기도 하였지만, 대부분의 범죄는 집단에 의해 이루어졌고 그 피해도 소규모였다. 과거에는 몇몇 사람이 만나 범죄를 모의하고 실행했으며 그 피해는 몇몇 피해 당사자에 국한된 경우가 대부분이었다는 것이다.

그러나 컴퓨터와 인터넷이 중심이 되는 사회에서는 범죄 역시 개인적이며 피해는 광범위하다. 다시 말하면 과거의 범죄는 몇몇이 모여야 했기에 모의와 실행이 어려웠고 구성원 중에는 마음이 약한 사람이 있어 제어의 역할을 했으나, 지금의 범죄는 이러한 성격을 띠지 않는다는 것이다.

혼자 범죄를 모의하고 실행할 수 있다. 컴퓨터로 업무를 수행하다가, 혹은 재미로 다른 사이트의 비밀번호를 알아내어 들어갔다가 순간적으로 범죄를 저지를 수 있다. 그리고 그 피해는 불특정 다수가 겪게 된다.

---

2) 졸저, 『읽기교육의 이론과 실제』, 역락, 2000. 1장 - 3장 참조.

가령, 은행원이 업무를 수행하다가 고객들의 돈을 자신의 통장으로 빼돌렸다거나 보험회사 직원이 고객의 정보를 외부로 유출할 수 있다. 이러한 범죄는 철저히 개인적이며 피해를 입는 사람의 수는 방대하다. 때에 따라서는 예기치 않는 더 큰 해를 입는 피해자가 생길 수도 있다.

이처럼 컴퓨터와 인터넷이 중심이 되는 사회에서는 개인의 도덕성과 윤리의식이 중요하다. 나의 의식과 행동을 제어할 수 있는 사람은 '나' 뿐이다. 따라서 '나'를 통제할 수 있는 능력을 모든 사람이 갖추어야 한다.

인성교육은 현대교육의 핵심이 되어야 한다. 인성교육은 우리의 현재이고 미래이기 때문이다. 다행이 우리 학부모들은 학교교육이 인성교육을 중시해야 한다고 믿고 있다.

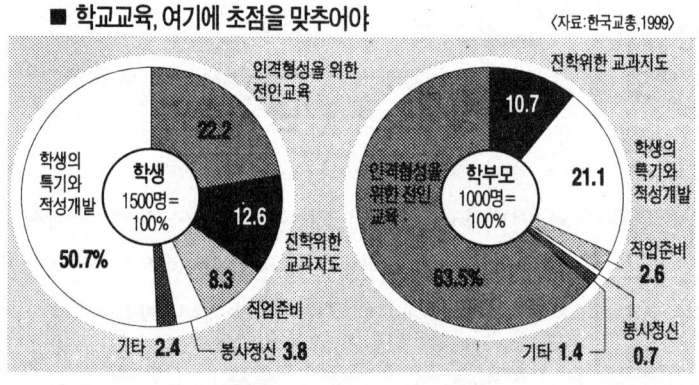

인성교육이 어디에서 주도적으로 이루어져야 하는가를 논외로 한다면 우리 학부모들이 인성교육을 중시하고 있다는 것은 매우 바람직한 현상이다. 그러나 학교교육에 대한 학부모의 생각뿐만이 아니라 학생들의 생각에도 관심을 가져야 할 것이다.

위 도표를 보면 학생들은 학교교육에서 자신들의 미래를 건설하고 싶어한다. 진학을 위한 교과지도나 직업준비, 특기·적성 개발은 모두 학생들의 미래에 관련이 있다는 점에서 공통점이 있다. 즉 학생들은 자신의 미래를 학교교육에서 설계하고 학교교육이 도움을 주기를 바라고 있다.

그렇다면 학생들이 원하는 미래를 위한 교육과 학부모가 원하는 인성교육의 접점을 찾는 것이 하나의 과제로 떠오르게 된다. 그리고 그 일은 전혀 불가능한 일이 아니다. 따라서 두 집단이 바라는 학교 교육이 되기 위한 교육 내·외적인 전략과 방안을 하루 빨리 체계화하여 제시하는 것이 이 땅에 있는 교육자·교육 전문가들이 해야 할 일이다.

1. 2 인성교육의 개념

인성교육의 개념을 정의하기 위해서는 우선 인성의 개념을 파악하고 파악한 인성의 개념에 교육을 붙여 인성교육이란 무엇인가를 논의하여야 할 것이다.

인성의 사전적 개념은 "사람의 품성"이다. 그러나 이러한 정의로 인성의 개념을 구체적으로 파악하는 데에는 한계가 있다. 사실, 인성의 개념을 정확하게 표현하기란 매우 어려운 일이다. 따라서 학자들마다, 바라보는 관점에 따라 인성에 대한 정의는 각기 다를 수밖에 없다.

서양의 학자들은 인성을 행동 방식이나 인격 형성의 과정으로 파악하는 경향이 강하다. 우선 Wood Worth와 Dashiell은 인성을 "개인의 전체적인 행동의 질"이라고 하여 개인이 어느 한 행동에서 보이는 특별한 속성이 아니라 일관되게 보이는 행동 방식으로 파악하였다.[3]
Irwin, Sarason은 인성을 "개인의 전체적 기능이나 행동의 특별

---

3) Elizabeth B. Hurlock., Child Development (New York : McGraw-Hill Publication, 1950), 560쪽

한 결정 경향"으로 파악하고 개인의 행동을 결정하는 심리적 과정에서 인성이 드러난다고 보고 있다.4) 즉, 인성을 개인이 주변 환경에 적응하고 그 속에서 보이는 행동 방식으로 파악하고 있다.

Irwin, Sarason은 그들의 저서에서 A. Adier의 인성에 대한 정의를 소개하고 있다. A. Adier는 인성을 "인간의 사회적 자극치(social - stimulus Vaiue)"로 파악하였다. 즉 인성이란 다른 사람에 대해 갖는 자극치를 말하는 것으로 주변 환경에 적응하고 자신의 행동을 적용해 나가는 심리적이고 신체적인 역동적 조직을 인성이라 보았다.5)

Sulivan은 인성을 "인간 생활을 특징 지우는 재현적, 인간 상호적 장면의 지속적인 유형"이라 보았으며,6) Guilford는 인성을 광범위한 용어로 사용하면서 인간의 모든 개인적 특성, 예컨대 신체적 특성, 지능, 지식, 정서, 동기, 흥미 등을 모두 포함하는 것으로 파악하였다.7)

우리 교육학자들도 이러한 서양의 이론들의 연장선상에 있다고 해야 할 것이다. 김기석8)은 인성을 "개인의 본질"이라 명명하고 인성의 통합적, 체계적 기능을 중시하였다.

인성에 대한 개념은 시대에 따라 변천하였다. 변천의 핵심은 인성은 끊임없이 변하고 발달하며, 정신적인 면뿐만 아니라 신체도 면도 고려해야 하며, 자극을 주었을 때 행동을 일으키는 방식을 통해 인성은 드러나는 것이라는 것이다. 그리고 이 때 보이는 행동이 개인의 진정한 본성을 나타낸다는 것이다.

최근에 논의된 인성에 대한 개념으로는 황응연9)은 인성과 관련된

---

4) Irwin & G. Sarason., Personality an Objective Approach(New York : John Willey & Sons Ine, 1966), 12쪽.
5) 위의 책, 14쪽.
6) 황정규, 『교육평가』, 교육출판사, 1968. 407 - 408쪽 참조.
7) 정원식, 『정의의 교육』, 배영사, 1969. 18쪽.
8) 김기석, 『성격과 지도』, 현대교육출판사, 1968. 240 - 241쪽 참조.

용어들을 비교 검토하고 인성에 대한 나름의 개념을 다음과 같이 소개하였다.

첫째, 성격은 희랍어의 '카타크테로'에서 나온 말로, 이미 새겨진 구조물과 같이 튼튼하게 만들어진 것, 목재나 석재로 조각된 것과 같은 의미를 지닌다.

둘째, 기질(氣質)은 한자의 기분(氣分)과 체질(體質)의 합성어로 체질에 바탕을 둔 정서적 반응 경향이다.

셋째, 개성은 다른 사람과 여러 측면에서 차이가 나는 독자적인 특성은 나타내는 것이다.

황응연의 견해는 인성을 성격, 기질, 개성의 상위 개념으로 파악하는 데에서 출발한다. 즉, 인성은 개인의 사고, 감정, 행동을 결정하는 심리·생리적 체제로서 개인의 내면 세계에 존재하는 역동적 구조라고 파악한 것이다. 따라서 인성은 개인이 말이나 행동을 통해 드러내는 전체적인 인상에 해당하고, 말이나 행동으로 드러내기 이전의 가치 판단구조라고 할 수 있는 것이다.

이상의 이론들을 살펴 볼 때, 인성은 ① 개인의 특성이며 ② 신체적 특성을 포함한 지적, 정서적, 사회적 각 분야의 발달과 깊은 관련이 있으며 ③ 발달 단계마다 보여주는 총체적 행동 유형을 바탕으로 하며 ④ 인간의 활동이나 행동 그 자체라기 보다는 어떤 경향성을 의미하고 ⑤ 고정된 것이 아니라 항상 발달하고 변화하는 적응 체제라고 할 수 있다. 즉, 인성이란 유전적 요인과 환경적 요인의 함수관계에 의해 형성되는데 개인과 환경의 상호작용을 통하여 통합된 전체로 발달한다고 할 수 있을 것이다.

이렇게 파악한 인성에 교육의 개념을 붙여 인성교육의 개념을 정리할 때이다.

---

9) 황응연, 「인성교육 어떻게 할 것인가?」, 『교육평론』, 한국교육개발원, 1995. 28쪽 참조.

교육 역시 시대의 변화나 관점에 따라 그 의미가 다르다. 동양에서
는 '인격형성'을 주된 교육 내용으로 한 반면, 서양에서는 실생활에 필
요한 '실용기능 습득'을 주된 교육 내용으로 하였다. 또한 교육의 개념
은 과거와 현재가 또 다르다.

> 교육을 정의하는 시각은 여러 가지겠지만, '인간의 성장에 관한 활동'이라
> 는 정의는 비교적 타당해 보인다. 성장이라면 신체적 성장이 먼저 떠오르지
> 만, 지식, 기술, 판단, 의지 등의 능력에도 적용되고, 한 개인을 전체적으로
> 특징 짓는 개성 혹은 인격에도 적용되며, 개체의 유지와 변화에 관계되는 신
> 념, 욕구, 정서, 감정, 기질, 안목 등의 성품에도 적용된다. 그리고 성장은
> 증진 혹은 증대 등의 양적 개념으로만 이해되는 것이 아니라 안정, 순화, 균
> 형, 세련, 조화, 통합 등의 질적 개념으로도 이해된다. 10)

교육을 한 마디로 정의하기는 어렵지만 개인의 성장과 사회의 발달
을 위한 인간을 대상으로 한 인간 활동임에는 틀림이 없다. 교육이 인
간을 대상으로 한 인간 활동이기 때문에 앞에서 제시한 인성의 개념
과 유사한 부분이 많다.

일반적으로 인성교육은 전인교육과 동일한 개념으로 파악하고 있으
며, 주로 심리학적 의미로 사용된다. 때로는 '참교육', '인간교육'으로
명명되기도 하였는데, 이들 모두는 교육을 통해 지·정·체의 균형
있는 발전은 물론 사회의 총체적인 도덕성 위기의 극복을 강조하고
있다.

한상효는11) 인성교육을 '교사와 학습자의 만남, 즉 상호작용을 통
해 개인의 인격을 형성하고 문화를 전승, 재구성, 창조하는 가치 지향
적 활동'으로 규정하였다. 이러한 인성교육에 대한 개념 규정을 바탕
으로 한 인성교육의 세 가지 전제로 1) 교육은 배우는 사람과 가르치

---

10) 김대행, 『문학교육 틀짜기』, 역락, 2000. 148쪽.
11) 한상효 외, 『교육학개론』, 형성출판사, 1994. 25쪽.

는 사람 사이의 만남 또는 교호작용 2) 교육은 가치를 추구하는 활동이라는 점, 3) 교육의 목표는 개인적인 차원에서는 인격형성이요, 사회적 맥락에서는 문화 발전이라는 점을 들고 있다.

그러나 미래사회를 위한 인성교육의 개념은 좀 더 현실적이고 구체적이어야 한다. 현실적이라는 말은 교육 현장과 학습자의 성향을 현실적으로 파악하여야 한다는 점을 내포하고 있고, 구체적이라는 말은 추상적이고 이상적이 아닌 교육현장에서 직접 구현되고 가시적인 결과물이 나와야 한다는 것을 의미한다.

현실적으로 교육 현장은 입시 위주의 경쟁 관계에 있다. 각 과목을 담당하는 교사는 전인교육보다는 입시를 위한 지식 전달, 문제를 푸는 데 필요한 기능을 연습시키는 데 치중하고 있다. 수업 시간에 인성교육을 수행하는 교사는 능력 없는 교사로 취급당하고 만다. 교사들이 입시 위주의 교육을 교사의 권위를 실추시키고 인성 교육을 어렵게 하는 요인으로 꼽고 있는 것을 보아도 입시 위주의 교육이 인성교육을 어렵게 하는 요인임을 알 수 있다.

따라서 교육현장에서 인성교육이 이루어지기 위해서는 종합적이고도 통합교과적인 방법을 구안하여야 한다. 교육현장의 인식을 바꾸는 일이 무엇보다 급선무일텐데 그러기 위해서는 교재 구성, 교육 방법, 평가 방법 등이 전반적으로 변해야 한다.

이제까지 인성교육은 교사가 내용을 전달하면 학습자들은 그것을 받아 적거나 듣는 형태로 이루어졌다. 평가에서도 사지선다형이나 단답형의 문제를 푸는 것이 전부였다고 할 수 있다. 그러나 미래사회를 위한 인성교육은 이러한 틀을 벗어나야 한다. 그 핵심에는 실천 중심의 인성교육이 있다.

1. 3 인성교육의 틀

과거 우리 교육은 사회 구성원간의 조화로운 삶을 통해 인간다운 인간을 키우는 데 중점을 두었다. '동방예의지국(東方禮義之國)'이라는 말을 들었을 정도로 교육의 목표와 교육 과정, 교수 방법 등이 모두 인성과 직접적인 관련이 있었다.

우리 나라의 인성 교육은 매우 뿌리가 깊다. 『삼국유사』, 『제왕운기』, 『여지승람』에 기술된 「단군신화」의 기록을 보면 "홍익인간(弘益人間)", "주선악(主善惡)", "재세이화(在世理化)"와 같은 용어를 볼 수 있다. 이러한 용어는 모두 도덕 교육과 관련이 있는 용어이어서 우리 조상들은 고조선시대에서부터 도덕 교육에 깊은 관심을 보였던 것으로 여겨진다.

신라시대의 화랑도 교육은 '도덕상마(道德相磨)', '가락상열(歌樂相悅)', '산수유오(山水遊娛)'를 통해 신체뿐만 아니라 마음을 단련시켰다. 특히, 삼국시대에는 불교, 유교, 도교 등 외래사상을 심화시키고 우리의 전통정신과 결합하여 새로운 정신문화를 탄생시키기도 하였다. 통일신라에서는 당나라와 접촉하면서 정규학교인 '국학'을 통해 정신적 지향과 인성교육을 도모하였다.

고려 시대를 거쳐 조선시대에는 유교를 중심으로 한 인성교육이 이루어졌다. 고려시대 초기에는 유·불·선이 융화를 이루다가 주자학이 도입되면서 주자학을 중심으로 '국자감', '향교', '동서학당'과 '오부학당', 사립인 '십이공도'와 '서당'에서 교육이 이루어졌다.

그러나 조선 중기 이후 양명학과 실학, 그리고 신사상이 도입되면서 주자학과 갈등을 일으키고 특수 계층의 사고와 가치를 일방적으로 주입하는 방식의 도덕 교육은 큰 저항과 반감을 불러일으키게 되었다.

구한말에는 서원 철폐 이후 최초의 근대학교인 원산학사가 등장하고 원산학사 이후 외국 선교사에 의해 배재, 이화학당 등이 설립되었다. 갑오개혁이 공포되면서 덕양, 체양, 지양을 3대 강령으로 삼아 도덕적 자질 함양에 대한 관심이 높았음을 알 수 있다. 덕양, 체양, 지양을 교육 소칙으로 했던 구한말의 도덕교육은 '수신'을 독서, 작문, 습자, 산술, 체조와 함께 정규 과목으로 개설하였다. 이 때부터 도덕 교육은 하나의 교과목이 되었다. 이는 도덕교육이 정규 교육으로 채택되었음을 말하기도 하지만 동시에 우리 교육이 서양의 교육 체제를 받아들이면서 기능교육을 중시하였다는 것을 의미하기도 한다.

해방 후에는 인성교육의 개념을 "교양과 덕성과 능력을 신장시키는 교육"으로 규정하였다.12) 명칭 상으로 군정 초기에는 '공민'으로 불리다가 '사회생활'의 일부로 포함되기도 하였다. 1, 2차 교육과정에서는 정규 과목으로 개설되지 않고 전 교과에 걸쳐 통합적으로 다루게 하였다. 그러다가 3차 교육과정에서는 하나의 교과로 간주하였고, 4차 교육과정에서는 독립교과가 되어 생활 영역을 개인, 사회, 국가, 반공 등으로 나누어 예절 생활이 개인과 사회생활로 통합되었다. 5차 교육과정에서는 개인과 사회 생활 영역이 개인, 가정·이웃, 시민, 국가 및 통일·안보의 다섯 영역으로 나누어졌으며, 6차 교육 과정에서는 도덕이 주 1시간으로 축소되고 전 교과, 전 생활 영역에서 지도하도록 바뀌었다.

이처럼 건전한 인성을 함양하기 위한 교육은 초기부터 강조되어 오다가 6차 교육과정에서 구체적인 틀을 갖추게 되었다. 6차 교육 과정 개정의 배경에서는 추구하는 인간상을 (1) 건강한 사람 (2) 자주적인 사람 (3) 창의적인 사람 (4) 도덕적인 사람으로 제시하였다.13) 이 네 가지 인간상에서 인성 교육과 가장 밀접한 인간상은 '(4) 도덕적인 인간상'일 것이다.

---

12) 교육부, 『도덕성·인성교육 계획』, 1955. 56쪽.
13) 교육부 고시 제 1992-19호에 따른『교육 과정 해설』, 교육부, 1995. 총론 제 2장 참조.

도덕적인 인간상은 "옳고 그름을 판단하고 선한 일을 실천하는 사람"이라는 큰 명제 아래 '정직 · 공정성, 생명존중, 근검절약, 준법 · 질서, 직업윤리의식, 공동체의식, 관용성' 등을 구체적인 덕목으로 삼고 있다.

그러나 이러한 인성교육이 어느 교과 어느 시점에서 이루어져야 하는지, 어떠한 단계와 체계를 가져야 하는지에 대해서는 구체적으로 제시되어 있지 않다. 단지, 인성교육을 중학교에서는 도덕과에서, 고등학교에서는 윤리과에서 담당하도록 되어 있다. 그러나 인성교육은 어느 독립된 하나의 교과에서 담당할 수 있는 것이 아니다.

1. 4 인성 교육과 학교교육

학교교육에서 인성교육은 도덕 · 윤리 과목이 중심이 되고 있다. 학교 교육에서 인성교육은 인간 형성에 목표를 두고 있으며, 도덕적 인간 형성이 학교 교육 전 과정과 관련이 있음을 명시하고 있어 인성교육의 내용은 그 범위가 매우 넓다고 할 것이다.

이를 정리하면 학교교육에서 인성교육은 크게 세 분야로 나눌 수 있다. 첫째, 도덕 · 윤리 과목에서 이루어지는 교육 내용. 둘째, 도덕 · 윤리과 이외의 교과목에서 다루어지는 내용. 셋째, 수업 시간 이외의 학교 생활 전체에서 이루어지는 인성교육적 내용이 그것이다.

그러나 학교에서 인성교육이 도덕 · 윤리 과목을 중심에서 전 교과로 확대되면서 교육의 내용과 주체가 핵심을 잃고 있다는 지적을 받고 있다. 특히, 하나의 독립된 교과목으로서 도덕 · 윤리과목에서 다루어야 할 교육 내용의 한계가 분명하지 않다는 것이다. 실제로 많은 교사들이 도덕 · 윤리과 수업이 국어, 사회과 수업과 구별하기 어렵다고 말하고 있는 있다. 교육 행정가들은 사회과가 도덕과를 지원할 수 있고 국어, 영어, 과학, 체육 등 모든 교과의 교사가 도덕과를 지원할 수 있다고 생각하는 반면에 교사들은 도덕과 전담교사가 생겨야 한다고 생각하고 있다.

실제로 도덕·윤리과의 교육 내용이 한계가 모호하다는 의견은 초·중·고교로 올라 갈수록 더욱 강하게 나타난다. 교사를 대상으로 한국교육개발원에 실시한 설문조사에 의하면 초등학교 교사 40.3%, 중학교 교사 67.9%, 고등학교 윤리 교사들의 74%가 교과 내용의 한계가 모호하다고 답하고 있다.14)

이에 따르면 도덕·윤리과목의 내용이 분명해야 하며, 교육 방식에 대한 일관된 지침이 있어야 할 것으로 여겨진다. 또한 하나의 교과목으로서 도덕·윤리 교육과 일상생활에서의 도덕·윤리 교육이 어떻게 관련이 있고 또 실현되어야 하는 가도 명확하게 짚어야 할 것이다.

이 밖에서 교과서 내용의 난이도와 현실성도 고려되어야 할 것이다. 도덕과 교과서가 안고 있는 문제점은 분명하다. 교과서에 실은 글들을 보면 대부분 주입식 교육에 적합하도록 매우 고답적인 내용의 글이라는 것이다. 이러한 글들은 학습자들에게 '뻔한 이야기', '흥미를 주지 못하는 이야기', '실천으로 이루어질 수 없는 이야기'일 뿐이다. 따라서 도덕과 수업은 읽고 이해하는 수준으로 이루어지고 있다. 학습자들이 글을 통해 생각하고, 비판하고, 현실에 맞게 재구성할 수 있는 '꺼리'를 주지 않는다.

실재로 학습자들이 도덕적 문제에 대해 가장 많은 영향을 받는 것은 매스컴을 통해서이다. 이는 학교교육의 도덕과 교육이 일상생활에는 적용할 수 없는 것이거나 실천할 수 있는 내용이 아니라는 것을 나타낸다. 따라서 도덕과 교과서의 내용은 좀 더 현실생활에 적용하기 쉬운 것이어야 한다. 그러기 위해서는 도덕 교과서의 내용이 현실생활을 그대로 반영하는 것이어야 하며 소재나 교육 자료 역시 현실

---

14) 한국교육개발원, 『한국 도덕교육의 위상』, 방문사, 1989. 참조.

적이어야 한다.

뿐만 아니라 교육 방법 역시 변화하여야 한다. 도덕 교육이 주입 또는 설득의 방법으로 이루어져왔다는 것은 이제까지 학습자를 '교화의 대상'으로 여겨 무조건 가르치려고 한 데에서 기인한다. 그리고 도덕 교육을 완성된 결과라고 여기기 때문이다.

미래 사회를 위한 도덕 교육은 주입 또는 설득을 통해서가 아니라 비판적 토론을 동원하여야 한다. 이를 위해 학습자들을 교화의 대상이 아니라 하나의 과정에 있는 인격체로 바라보아야 한다. 교육을 통해 완성된 인격체를 목표로 삼을 것이 아니라 학습자는 완전한 인격체를 위한 과정에 있다고 인식하여 그 연령에 걸맞은 현실 인식과 비판 능력을 갖도록 유도하여야 한다.

완성된 인격체가 인성 교육의 목표이긴 하지만, 사실 완성된 인격체란 불가능한 것인지도 모른다. 이 세상의 어느 누구도 자신을 완성된 인격체라고 내세울 수 없을 것이다. 단지, 완성된 인격체가 되기 위해 끊임없이 삶의 모습을 생각하고, 자신을 반성하며, 자신을 올바르게 세우기 위해 노력하는 인간을 교육하는 데에 학교에서 이루어지는 인성교육의 실질적인 목표를 두어야 할 것이다.

일선 학교의 교사들은 인성교육을 부모에 의해서 초등학교 때, 가정에서 이루어져야 가장 효율적이라고 인식하고 있다[15]. 그러나 1998년 한국교육개발원에서 학부모를 대상으로 한 설문조사에서는 학부모의 대다수가 학교에 인성교육을 바라고 있는 것으로 나타나 있다. 즉 교사는 가정에서 부모가 인성교육을 해야 한다는 견해를 가지

---

15) 김형태, 「중등학교에서의 인성 교육 방안」, 『한남대학교 논문집』 제27집, 한남대학교, 1997. 196 - 199쪽 참조.
이 논문에 따르면, 인성교육의 적임자로는 부모 79.8%, 교사 14.9%, 기타 5.3%로 나타나 있으며, 인성교육을 위한 적정시기는 초등학교 30.2%, 취학전 26.9% 평생동안 26.6%, 유치원 11.0%, 중·고등학교 5.3%이며, 인성교육을 위한 장소는 가정 82.5%, 학교 13.9%, 기타 3.6%로 나타나 있다.

고 있으나 부모는 학교에서 교사가 인성교육을 실시해 줄 것을 요구하고 있다.

이처럼 인성 교육의 주체는 바라보는 사람의 위치와 관점에 따라 다르다. 그러나 인성 교육의 주체가 누구이어야 하는가에 대한 논의는 그리 중요하지 않다. 일반적으로 인성교육은 가정, 학교, 사회에서 모두 이루어져야 한다는 견해가 지배적이다.

그러나 현실 상황은 가정과 학교, 사회 모두 인성 교육을 실현하는 데에는 많은 어려움을 지니고 있다.

산업사회가 가져온 도시화는 핵가족과 맞벌이 부부를 양산해 냈고, 이와 같은 가족 구조와 가정 구성원의 역할 변화는 전통적인 가정이 갖고 있던 교육적 기능을 잃고 말았다. 뿐만 아니라 높은 이혼율과 적은 자녀수는 부모와 자녀 관계의 양적인 관계뿐 아니라 질적인 관계까지도 변화시키고 말았다. 이제 부모는 더 이상 자녀를 통솔하거나 제어하는 역할을 담당할 수 없게 되었다.

학교 현실은 더욱 암담하다. 경제 발전에 의해 생활 수준이 향상되었음에도 불구하고 학교 시설은 이를 따르지 못하고 있고, 급격한 사회 변화를 경험하고 있는 학습자들에 비해 교육의 주체가 되어야 하는 교사들은 사회 변화의 흐름을 따라 잡지 못하고 있다. 줄곧 학교 시설 투자, 교사 재교육이 거론되지만 이는 한낱 정치 공약에 지나지 않을 뿐이다. '19세기 교실에서 20세기 교사가 21세기 학습자들을 가르친다'는 말은 학교 교육의 현실을 말해주는 일반적인 표현이 되었다.

특히, 교사와 공교육에 대한 믿음이 깨지면서 학교는 근본 목적과 기본 역할을 잃고 표류하고 있다. 원인은 분명 있을 것이지만 딱히 몇 가지로 그 원인을 밝힐 수도 없을 뿐더러 그에 대해 책임을 질 수 있는 사람도, 지겠다는 사람도 없다. 교육 개혁을 이룬다는 성대한 취지는 있었지만, 오히려 학습자들에게는 공부를 하지 않아도 대학에 갈 수 있다는 의식을 심어 수업 시간의 집중력을 떨어뜨렸다. 6차・7차 교육 과정은 그 개정의 의도와는 달리 교사에게는 혼란만 주었다. 이러한 모든 요인들로 인해 공교육은 몰락하였고, 교사의 권위는 추락하였다. 실제로 1999년 한국교총의 조사 결과에 의하면 교사들의 76.6%가 기회만 있으면 교단을 떠나고 싶다는 응답을 보였다.

그러나 현실의 여러 가지 상황에서 인성교육을 주도적으로 이루어야 할 곳은 학교이다.

1. 5 인성 교육과 국어교육

문자 교육이 곧 인성 교육이었던 전통은 근대화 과정에서 토론도 거치지 못한 채 사장(死藏)되고 말았다. 가끔 언론 매체에서 인성이 무너진 세태(世態)를 걱정하긴 했지만 그 걱정은 걱정에서 끝나곤 하였다. 단지, 국가가 원하는 인력 양성을 교육 목적으로 하였고, 개인과 사회가 갖추어야 할 성품과 품격은 관심의 대상이 되지 못했다.

이러한 교육 풍토는 국어교육에도 그대로 이어졌다. 국어교육은 국어 교과서를 읽고, 밑줄을 치고, 암기하는 방식으로 이루어졌다. 수많은 종류와 전과와 참고서가 출판되어 '참고서 사업', '참고서 시장'이라는 용어가 등장했고, 국어 교과서와 꼭 같은 형태에 밑줄을 긋고 다양한 색깔로 여러 가지 암기할 내용을 인쇄한 참고서도 출판되었다.

국어교육이 인성교육을 주도할 수 있다거나 국어교육을 통해 인성교육을 이룰 수 있다는 견해가 있었지만 본격적인 논의의 대상이 되거나 구체적인 수업 전략들이 구안되지 못했다.

새롭게 마련한 제7차 교육 과정은 국어교육을 일상생활에서 이루고 국어교육의 결과가 일상적인 언어생활에 발전을 이룰 수 있도록 개정하였다. 우선 제7차 교육개정안에서 제시한 국어과 교육 목표를 살펴보면 다음과 같다.16)

언어 활동과 언어와 문학의 본질을 총체적으로 이해하고, 언어 활동의 맥락과 목적과 대상과 내용을 종합적으로 고려하면서 국어를 정확하고 효과적으로 사용하며, 국어 문화를 바르게 이해하고, 국어의 발전과 민족의 언어 문화 창달에 이바지 할 수 있는 능력과 태도를 기른다.

　가. 언어 활동과 언어와 문학에 대한 기본적인 지식을 익혀, 이를 다양한 국어사용 상황에서 활용하는 능력을 기른다.

　나. 정확하고 효과적인 국어사용의 원리와 사용 양상을 익혀, 다양한 유형의 국어 자료를 비판적으로 이해하고, 사상과 정서를 창의적으로 표현하는 능력을 기른다.

　다. 국어 세계에 흥미를 가지고 언어 현상을 계속적으로 탐구하여, 국어의 발전과 국어 문화 창달에 이바지하려는 태도를 기른다.

제7차 교육과정을 자세히 들여다보면 국어교육의 주된 자료가 언어와 언어 구조물인 문학이라는 점을 알 수 있다. 그리고 교육 방법은 언어사용의 원리와 양상을 익혀 자료를 비판적으로 이해하게 하고 창의적인 표현을 통해서 목표를 이루도록 하였다. 국어교육의 근본 목표를 국어 발전과 국어 문화 창달에 두었다.

그렇다면 국어교육 목표, 대상, 교육 방법들이 인성교육과 어떠한 관련이 있으며 인성교육을 수행하는 데 국어과가 어떤 상관관계가 있는지를 살펴야 할 것이다.

국어가 모든 교과의 기본이 되는 '도구과목'임을 생각할 때, 인성교육의 출발점은 국어과에서 찾아야 한다. 국어가 도구과목이라는 것은 국어과목에서 가르치는 언어(한글)가 다른 과목의 수업 시간에 의사전달의 매체로 사용되고 있다는 매체적 의미가 아니다. 국어과에서 주도적으로 학습할 수 있는 대상에 대한 인식, 사고 구조, 표현 양식 등등이 다른 과목의 학습에 바탕을 이룬다는 것을 뜻한다.

국어교육이 인성교육의 출발점이 되어야 하는 이유는 또 있다. 쓰기·읽기·말하기·듣기와 같은 일상적인 언어사용 능력을 국어를 통

---

16) 교육부, 『중학교 교육 과정 해설(Ⅱ)』, 교육부 고시 제1997 - 15호, 1999.

해 주도적으로 습득할 수 있다는 것은, 국어를 통해 일상생활을 조직하고 일상생활 속에서 인성교육을 수행할 수 있다는 것을 의미한다. 인성교육이 일상생활 속에서 이루어져야 한다는 측면에서 더욱 그렇다.

특히 인성교육 역시 표현하기를 통해 완성된다는 것을 상기할 때 국어과에서 다루고 있는 쓰기와 말하기는 인성교육과 깊은 상관관계에 있다. 이제까지 인성교육이 효과를 얻지 못한 것은 그 동안 인성교육이 교사는 말하고 학습자는 듣는 일방적 형태를 띠고 있었기 때문이다. 표현이 없는 이해는 추상적이거나 개념으로만 머물 수밖에 없다.

그 동안의 인성교육이 현실적인 신념이 되고 행동으로 옮겨질 수 있게 하기 위해서는 쓰기와 말하기 등 표현 활동을 수반하여야 한다. 특히 쓰기는 읽기에 비해 더욱 정교한 구조를 가지고 있으므로 쓰기를 충분히 활용할 필요가 있다.

그리고 국어과 읽기 영역 역시 인성교육과 밀접한 상관관계에 있다. 국어과 읽기 영역이 인성교육에 일정 부분 역할을 하기 위해서는 두 가지 측면을 만족시켜야 한다.

첫째, 읽기 자료 측면이다. 모든 읽기 자료는 사람에 관한, 살아가는 일에 대한 이야기이므로 인성교육의 자료가 될 수 있다. 그러나 인성교육의 목표를 효과적으로 달성하기 위해서는 인성교육에 적합한 자료를 구체적으로 제시할 필요가 있다.

가령 위인전류라든가 삶의 이야기를 핍진하게 그린 이야기들은 인성교육의 목표를 달성하는 데 좀 더 유리한 읽기 자료라고 할 수 있다. 특히 현대 사회를 살아가는 학습자들에게서 이해와 공감, 감동을 쉽게 이끌어 낼 수 있는 자료라면 더욱 효과가 클 것이다.

이러한 측면에서 학습자의 연령과 비슷한 주인공이 등장하는 글이나 현대를 배경으로 하는 글, 또는 학습자들이 현재 겪고 있는 고민과 갈등을 그린 글을 선정할 필요가 있을 것이다.

둘째, 발문(교과서의 학습 활동)의 측면이다. 인성교육을 효과적으

로 달성하기 위해서는 어떠한 내용과 형식의 발문을 제시하느냐 하는
것이 매우 중요하다. 학습자들에게 글을 읽고 생각하는 것을 자율에
맡길 수도 있지만 글의 내용을 정확하게 이해하고 미래로 향한 사고
를 하게 하기 위해서는 교사나 교재에 효과적으로 활동할 수 있는 발
문을 제시하여야 한다.17)

　다른 교과에서도 마찬가지이지만 읽기 영역 학습에서도 무엇을 질
문하느냐, 어떻게 질문하느냐에 따라 학습자의 사고 영역과 방향은
결정된다. 즉 글의 내용보다도 무엇을 어떻게 질문하느냐에 따라 학
습자의 글에 대한 인지 과정은 커다란 차이를 가져올 수 있다.

　가령, 인성교육적 측면이 강한 글을 읽었다 하여도 질문과 활동이
인성교육과는 거리가 있다면 인성교육의 목표를 달성할 수 없다. 반
면, 인성교육과는 거리가 있는 글을 읽었다 하더라도 질문과 활동이
인성교육적 내용과 방법을 담고 있다면 인성교육의 목표를 달성할 수
있다.

　문학 영역도 인성 교육과 밀접한 관련이 있다. 문학은 치열하게 삶
을 살아가는 사람에 대한 이야기이자, 삶 그 자체에 대한 이야기이다.
그러므로 문학 영역이 인성교육과 가장 가까운 거리에 있는 영역이라
고 할 수 있다. 따라서 문학 교육은 인간답게 살기를 추구하는 활동이
어야 한다.

　　문학이 가치 있는 체험의 세계라는 본질은, 더불어 사는 삶의 인간다움을
　문학에서 터득하게 해 준다. 문학을 통해 사람은 자신의 독자성을 추구하고
　남의 독자성을 용납할 수 있으며, 상대적인 태도를 지니게 되고, 남을 사랑
　할 수 있게 되며, 독립성과 책임을 지님과 동시에 남에게 그런 가치를 고무
　하게 되고, 자유를 추구하고, 편견과 간섭 그리고 강요를 피할 수 있게 된다
　는 것도 연구 보고된 바 있다.18)

---

17) 질문 제시의 기법과 발문에 관한 것은 졸저, 『읽기 교육의 이론과 실제』, 역
　락, 2000. 11장 참조.

김대행은 문학 교육이 인간화 교육(이 책에서 말하는 인성교육)을 지향하기 위해서는 생각하는 관점이 달라져야 한다고 말하였다. 첫째, 문학에 대한 비민주적인 편견에서 벗어나야 한다는 것과, 둘째 실체 중심의 문학관에서 활동 중심의 문학관으로 전환해야 한다는 것, 셋째, 문학교육은 자기실천(Do it Yourself)의 원리가 기본을 이루도록 설계하고 실천해야 한다는 것이다.

비민주적인 편견이란 주로 작가와 독자의 구별을 의미한다. 과거에는 작가와 독자의 구별이 없었는데 근대화 이후 상업주의와 직업 분화라는 사회 변화 탓으로 작가라는 직업이 생기고 작가와 독자의 구별이 생기기 시작했다고 보았다. 따라서 작품을 쓰는 일은 문학교육의 몫이 아니라는 편견을 버려야 한다는 것이다.

활동 중심의 문학관이라는 것은 문학을 노래하기, 이야기하기, 보여주기로 설명하고 그에 근거하여 활동을 시키는 관점을 말한다. 즉 학습자들에게 직접 문학과 관련된 활동, 가령 '나무꾼과 선녀'와 비슷한 이야기 꾸미기라든가 율격에 맞도록 구호나 표어를 짓는 일과 같은 직접 참여하는 활동을 통해 문학교육을 이루어야 한다는 것이다.

자기 실천 원리의 기본을 설계하고 실천해야 한다는 것은 문학을 그 어떠한 경우에도 스스로 향유한다는 것을 의미한다. 따라서 문학을 통한 성장이란 문학 창작과 수용에 두루 관계되는 일이 된다. 그리고 이러한 사고 활동을 통해서 인간화의 덕목인 감성, 지성, 책임성, 사회성, 자기 실현성을 확보하고 성취할 수 있다는 것이다.

이러한 김대행의 논의는 국어과의 문학 영역이 인성교육의 중심이 되어야 한다는 각성에서 출발하고 있다. 이러한 각성 위에서 학습자가 활동을 통해 향유하는 문학교육이 되어야 한다는 교육방법론으로 귀결하고 있다.

따라서 인성교육을 위해서는 문학 영역이 읽기 영역(수용)과 쓰기

---

18) 김대행, 『문학교육 틀짜기』, 역락, 2000. 116쪽.

영역(창작)을 모두 아울러야 한다. 수용만이 있는 문학교육이나 창작만이 존재하는 문학교육은 애당초부터 존재하지도, 존재할 수도 없는 것이었다. 그저 그 동안 문학교육이 제 자리를 찾지 못하고 방황하고 있었던 것일 뿐이다.

1. 6 인성 교육의 원리와 절차

모든 교육은 기본 원리와 지도 원리, 그에 따른 지도 절차를 필요로 한다. 기본 원리는 교육의 내용과 기본 틀을 생성하고 지도 원리는 학습 지도의 방향과 전략을 구안할 수 있도록 한다. 또한 이러한 원리를 실제 적용하기 위해서는 지도 절차를 마련해야 하는데 지도 절차는 학습 지도의 단계와 순서를 짜기 위해서 필수적이다.

효과적인 인성교육을 위해서 인성교육의 원리를 '기본 원리'와 '지도(학습) 원리'로 나누어 살피고, 이를 바탕으로 지도 절차를 계획하기로 한다. 이 곳에서 말하는 '기본 원리'를 쉽게 풀어본다면 "학습자들에게 ~을 하게 하라"는 문장의 형태로 바꿀 수 있고, '지도 원리'는 "교사는 ~(이) 있(되)게 지도하라"는 말로 풀어 말할 수 있다.

인성교육의 원리와 절차를 논의하기 전에 서양의 인성에 대한 견해를 살펴 볼 필요가 있을 것이다. 휴머니즘을 언어교육과 관련하여 살핀 이 견해는 서양에서 널리 논의되어왔는데, 휴머니즘에서 특별히 강조해야 할 성향으로 다음의 다섯 가지 덕목을 제시하고 있다.19)

　(ㄱ) 감성(feelings)
　　　개인적 정서와 미적 분별력. 불쾌하거나 미적 쾌감을 깨뜨리거나 방해
　　　하는 것을 거부하는 성향

---

19) 김대행, 앞의 책, 111 - 112쪽.

(ㄴ) 사회성(social relations)
우애와 협동을 고무하고 이것을 감쇄하는 어떤 것도 반대하는 성향
(ㄷ) 책임성(responsibility)
사회적 검증과 비판, 시정의 필요성을 수용하고, 그 중요성을 부정하는
것은 어떤 것도 배제하는 성향.
(ㄹ) 지성(intellect)
지식, 이성, 이해심을 포함. 양심의 자유를 간섭하는 것에 반대하여 투
쟁하며, 지적으로 시험될 수 없는 것에 대해 의심하는 성향.
(ㅁ) 자기 실현성(seif-actualization)
개인의 심층적이고 진실한 본질의 자각에 대한 탐구. 안락이 노예성을
낳으므로 독자성의 추구가 자유에 이르게 한다고 믿는 성향.

다섯 가지 성향 가운데 감성, 지성, 자기 실현성이 개인의 주체성
에 관련된 성향이라면 사회성, 책임성은 사회적 가치에 관련된 성향
이라고 할 수 있다. 개인의 성향과 사회적인 성향이 혼재되어 있는 것
은, 개인적 차원과 사회적 차원이 상호보완적으로 이루어질 때 인성
교육이 가능하다는 것을 의미한다.

1. 6. 1 인성교육의 기본 원리

기본 원리는 교육의 내용과 기본 틀을 생성하는 데 바탕이 되는 원
리이다. 이 곳에서는 "학습자들에게 ~을 하게 하라"는 개념으로 기본
원리를 설정하였다.
인성교육의 기본 원리는 다음과 같다.

(1) 자기 성찰의 원리
인성교육의 시작은 학습자로 하여금 현재 자신의 모습과 위치를 정
확하게 파악하도록 하는 데에서부터 출발하여야 한다. '내 마음 나도
모른다'는 노래 가사가 있는 것처럼 우리는 스스로의 모습과 가치를

모를 때가 많다. 또한 자신을 과대 평가하거나 반대로 과소 평가하는 경우가 비일비재하다.

인간의 이중적 구조는 인간으로 하여금 자신을 정확하게 파악하는 데 어려움을 준다. 그래서 인간은 늘 "나는 누구일까?"라는 질문을 스스로에게 던지고 있는 것이다. 그리고 "나는 누구일까?"는 인간이 세운 철학의 기본 질문이자 주제이기도 하다.

어쩌면 인생은 나의 참모습을 찾아가는 과정이며 하루하루는 나의 위치를 세워 가는 과정일지도 모른다. 인생이 과정인 것처럼 인성교육도 결과가 아니라 과정이다. 그러나 인성교육은 현재의 나의 모습과 위치를 정확히 이해하고 파악하는 일에서부터 시작한다. 과정은 과정이되 대나무처럼 마디를 지으며 가는 과정이요, 계단을 오르는 것처럼 한 계단을 딛고 일어서야 다음 계단을 딛을 수 있는 과정이다.

따라서 인성교육은 학습자들로 하여금 현재의 모습과 위치를 정확하게 이해하고 파악하게 하여야 한다. 그럼 다음 그것을 반성하고 그 위에 새로운 모습과 위치를 설정해 나가도록 하여야 한다.

(2) 관계성의 원리

'나'를 세워야 하는데 나는 홀로 설 수 있는 존재가 아니다. '인간은 사회적 동물'이라는 말을 곱씹지 않아도 인간은 절대적인 존재가 아니라 상대적인 존재이다.

나 홀로 기뻐하고, 나 홀로 화가 나고, 나 홀로 슬퍼지지는 않는다. 다른 사람의 관계 속에서 기뻐하고 화를 내고 슬퍼지는 존재가 인간이다. 인성교육은 나를 위해서만 필요한 것이 아니라 남을 위해서 먼저 필요하다. 그리고 그 남이 결국 '나'가 되는 것이 사회 생활이다.

'나는 누구이다'보다 '나는 누구의 ○○이다'가 진정한 '나'의 모습이고 위치이다. 가령 '나는 정기철이다'는 나를 진정으로 드러내지 못한다. 하지만 '나는 정인호의 아빠다'라든가 '나는 대한민국의 국민이다'

가 모여서 진정한 '나'가 되는 것이다.

처절한 외로움에 지쳐있던 남자가 자살을 결심하고 옥상에 올랐다가 "전화 왔어"라는 동료 직원의 말에 자살 결심을 버리고 내려와 전화를 받았다는 실재 이야기는 그래서 근본적인 인간의 모습을 보여주는 사건이다.

생각의 사이

김광규

시인은 오로지 시만을 생각하고
정치가는 오로지 정치만을 생각하고
경제인은 오로지 경제만을 생각하고
근로자는 오로지 노동만을 생각하고
법관은 오로지 법만을 생각하고
군인은 오로지 전쟁만을 생각하고
기사는 오로지 공장만을 생각하고
농민은 오로지 농사만을 생각하고
관리는 오로지 관청만을 생각하고
학자는 오로지 학문만을 생각한다면

이 세상이 낙원이 될 것 같지만 사실은

시와 정치의 사이
정치와 노동의 사이
경제와 노동의 사이
노동과 법의 사이
법과 전쟁의 사이
전쟁과 공장의 사이
공장과 농사의 사이
농사와 관청의 사이
관청과 학문의 사이를

생각하는 사람이 없으면 다만

휴지와
권력과
돈과
착취와
형무소와
폐허와
공해와
농약과
억압과
통계가

남을 뿐이다.

딴은 그렇다. 다른 나와 다른 사람의 사이에, 내가 하는 일과 남이
하는 일 사이에, 내 생각과 남의 생각 사이에, 나의 하루와 남의 하루
사이에 인생은 존재하는 것이다.

나는 나이기 전에 국가의 국민이요, 지방의 지방민이요, 아들이요,
아버지요, 남편이요, 가장이요, 직장인이요, 옆 집 아저씨요. 손님이
요. 생산자이자 소비자이다.

이 것이 '나'다. 다른 사람과의 관계성이 곧 나를 형성하는 요인이
요. 요소이다.

따라서 인성교육을 위해 관계성을 확인하고 이해할 필요가 있다.

(3) 삭제의 원리

그러나 그런 관계성이 오히려 나를 혼돈에 빠뜨리고 '나는 누구인
가?'라는 질문을 갖게 하는 요인이 되기도 한다. '대한민국의 국민이
진정 나인가?'라는 질문과 회의는 언제나 가능하다. 그리고 그 가능
성이 늘 우리를 번뇌의 길로 유도한다.

김광규의 시 한 편을 더 읽어보자.

나

살펴보면 나는
나의 아버지의 아들이고
나의 아들의 아버지고
나의 형의 동생이고
나의 동생의 형이고
나의 아내의 남편이고
나의 누이의 오빠고
나의 아저씨의 조카고
나의 조카의 아저씨고
나의 선생의 제자고
나의 나라의 납세자고
나의 마을의 예비군이고
나의 친구의 친구고
나의 적의 적이고
나의 의사의 환자이고
나의 단골술집의 손님이고
나의 갱의 주인이고
나의 집의 가장이다

그렇다면 나는
아들이고
아버지고
동생이고
형이고
남편이고
오빠고
조카고
아저씨고
제자고

선생이고
납세자고
예비군이고
친구고
적이고
환자고
손님이고
주인이고
가장이지
오직 하나뿐인
나는 아니다

과연
아무도 모르고 있는
나는
무엇인가
그리고
지금 여기 있는
나는
누구인가

김광규의 물음은 모두가 가질 수 있는 본질적인 질문이고 회의이다. 방황이고, 철학이고, 그것이 삶이다. 아니 그것 자체가 '나'이다. 분화와 통합의 과정에서 때로는 분화되고 때로는 통합되면서, 그것들이 서로서로 혼재되어 나타나면서 '나'는 방황하고, 나는 끝없이 모르는 존재가 되어버린다.

어느 것이 진정한 '나'인가. 어쩌면 해답이 없을 물음들은 끝이 없겠지만 진정한 '나'를 찾는 방황은 필요하다. 그래서 가끔 삭제할 필요가 있다. 나의 관계성을 하나씩 지워나가다 보면 자신을 자신이게 하는 데 꼭 필요한 관계를 찾을 수 있고 남아 있는 관계성이 지금의 나를 '나'로 만드는 진정한 요소가 되는 것이다.

삭제하기는 바로 나의 관계성을 지워나가는 일을 뜻한다.

(4) 순화의 원리

'목이 길어 슬픈 짐승'이 물에 비친 자신의 모습을 보고 눈물 한 방울을 뚝 떨어뜨리는 것을 카타르시스(chtharsis), 즉 정화라고 한다. 정화는 내면에 자리 잡고 있는 욕구 불만이나 심리적 갈등을 표출하여 충동적인 감정이나 소극적인 감정을 발산하는 기능을 한다. 내재된 슬픔을 눈물로 표출함으로써 슬픔을 정화하거나 억제된 행동을 감쇄하는 것이 이에 해당한다.

이러한 정화 기능이 순기능으로 작용하는 것을 순화라고 한다. 한때는 정치적 목적으로 '순화 교육'이라는 용어가 사용되어 아직도 순화라고 하면 강제적이거나 집단적인 개념으로 받아들이는 사람이 적지 않다. 그러나 순화는 원래 자율적이고 개인적인 것이다.

진정한 순화는 개인의 감정 표출을 통해 얻어지는 새로운 감성과 각오를 의미한다. 그래서 순화를 '감상의 고백'이라 하기도 하고 '머리가 맑아지는 새로운 기분'이라고도 표현한다. 순화는 개인적이고 간접적이어서 사회적인 갈등이나 나 스스로의 저항을 받지 않는 특성을 갖는다. 그리고 그 결과는 '새로운 나'를 설정하는 동인으로 작용한다.

(5) 항존성의 원리

항존(恒存)이란 항상 변하지 않고 존재하는 것을 의미한다. 좀 더 붙인다면 언제나 변하지 않고 있는 곳, 있어야 할 곳에 있는 것을 말한다.

어린 아이들은 항존성을 갖고 있지 못하다. 공을 가지고 놀다가 공이 굴러 의자 밑으로 들어가 보이지 않으면, 아이는 그 공이 없어졌다고 느낀다. 또 어린 아이들 중에는 자기가 늘 덮고 자던 이불을 덮어야 잠이 드는 아이가 있다. 자기에 익숙한 냄새를 통해 옆에 있어야 할 것이 있다는 것을 느껴 편안한 마음이 들기 때문이다.

어른들도 마찬가지다. 어른들이 고향을 찾는 이유는 항존성에 대한 욕구 때문이다. 급변하는 사회 속에서 항존성에 대한 욕구는 더욱 강해지기 마련이다. 따라서 나이가 들어 갈수록, 사회의 변화를 더욱 더 체험할수록 고향에 대한 그리움은 더욱 커지는 것이다. 고향을 찾았다가 고향이 알아 볼 수 없을 정도로 개발되어 옛 모습을 잃었다면 실망하고 더 이상 고향을 찾지 않게 되는 것은 더 이상 고향이 항존성을 만족시킬 수 없기 때문이다.

할아버지 할머니들이 신혼 때 쓰던 물건을 버리지 못하고 간직하고 있는 이유도 이러한 항존성에 대한 그리움 때문이다. 항존성의 이러한 특징 때문에 항존성은 '추억'이라 불리기도 하고 '미련'이라고 명명되기도 한다.

항존성은 인성교육의 기본 원리로 작용한다. 바꾸어 말하면 인성교육을 위해 학습자들이 항존성을 갖게 하는 것이다. 아무리 변화에 익숙하고 변화를 추구하는 학습자들도 변하지 않고 항상 그 자리에 있어주는 그 무엇을 잠재적으로 갈망한다.

그래서 인성교육을 위해 항상 그 자리에 있는 그 무엇을 의도적으로 보존할 필요가 있다. 가령, 새 집으로 이사할 때 그 동안 쓰던 가구나 가전제품을 모두 새 것으로 바꾸는 것은 별로 바람직한 일이 아니다. 대대로 집안에 내려오는 침대, 부모가 결혼할 때 혼수품으로 가져와서 손때가 묻은 재봉틀, 학습자가 어릴 때 소중하게 여겼던 장남감 등을 버리지 않고 곁에 두는 일은 항존성의 욕구를 만족시키는 일이요, 잠재적인 인성을 보존하는 일이 될 것이다.

(6) 동일화의 원리

동일화(identitication)란 주변 인물이나 사물에게 이입과 대입을 통해 나를 일치시키는 과정 또는 일치되는 것을 의미한다. 동일화는 나와 일정한 관련이 있을 때, 또는 일정한 관련을 찾아나갈 때 일어난다. 즉 주변 사람과 사물에게서 나와 비슷한 점을 찾거나 감성을 몰입할 때 일어난다.

따라서 동일화는 '나'의 경험과 대상에 이입·대입하는 성향과 밀접한 연관이 있다. 가령, 글을 읽을 때 글 속의 등장 인물이 처한 상황이나 겪고 있는 사건이 '나'가 과거에 경험했던 상황·사건과 유사할때 동일화는 더욱 빠르고 쉽게 나타난다.

뿐만 아니라 대상을 향해 항상 열려 있는 성향을 지녀야 한다. 주변의 인물과 사물이 아무리 나와 유사한 점을 갖고 있거나 유사한 정서를 내포하고 있다 하더라도 그것을 느끼지 못하면 동일화 현상은 일어나지 않는다. 따라서 주변 대상을 항상 나와 비교하고 대상을 나에게 끌어들여 느끼고 사색할 줄 아는 태도를 갖게 하여야 한다.

주변 인물과 사물에 대해 동일화를 이루었을 때 '나'는 일상 생활 속에서 삶과 나의 의미를 확대하고 교감할 수 있다. 이 때 경험하는 확대와 의미는 '나'의 내재된 인성의 힘이 된다.

(7) 은유의 원리

은유는 직선이 아니라 곡선이다. 은유는 직접이 아니라 간접이다. 직선은 어느 지점에 빨리 도달할 수는 있으나 여유를 가질 수는 없으며, 직접은 손쉬운 표현을 행할 수는 있으나 효율적인 상호작용을 이룰 수는 없다. 직선과 직접은 오해를 불러일으키고 오해는 갈등과 파국을 가져온다.

은유는 빠름이 아니라 느림이고 꽉 참이 아니라 여백이다. 현대 사회의 각종 병폐는 빠름과 꽉 참을 추구하는 데에서 기인하였다 해도 과언이 아니다. 빠름만을 추구하다 보니 인간을 돌아다 볼 수 있는 여유를 갖지 못했으며, 꽉 참을 통해 완벽만을 추구하다 보니 인간과 인간 사이의 원활함을 잃고 말았다.

이러는 과정에서 현대인은 외로움을 경험하고 소외를 그림자처럼 달고 살았다. 속도와 완벽을 위해 현대인은 경쟁 속에서 전전긍긍하게 되었고 진정함 삶의 의미를 곱씹지 못했다.

현대인이 인간다운 덕목을 되찾기 위해서는 여유와 여백을 찾아야 하고 여유와 여백을 찾기 위해서는 은유를 받아들여야 한다.

> 인간화 교육을 위해서는 은유(隱喩)를 가르치라는 권유는 문학의 이러한 측면을 잘 드러내 준다. 은유는 사물의 인식론이며 그 명명법(命名法)이라는 본질에 비추어 층위를 넘나드는 은유, 차원을 넘나드는 은유를 강조하고, 그 과정에서 인지적 심도를 확보하게 되고(cognitive depth), 사회적으로 용인되는 여과를 가하고 그 방법과 태도를 습득하며(the filter), 자기 점검과 공적 확인(公的確認)을 하게 되며(the monitor), 그러는 사이에 자기경계(自己境界)를 확보함과 동시에 상호융합(相互融合, ego boundaries and vaarying permeability)으로 나아가게 된다는 것이다. 은유가 단순히 수사법의 하나로 교육되는 우리의 현실에 비추어 원론적 반성이 요구되는 부분이다.[20]

은유는 하나의 표현 방식, 즉 수사법만을 의미하는 것이 아니다. 은유는 사물을 어떻게 인식하느냐의 인식론이며 사물을 명명하는 방식이다. 따라서 은유를 통해 인지도를 높이며 사회성을 습득하고 자기 점검과 공적인 확인을 하게 되며 자기의 영역을 확대하여 상호융합으로 나아가는 원리인 것이다.

(8) 자득의 원리

자득(自得)을 글자 그대로 파악하면 '스스로 얻음'이다. 즉 스스로 배우고 깨우치는 것을 '자득'이라고 한다. "소를 물가에 데리고 가는 것은 어린아이도 할 수 있는 일이나 소에게 물을 먹이는 일은 황우장

---

20) 김대행, 앞의 책, 115 - 116쪽.

사도 할 수 없는 일이다"라는 말을 빌리지 않더라도 모든 배움은 스스
로 이루는 것이고, 교육은 스스로 얻을 수 있도록 유도하는 행위이다.
 인성교육 역시 마찬가지이다. 특히 인성교육은 스스로 느끼고 그
과정에서 스스로를 변화시켜야 하기 때문에 자득의 원리를 실질적인
원리로 받아들여야 한다.

 衣食之樂 以忘優爲樂 學問之樂 以自得爲樂 故 身體以衣食而成長 心性 以
自得而進就 (崔漢綺, 『명남루총서』21))

 옷과 음식의 즐거움은 근심을 잊는 데 있고, 배움의 즐거움은 스스로 터득
함에 있다. 그러므로 신체는 옷과 음식을 통해서 성장하고, 심성은 스스로 터
득함을 통해서 향상된다.

 배움(學問)과 심성(人性)을 동일한 뜻의 단어로 사용하고 있다. 이
는 배움의 목적이 곧 심성을 발달하는 데 있다는 것을 의미한다. 즉
공부한다는 것은 인성을 발달시키고 그것을 생활 속에서 적용하고 향
상시키는 데 있다는 것을 의미한다.
 따라서 배움의 원리와 심성을 발달시키는 원리는 같을 수밖에 없
다. 인성의 발달 역시 자득의 원리를 바탕으로 한다. 배움과 배움을
통해 얻는 인성 발달은 다른 사람에 의한 것이 아니라 스스로 깨닫고
진리를 얻음으로써 이루어질 수 있다.

 (9) 스스로 계획하기의 원리
 인성교육은 스스로 터득(自得)함으로써 얻을 수 있다고 하였다. 그
러나 스스로 깨우쳤다고 해서 인성교육이 완성되는 것은 아니다. 사
실 교육은 더 나은 인간으로 키우기 위한 의식적이고 의도적인 인간

---

21) 明南樓叢書 : 최한기의 저서와 편서를 한 데 묶은 총서. 기(氣) 철학의 기본
   문제를 다룬 신기통(神氣通), 경험적 귀납법의 논리를 주장한 책.

행위이다. 따라서 교육은 상대적이면서 절대를 추구한다.

상대적이라는 말은 교육 방식이나 전략적인 측면을 나타낸 말이다. 즉 모든 학습자는 똑같은 능력과 취향을 가지고 있지 않다는 인식에서 학습자 개개인에 맞는 교육 방식이나 학습 전략을 구안해야 한다는 말이다.

절대적이라는 말은 교육의 목적, 또는 교육의 최종 결과를 뜻한다. 즉 교육은 '누구와 비교해서 그 정도면 되었다'는 것을 허용하지 않는다는 것이다. 교육은 '그 쯤하면 됐어'를 용납하지 않고 항상 최상의 상태, 최상의 결과를 추구한다.

따라서 교육의 방식과 전략은 끊임없이 변화해야 하며 그 목적은 결국 끝이 있을 수 없다. "가르치면 가르칠수록 어려움을 느낀다"는 말은 교육은 끊임없이 변화하기 때문에 생겨난 말이며, "배우면 배울수록 모르는 것이 많다"는 말은 배움에는 끝이 없음을 나타내는 말이다.

교육이 상대적이기에 교사의 역할은 항상 한계에 부딪힌다. 뿐만 아니라 교육은 절대를 추구하기 때문에 역시 교사의 역할은 일정 부분 이상의 것이 될 수 없다. 교사는 한 명의 학습자만을 가르칠 수 없다. 그래서 학습자 개개인의 능력과 취향에 맞는 교육을 하기란 현실적으로 불가능한 것이다. 설사 한 명의 학습자만을 대상으로 한다 하여도 교육을 완성할 수는 없다.

따라서 의식적이고 의도적인 인간 행위인 교육을 적극적으로 수행하기 위해서는 학습자가 자신의 행동을 스스로 계획하고 수행하도록 하여야 한다. 학습자에게 삶은(또는 배움은) 하루하루 자신을 발전시켜 나가는 것임을, 그래서 매일 매일 자신의 언행을 새롭게 계획하고 그 계획을 이루어 나가는 것임을 깨닫도록 하여야 한다.

君子之學 必日新 日新者日進也 不日新者 必日退 未有不進而不退者

(程頤, 『近思錄』)

　　군자의 배움은 반드시 날로 새로워야 한다. 날로 새로워진다는 것은 나날
이 진보한다는 말이다. 날로 새로워지지 못한다면 나날이 퇴보하기 마련이
니, 진보하지 않는데 퇴보하지 않는 경우는 없다.

　배움이 그러하듯이 인성교육 역시 나날이 새로워져야 하고, 나날이
새로워지기 위해서는 스스로 계획하고 수행하는 힘이 필요하다. 배움
은 스승에게 가르침을 받아 깨우칠 수도 있다. 그러나 인성교육은 스
스로 깨우치고 스스로 계획하지 않는 한 목표에 도달할 수가 없다.

(9) 자기 실천의 원리

　인성교육적 차원의 자기 실천의 원리는 근본적으로 '자기 표현'을
바탕으로 한다. 인성교육은 암묵적인 이해만으로는 목표를 달성할 수
없다. 학습자들이 자신이 느끼고 계획한 것을 표현하고, 토론과 같은
객관적인 검토를 거쳐야 목표 달성에 접근할 수 있다.

　하지만 그 동안 학교 교육은 학습자들이 자신을 표현할 기회를 주
지 않았고 허용하지도 않았다. 그저 선생님이 칠판에 적어 준 내용을
그대로 외워야 하고 문제집을 통해 문제 푸는 기술을 터득하는 것만
이 배움의 전부였다.

　그러나 인성교육은 칠판에 적은 내용을 외우고 문제 푸는 기술을
습득하는 방식으로는 이루어질 수 없다. 자기 표현의 원리는 자신이
체험하고 느끼고 터득한 것을 어떠한 형태로든지 형상화는 것이다.
이는 체험과 느낌, 터득한 내용이 추상적인 형태를 띠고 있으므로 그
자체로는 체득될 수 없고 표현 활동을 통해서만이 자신의 것이 된다
는 원리에 바탕을 둔 것이다.

　자기 표현에 의해 자신의 것으로 체득되었다면 그 다음에는 자기
실천을 이루어야 한다. 왜냐하면 인성교육은 추상이나 관념에 그치는
것이 아니라 행동 표현을 통해 '나'와 내 이웃에게 작용으로 나타나야
하기 때문이다.

아무리 훌륭한 인성을 가지고 있다 하여도 그것이 상호간에 작용하지 않으면 아무런 필요가 없기 때문이다. 가령, 좋은 품성을 가지고 있지만 다른 사람과의 상호 관계에서 나타나지 않거나 품성과는 다른 언행을 보인다면 그것은 참 인성이 아니다.

자신의 인성을 그대로 생활 속에서, 특히 다른 사람과의 관계 속에서 표현하고 실천하였을 때 인성교육은 완성의 가능성이 있는 것이다.

(10) 자기 실현의 원리

공자(孔子)는 나이 칠십이 되었을 때 천명(天命)을 알고 자기가 하고자 하는 대로 하여도 그것이 순리에 맞았다고 한다. 이 때 천명과 순리는 인성과 매우 가까운 개념이다. 그리고 그만큼 인성의 완성이 어렵다는 것을 의미하기도 한다.

그러나 우리가 학습자에게 원하는 인성의 수준은 공자의 수준과는 다르다. 우리가 학습자에게 원하는 인성 수준은 자기의 욕구를 누르고 인간다운 행동을 하는 것이고, 자기의 욕구를 누르는 일이 자연스럽고 결과적으로 학습자 본인에게 행복을 가져다주는 수준이다.

가령, 자기가 먹고 싶은 음식을 다른 사람에게 베풀었을 때 본인 스스로 그것을 거부감 없이 자연스럽게 받아들이고 그 결과 스스로 행복을 느끼는 수준이다.

그리고 생활 속에서 인성을 가름하는 요소는 다양하다. 예수는 사랑을 통해서, 부처는 자비를 통해서, 공자는 인(仁)을 통해서 일상생활에서 자기를 실현하고자 하였다.

하물며 인간에게는 완벽한 인성을 요구할 수 없다. 개인에 따라 봉사를 통해, 기부금을 통해, 또는 기도를 통해 자기를 실현하도록 하고 어느 요소 하나라도 성실히 수행할 수 있다면 그것을 인성의 완성으로 허락하여야 한다.

어느 요소 하나를 통해 인성을 실현한다면 그 하나를 통해 인성을 확대하고 인성의 완성을 추구할 수 있기 때문이다. 완벽한 인간이란 없다. 인성교육은 완벽한 인간을 추구하는 것이 아니다. 우리가 교육을 통해 추구하는 인간상, 즉 건강산 사람, 창의적인 사람, 자주적인 사람, 도덕적인 사람은 말 그대로 우리가 교육을 통해 추구하는 것이지 완성을 요구하는 것이 아니다.

자기 실현은 자기가 하고자 하는 바를 통해서 자신의 욕망을 억누르고 그 속에서 자신과 사회의 행복을 추구하는 과정을 의미하는 것이다.

1. 6. 2 인성교육의 지도 원리

지도 원리는 학습 지도의 방향과 전략을 구안할 수 있도록 하는 원리이다. 이 곳에서는 "교사는 ~(이) 있(되)게 지도하라"는 개념으로 지도 원리의 용어를 설정하였다.

따라서 지도 원리는 교사가 학습자를 대상으로 교육을 실행할 때 갖는 태도이며 동시에 학습자에게 제시하는 방식을 말한다.

인성교육의 지도 원리를 살펴보면 다음과 같다.

(1) 일관성의 원리

일관(一貫)이란 '초지일관(初志一貫)'의 준말이다. 초지일관이란 처음의 뜻과 태도를 끝까지 바꾸지 않고 실행하는 것이다. 따라서 인성교육에서 일관성이란 교사가 학습자에게 요구하는 내용과 방식, 그리고 평가의 척도가 항상 일정해야 한다는 말로 바꾸어 설명할 수 있다.

따라서 교사는 학습자의 행동과 인성교육의 결과물에 대해 항상 같은 평가를 내리고 격려하도록 노력해야 한다. 그렇게 하기 위해서는 교사 역시 인성교육의 내용과 평가 기준에 대해 숙지할 필요가 있다.

덧붙인다면 "아이들은 어른의 행동에서 배운다", 또는 "아이들은 어른의 뒷모습에서 배운다"는 말이 있다. 이 말은 학습자들은 교사의 이론이나 설명을 통해 배움을 쌓아 가는 것이 아니라 교사의 언행에서 배우고, 수업 시간에만 인성교육이 이루어지는 것이 아니라 일상 생활에서 보이는 교사의 언행을 모방하고 평가하여 자기의 것으로 만든다는 것을 의미한다. 따라서 일관성이 있는 인성교육을 위해서는 수업 시간 외의 일상적인 언행에서도 학습자들에게 모범이 될 수 있도록 노력해야 한다.

(2) 지속성의 원리

인성 발달은 어느 한 시기에 집중적으로 발달하거나 단 시간에 이루어지지 않는다. 간혹 "몰라보게 변했다"라든지 "언제 저렇게 철이 들었지"라고 짧은 시간에 변화한 학습자들을 칭찬하기도 하지만, 사실은 어떤 계기에 의해 그 동안 배우거나 축적된 인성 요소들이 통합되면서 그 변화가 일순간 겉으로 드러난 것일 뿐이다.

지속성은 연속성이라는 말과 유사하다. 즉 지속성(持續性)이란 이미 이전에 발달된 것을 바탕으로 새로운 인성을 형성해 나가는 것을 의미한다. 인성교육은 하루아침에 이루어지는 것이 아니라 꾸준한 학습을 통해서 점진적으로 이루어진다.

인성교육은 매일매일 이루어져야 한다. 그리고 학생들이 학습한 것을 일상 생활 속에서 자연스럽게 실천할 수 있도록 계획하여야 한다. 이를 위해 학급 단위, 혹은 학년과 학교 단위로 인성교육을 이룰 수 있도록 계획을 세우고 시행하여야 한다.

특히, 학급 단위의 인성교육과 실천이 매우 중요하다. 학습자들에게는 학년이나 학교보다는 학급에 더욱 애착을 가지고 있어서 학교에서 이루어지는 인성교육은 학급 단위별로 시행하고 평가하는 것이 더욱 효율적이다.

(3) 주체성의 원리

주체성의 원리는 인성교육의 내용과 학습자들의 인식태도에 관한 것이다. 주체성(主體性)이란 '자기 신체의 주인이 되는 상태' 혹은 '자기 신체의 주인으로서 지니는 성품'을 의미한다. 하지만 주체성이란 행동이나 말에 나타난 그 사람의 독자성을 의미하거나 자신의 뜻에 따라 행동하는 태도 또는 의지를 말한다.

가령, "주체성이 있다"는 말은 먼저 그 사람 고유의 의식 세계를 의미하기도 하고, 또는 자신의 의지대로 말하고 행동하는 태도를 말한다. 따라서 "주체성이 없다"는 말은 그 사람 고유의 정신 세계가 없다는 뜻이며, 자신의 생각대로 행동하지 못하는 것을 의미한다.

그 동안 학습자에게 주체성을 갖게 하기 위해서 우리 문화, 역사, 언어 등을 교육하였다. 그러나 그 방법과 전략의 구태의연함으로 학습자들은 주체성 교육을 따분한 것, 또는 시대에 뒤떨어진 것으로 받아들여졌다.

주체성을 기르게 하기 위해서는 교육의 내용도 중요하지만 교육 방법과 전략도 시대 변화, 학습자들의 변화에 맞게 바뀌어야 한다. 이제는 암기 위주의 교육으로는 주체성을 함양할 수 없다. 교장 선생님의 훈화는 딴소리일 뿐이고 선생님의 설명은 잔소리일 뿐이다.

학습자들은 교장 선생님이나 선생님들이 말하는 것 이상을 대중 매체를 통해 알고 있다. 내용의 깊이야 정확히 측정할 수는 없지만 학교에서 이루어지는 인성교육의 내용보다는 훨씬 다양한 내용들을 알고 있다.

따라서 주체성 교육을 위해 토론과 비판을 적극적으로 수용해야 한다. 우리 문화, 역사, 언어를 통해 주체성을 확립하는 교육에서 어떻게 비판을 허용할 수 있겠느냐고 반문할지 모르겠지만 비판을 통해서만이 진정한 지성인, 스스로를 개혁하는 지식인, 한층 더 발전하는 학습자로 태어날 수 있다는 것을 명심하여야 한다.

(4) 자율성의 원리

주체성의 원리가 인성교육의 내용과 학습자들의 인식태도에 관한 것이라면 자율성(自律性)의 원리는 인성교육의 외연과 학습자들의 활동 양상에 관한 것이다. 즉 학습자들이 인성교육을 수행함에 있어 스스로 계획을 세우고 자발적으로 수행하는 태도를 길러주어야 한다.

이미 앞에서도 논의했지만 인성은 교사의 훈시나 학습 내용을 이해하고 암기하는 것으로 이루어지지 않는다. 학습자들의 자율적인 수행이 없으면 인성교육은 아무런 의미가 없다.

따라서 인성교육은 교사의 "~을 하라"에서 이루어지는 것이 아니라 학습자 스스로 "~을 해야 한다.", 또는 "~을 해야 할 것 같다"는 마음의 움직임에서 비롯된다.

교사는 학습자들이 자율적으로 활동하고 수행할 수 있도록 유도하는 데 관심을 가져야 한다. 그러기 위해서 학습자의 인지 발달에 알맞은 학습 내용을 구안하고 학습자들이 자발적으로 활동할 수 있는 학습활동과 과제를 제시하여야 한다.

(5) 체험의 원리

인성교육은 이론이 아니다. 인성교육은 학습자들이 체험(體驗)하고 체험에서 얻은 것을 바탕으로 또 다른 체험을 느끼고 숙지하면서 완성되는 것이다.

가령, '어려운 사람을 돕자'거나 '왜 어려운 사람을 도와야 하는가'와 같은 구호나 설득으로는 인성교육은 완성되지 않는다. 직접 어려운 사람들을 찾아 그 사람들의 상황을 보고 그 사람들을 돕고 같이 생활하면서 느끼고 체득하는 것을 통해서 인성교육은 완성될 수 있다.

'백문이불여일견(百聞而不如一見)'이라는 말은 '백문이불여일체험(百聞而不如一體驗)이라는 말과 같다. 교사 중심의 이론 학습보다는 학습자 중심의 체험 활동이 인성교육에서는 매우 효과적이다.

하지만 학습자들에게 체험의 기회를 어떻게 제공하느냐 하는 것이
문제일 것이다. 학교 현장에서 학습자들에게 체험의 기회를 제공한다
는 것은 매우 어렵다. 이러한 문제를 극복하기 위해서는 교육청, 학
교, 지역 사회, 학부모가 서로 협력하여 방법을 찾아야 할 것이다.

(6) 분화와 통합의 원리

모든 학습은 주제의식을 너무 강조하거나 목적을 앞세우면 효과를
얻을 수 없다. 학습자들이 지겨워하고 오히려 반감을 살 수도 있다.
따라서 효과적인 교육을 위해 분화와 통합의 과정을 반복하는 교수
전략이 필요하다.

즉, 분화의 과정에서는 주제의식이나 목적을 내세우지 않고 세부적
이고 구체적인 활동을 하다가 그것이 완결되는 시점에서 통합을 이루
는 교수법이 필요하다.

가령, 「흥부전」 읽기를 통해 착한 행동과 우애(友愛) 회복을 주제로
인성교육을 실시한다고 가정하자. 우선 '학습 목표 제시 →「흥부전」을
읽고 → 흥부와 놀부의 행동, 성격을 분석하여 이해하고 → 흥부와 놀
부를 비판적으로 이해하고 → 주변에서 흥부나 놀부 같은 사람을 보
았는가 이야기하고 → 나는 흥부와 놀부처럼 행동한 적이 없었는가
경험을 이야기하고 → 주변 사람이나 내가 흥부나 놀부처럼 행동했을
때 느낌을 이야기하고 → 그것을 평가하고 → 사람들에게 어떻게 행
동하여야 하고, 형제들의 소중함을 토론하고 → '나'의 행동을 계획하
고 → 교사의 선행(善行)과 우애에 대한 통합적 학습'의 과정을 설정
할 수 있을 것이다.

물론 이러한 과정을 모두 거쳐야 되는 것은 아니다. 학습 단계와
학습자의 학습 능력에 따라 학습 목표를 정하고 그에 알맞은 과정을
선정하여 수행할 것이다.

이 때 분화와 통합이 적절하게 이루어져야 한다. 학습자들이 구체

적으로 활동하는 단계와 내용을 '분화'라 할 수 있고, 인성교육의 목표를 달성하기 위해 교사가 큰 주제와 목표를 제시하고 이론화하는 단계와 내용을 '통합'이라고 할 수 있을 것이다.

즉 분화와 통합의 원리는 교수·학습과정에서 학습자들이 인성교육의 목표를 인식하지 않고 활동하는 '분화'와 학습자들이 활동하는 과정이나 결과를 인성교육적 목적으로 끌어들이는 '통합'이 적절하게 분배되어야 한다는 것을 의미한다.

인성교육을 위해서 학습자들에게 모든 활동을 인성교육적 목적을 염두에 두고 수행할 것을 강요해서는 안 된다. 학습자들에게는 흥미를 가지고 각 과정을 활동하도록 한 다음, 적절한 시기에 인성교육의 목적을 드러내어야 학습자들이 거부감 없이 활동을 수행할 수 있고 그래야만 인성교육의 목표에 효율적으로 도달할 수 있다.

인성교육을 효율적으로 수행하기 위해서는 학습자들이 흥미를 가지고 자발적으로 활동을 수행하다가 어느 시점에서 자신들이 한 활동의 결과가 인성교육으로 연결될 때 "아 그렇구나"라는 반응을 이끌어 낼 수 있다. 그리고 "아 그렇구나"를 통해 자연스럽게 체득하고 자신의 것으로 받아들일 수 있다.

(7) 지행합일의 원리

지행합일(知行合一)은 알고 있는 것을 행동으로 실천하는 것을 의미한다. 우리는 주변에서 알고는 있으나 행동으로 옮기지 않는 학습자들을 수없이 경험한다. 아니 학습자들만의 문제가 아니라 일반인, 우리 스스로도 알면서도 행동으로 옮기지 않는 문제점을 지니고 있다. '아는 사람이 더 지키지 않는다'는 자조적인 말이 나올 정도로 알고는 있으나 그것을 실천으로 옮기는 사람이 많지 않은 것이 현실이다.

인성교육은 철저히 지행합일을 지향해야 한다. 즉 인성교육은 아는 데 그치는 것이 아니라 알고 있는 것을 몸으로 실천할 때 완성될 수 있는 것이다.

우리 민족이 다른 민족에게 '동방예의지국(東方禮義之國)'이라는 부러움을 사왔던 것은 바로 알고 있는 것을 일상생활에서 몸소 실천했기 때문이다. 다른 민족도 나름대로 종교와 경전, 생활 윤리들을 가지고 있다. 하지만 그들은 알고 있는 것을 실천하지 않았고 우리 민족은 그것을 몸소 실천했다는 차이가 있다.

우리 민족이 알고 있는 것을 일상생활에서 몸소 실천할 수 있었던 이유는 우리 민족의 사상적 바탕이 되는 유교가 철저한 실천지학(實踐之學)이었기 때문이다.

그러나 현대 교육에서는 실천에 중점을 두지 않고 교사의 주입식 교육과 사지선다형의 문제 풀기로 평가를 했기 때문에 실천력이 약해진 것이다. 실천 중심의 인성교육이 필요하다. 많은 연구 결과들을 보면 학습자에게 실천 중심의 인성교육을 실시했을 때 효과가 높은 것으로 나타나 있다.

실천 중심의 인성교육이 되기 위해서는 앞에서 논의한 원리들을 통합하여야 한다. 즉, 인성교육은 일관성과 지속성을 가져야 하며 주체성과 자율성을 보장하고 일상생활에서 체험할 수 있도록 적극 유도하고 도와주어야 할 것이다.

덧붙인다면 사지선다형의 평가방법도 재고하여야 한다. 인성교육을 효율적으로 수행하기 위해서는 학습자들이 일상생활에서 인성의 덕목을 얼마만큼 실천으로 옮기느냐 하는 것이 평가의 대상이 되어야 할 것이다.

1. 6. 3 인성교육의 지도 절차

기본 원리와 지도 원리를 세웠으면 그것을 바탕으로 지도 절차를 구안하여야 한다. 즉 지도 절차는 기본 원리와 지도 원리를 실제 적용하기 위한 구체적이고 실천적인 행동이라고 할 수 있다. 따라서 지도 절차는 학습 지도의 단계와 순서를 짜기 위해서 필수적이다.

인성교육의 기본적인 구도는 '나'에서 떠나서 다시 '나'로 돌아오는 구도이다. 즉 인성교육의 기본적인 절차는 ① 현실의 '나'를 정확하게 알고 ② '나'를 좀 더 분명히 알기 위해 삭제하고 ③ 주변의 사람들과의 관계성을 인식하고 ④ 주변의 사람이나 사물에 '나'를 대입·이입하여 동일화를 이루고 ⑤ 새로운 '나'를 계획하고 ⑥ '나'를 실현하는 과정을 완수하면서 완성되는 것이다.

이를 간단하게 도표로 나타내면 다음과 같다.

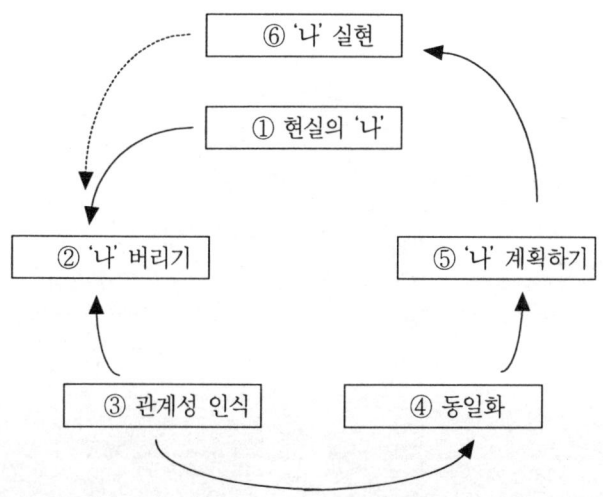

인성교육의 절차는 다음 3장에서 국어과의 쓰기·읽기·문학 영역을 중심으로 구체적인 방법과 함께 다룰 것이므로 이 장에서는 기본 절차를 소개하는 것으로 만족하고자 한다.

제2장   문제는 상상력이다.

언뜻 보면 인성교육과 상상력은 아무런 관련이 없는 것처럼 보인다. 그러나 인성교육을 위해 자신을 성찰하고, 관계성을 살피고, 이입과 대입을 통해 동일화를 이루고, 자신의 미래를 설계하고, 자신을 실현하는 모든 원리와 절차들이 상상력 없이는 불가능한 것들이다.

상상력은 무에서 유를 창출하는 것이 아니라 유에서 또 다른 유를 불러내는 것이기에 그렇고, 상상력이 있어야 세계를 인식하고, 삶을 되새김하고, '나'를 비판하고, '남'을 용납할 수 있기 때문에 그렇다.

따라서 인성교육 역시 근본 사유 영역인 상상력을 갖추고 있어야 가능하며, 인성교육의 출발은 상상력 개발 훈련에서부터 시작하여야 한다.

특히, 국어과는 상상력과 밀접한 관련이 있다. 국어과의 모든 영역은 상상력을 바탕으로 한다. 글쓰기·말하기 역시 상상력으로 이루어지며, 읽기와 듣기는 상상력 없이는 제대로 수행할 수 없고, 문학은 그 자체가 상상력이다.

문학의 그러한 본질은 기본적으로 언어 구조물이라는 자질에서 온다. 언어란 직접적인 사물이 아니라 간접적인 기호이므로 언어가 지닌 대리물적 본질에 의해 인간을 사고하도록 한다. 그 반대되는 사례를 우리 주변에서 얼마든지 확인할 수 있다. 시각 매체에 사로잡힌 아이들에게서 상상력의 빈곤을 확인하게 되는 것은 슬픈 일이며, 그것을 구제하는 일은 언어의 세계에서 정신의 향상을 도모하도록 권하는 것이다. (중략)

> 문학이 형상이라는 본질은 인간의 인식 능력과 상상력이라는 기본적인 정신
> 활동의 본령이다. 사람은 언어로 형상을 수용하고 언어로 형상을 창조한다. 그
> 가장 전형적이고 체계적이면서 높은 수준을 보이는 것이 문학이다. 따라서 인
> 간은 문학을 통해 세계를 파악하고 창조한다. 인간의 인간다운 덕목 가운데 지
> 성과 감성은 이러한 형상을 통해 함양되고 발전한다고 할 수 있다.22)

문학은 언어 구조물이고 언어는 간접적인 기호이기 때문에 인간을
사고하도록 한다는 논의는 언어의 기본 속성과 문학의 특질을 간파한
데에서 기인한다. 그리고 문학 교육을 통해 인간 정신의 향상을 도모
할 수 있다는 주장 역시, 문학이 인식 능력과 상상력이라는 기본적인
정신 활동을 기반으로 하고 있다는 점에서 설득력이 있다.

특히 문학이 국어과 모든 영역의 총체라는 점에서 인성교육과 문학
은 밀접한 관련이 있음이 분명하다. 그리고 문학은 언제나 인간다움
을 보여주고 인간이 인간답게 되기를 추구한다는 점에서도 문학과 인
성교육은 등식으로 성립할 수 있다는 것을 보여 준다.

우선 인성교육의 기본적인 정신활동인 상상력을 어떻게 발달시킬
수 있는가를 논의하고 다음 3장에서 국어과의 각 영역이 인성교육과
어떠한 관련이 있으며 어떻게 각 영역을 활동하면서 인성교육을 이룰
수 있는지를 다루기로 하겠다.

2. 1 그림과 사진을 통한 상상력 훈련

상상력 개발 훈련의 기초 단계에서는 그림이나 사진, 만화 등을 사
용하는 것이 효과적이다. 학습자들에게 그림과 사진 등은 글에 비해
친근감을 주고 한 눈에 전체적인 상황을 파악할 수 있기 때문에 상상

---

22) 김대행, 앞의 책, 114 - 115쪽.

을 이끌어 내기가 그만큼 쉽다.

다음은 가방을 그린 그림이다. 학습자들에게 '가방에 무엇이 들어 있을까' 질문해 보자.

어른들의 대답은 '지갑, 안경, 휴지, 휴대폰' 등 현실적인 가방의 기능이나 자신의 가방 속을 기억한 답이 거의 대부분이다. 어른들의 대답의 또 다른 특징은 가방의 크기에서 벗어나지 못한다는 것이다. 가방의 크기를 따져서 그 크기의 가방에 들어가기 알맞은 물건들을 말한다.

하지만 학습자들의 대답은 이러한 틀을 벗어난다. '꽃다발', '은하 수', '기린' 등 학습자들의 대답은 다양하다. 학습자들의 상상은 가방의 현실적인 기능이나 자신의 책가방, 가방의 크기에서 벗어난다. 학습자들의 상상력은 어른들의 그것과 비교가 되지 않는다.

특히 초등학교 1·2학년의 학습자들은 인생에서 가장 상상력이 왕성한 때라고 한다. 그리고 상상력은 어렸을 때 길러주어야 한다. 나이가 들면 들수록 상상력은 약해진다. 따라서 상상력 훈련은 일생동안 꾸준히 이루어져야 한다.

그러나 그림이나 사진을 이용한 상상력 훈련은 나름대로 한계가 있다. 그림이나 사진을 이용한 상상력 훈련은 글을 통한 상상력 훈련보다 효과가 적다는 것이고, 덜 효율적이라는 것이다.

어느 소설을 감동적으로 읽어서, 그 소설을 바탕으로 만든 영화를 본 적이 있을 것이다. 그런데 영화를 보고 나서는 대부분 실망을 하게 된다. 그것은 글이 주는 상상력에 비해 그림이나 사진이 주는 상상력이 그만큼 작기 때문이다.

또는 이러한 경우도 있을 것이다. 옛날에 보았던 흑백 영화를 컬러 영화로 다시 보고 나서 실망한 적이 있을 것이다. 그것은 다양한 색깔이 오히려 우리의 상상력을 방해했기 때문이다.

그림과 사진을 통한 상상력 훈련은 동기 유발이나 흥미 유발을 위해, 또는 상상력 개발 훈련의 기초 단계에서 사용할 수 있으나 상상력 훈련의 본령이 될 수는 없다. 물론 예술적 감상이나 특정 목적의 교육을 위해서 그림과 사진을 활용할 수는 있다.

2. 1. 1 동물·인물 사진을 활용한 말주머니 만들기

그림과 사진을 통한 상상력 훈련의 제1단계로 동물이나 인물의 사진23)을 활용할 수 있다. 동물이나 인물 사진은 그만큼 학습자들, 특

---

23) 이 때 사진은 그림이나 만화 등을 포함한 대표적인 용어로 사용한다.

히 어린 학습자들에게 거부감을 주지 않기 때문이다. 특히 어린 아이들에게는 동물 사진을 먼저 활용하는 것이 좋다. 어린아이들은 사람은 낯을 가려도 동물에게는 낯을 가리지 않는다. 그만큼 동물에게서 친숙감을 갖는다는 것을 의미한다.

동물이나 인물의 사진을 활용한 상상력 훈련을 할 때에도 지켜야 할 몇 가지 원칙이 있다. 그 원칙을 방법과 절차를 알아보면 다음과 같다.

(1) 학습자가 친근감을 갖는 사진을 먼저 제시한다. 일반적으로 동물 사진이나 전체적인 분위기가 우화적인 사진에 대해 친근감을 갖는다. 따라서 동물이 등장하는 사진이나 우화적인 사진을 먼저 제시하고 동물과 인물이 함께 나오는 사진, 인물만 등장하는 사진 순서로 제시하는 것이 좋다.
① 동물 사진 → 동물 + 인물 사진 → 인물 사진
② 우화적인 것 → 환상적인 것 → 현실적인 것

(2) 사진으로 완결되는 것에서부터 제시하여 '나'와 대입할 수 있는 것, 현실 사회의 문제를 다룬 것 순서로 제시한다. 초기에 학습자는 사진 속의 인물과 쉽게 교감하지 못한다. 따라서 초기에는 두 명이 등장하는 사진을 선택해서 사진 속의 인물간의 언행을 상상하게 하는 것이 효과적이다. 그 다음 사진 속의 인물과 학습자가 대화를 통해 교감하도록 하고 그 다음에는 사회 현실을 객관적으로 생각할 수 있는 사진을 제시한다.

※ 둘이 등장하는 사진 → 혼자 등장하는 사진 → 여럿이 등장하는 사진

(3) 사진 속의 등장 인물이 평등 관계인 사진부터 제시하고 종속적인 관계인 사진을 제시한다. 일반적으로 평등적인 관계일 때 상상력과 표현력이 활발하다. 특히 학습자들과 또래인 인물이 등장하는 사진을 먼저 제시한다면 상상과 표현이 더욱 활발하고 다양해 질 것이다.

　① 평등 관계인 사진 → 종속 관계인 사진
　② 또래 사진 → 나이 차이가 많은 사진

(4) 긍정적인 사진을 먼저 제시하고 부정적인 사진을 나중에 제시한다. 일반적으로 긍정적인 생각을 하면 상상력이 30% 정도 더 늘어난다고 한다. 따라서 긍정적인 사진을 먼저 제시하는 것이 효과적이다. 긍정과 부정의 사진도 나와 직접적인 관계가 깊은 사진에서부터 제시하고 나와 거 리가 먼 사진을 제시한다.

　① 긍정적인 사진 → 부정적인 사진
　② 나와 직접적인 관계가 있는 사진 → 나와 거리가 먼 사진

(5) 역동적인 사진을 먼저 제시하고 정적인 사진을 다음에 제시한다. 학습자들은 대개 활동성이 강하기 때문에 활동성이 강한 역동적인 사진을 먼저 제시한다. 그 다음 정서적인 사진을 제시하면 상상력 훈련을 더욱 효과적으로 수행할 수 있다.

　※ 역동적인 사진 → 정적인 사진 → 정서적인 사진

(6) 한 장으로 된 사진부터 두 장, 세 장, 네 장으로 된 사진을 제시한다. 한 장으로 된 사진은 단문으로 표현할 수 있을 것이고, 두 장 이상으로 된 사진은 간단한 줄거리로 표현할 수 있을 것이다.

　※ 한 장 → 두 장 → 세 장 → 네 장

그림과 사진을 활용한 상상력 개발 훈련의 기본적인 원칙과 방법,

절차를 소개하였다. 그러나 이러한 원칙과 방법, 절차는 각기 독립적인 것이 아니라 부분적이거나 전체적으로 통합하여 실시하여야 한다.

　좀 더 이해를 돕기 위해서 위에 제시한 내용을 구체적인 사진을 제시하며 설명하도록 하겠다. 단, 지면 관계상 다양한 그림을 다 제시 못하고 대표적인 것만 소개하였다. 그리고 어떻게 통합되는지도 구체적으로 살펴야 하나 역시 지면 관계상 몇 개만 제시하였다.

(1)

(2)

　사진 (1)과 (2)는 동물이 등장하는 사진이다. 초기 학습자들에게 제시할 수 있는 사진이다. 일반적으로 학습자들은 동물에 대해 친근감이 있으므로 이런 사진을 제시하는 것이 도입 활동으로 의미 있다. 사진(1)은 사진 속에 등장하는 동물이 또래이고 사진(2)는 사진 속에 등장하는 동물이 어미 소와 송아지로 종속적인 관계에 있다.
　동물 사진을 제시할 때에도 이렇게 제시의 순서가 달라야 한다. 사진(2)에 비해 사진(1)을 대상으로 상상력 훈련을 할 때 학습자의 상상 활동과 표현을 적극적으로 이끌어낼 수 있다.

(3)

(4)

사진(3)과 (4)는 모두 동물과 사람이 등장하는 사진이다. 차이점은 사진(3)은 사진 속의 사람이 학습자 또래라는 것과 동물과 사람이 밀접한 관계가 있는 사진이라는 것이다. 사진(4)는 동물이 사람에 비해 비중이 작고 소리를 낼 수 없다는 것이다. 사람도 학습자의 또래가 아니라 어른이라는 점도 사진(3)과 다르다.

따라서 두 장의 사진을 제시하는 순서도 사진(3) - 사진(4)의 순서일 때 효과가 높을 것이다.

(5)

그림(5)는 앞의 그림과 사뭇 다르다. 우선 동물이 그림이어서 생동 감이 떨어지고 사람이 어른인데다 두 명이 등장한다는 것이다. 두 마리의 동물이 등장하거나 동물 한 마리 사람 한 명, 또는 사람 두 명이 등장하는 사진을 통해서는 사진 속의 인물들이 어떤 대화를 하느냐를 상상하는 것인데 사진(5)는 물고기가 그림이고 사람이 두 사람인데다 어른이라는 것은 앞 사진들에 비해 상당한 높은 수준의 복잡한 상상 이 필요하다.

그러나 앞의 사진들을 통해 상상력 훈련을 한 학습자들은 추론과 상징, 비판적 사고를 통해 무리 없이 상상 활동을 할 것이다.

(6)

(7)

사진(6)은 같은 또래의 그림이지만 학습자의 연령 대와 차이가 있다는 점에서 사진(7)은 사진 속의 사람들이 연령 차이가 있는 종속적인 관계라는 점에서 어느 사진을 먼저 제시할 것인가를 결정하는 일은 그리 쉽지 않다.

그러나 사진(6)이 같은 연령 대의 사람이 등장하고 역동적이라는 점에서 먼저 제시할 수 있을 것이다. 그리고 서로 마주보는 형태를 띠고 있고 주먹을 불끈 주고 있는 모습이 서로 공통점이 있다는 점에서도 사진(6)이 학습자의 상상을 더욱 쉽고 효과적으로 이끌어 낼 수 있을 것이다.

사진(7)로 활동하면서 지켜 볼 재미있는 사항이 하나있다. 학습자가 왼쪽에 있는 동생을 대상으로 먼저 활동하느냐 아니면 오른쪽에 있는 형을 대상으로 먼저 활동하느냐를 살피는 것이다. 왼쪽에 있는 동생을 대상으로 먼저 활동하는 학습자는 아직도 의존적인 성향을 많이 가지고 있는 학습자이고 오른쪽에 있는 형을 대상으로 먼저 활동하는 학습자는 제법 독립적인 성향이 강한 학습자이다.

둘이 등장하는 사진을 소재로 상상력 활동을 어느 정도 했다면 이제는 혼자 등장하는 사진을 소재로 상상력 활동을 해보자. 이 곳에서는 동물이 등장하는 사진은 생략하고 바로 사람이 등장하는 사진을 소개하도록 하겠다.

(8)

(9)

  앞의 내용을 잘 따라왔다면 사진(8)과 (9)의 차이점을 알고 어느 사진을 먼저 제시하여야 하는지도 알 수 있을 것이다. 사진(8)과 (9)를 소재로 상상력 훈련을 할 때 지켜보아야 할 사항이 있다.

  사진(8)과 (9)를 소재로 활동한 결과를 검토하면 세 가지 유형을 발견할 수 있다.

  사진(8)
  유형① : ㉠ 여자라고 얕봤지. 나도 할 수 있다고
        ㉡ 밑에서 볼 땐 힘들어 보였는데 생각보다 쉽네
        ㉢ 옆 친구보다 내가 먼저 올라가야 할텐데
  유형② : ㉠ 너도 올라와 봐. 재미있어
        ㉡ 다음에는 진짜 산을 오를 거야.

유형③ : ㉠ 얘, 힘들지 않니
        ㉡ 너를 수퍼우먼이라 불러 줄께.

사진(9)
유형① : ㉠ 나는 야구를 잘한다.
        ㉡ 나는 야구가 좋아요.
유형② : ㉠ 너는 이 공을 받을 수 있니. 말해 보렴.
        ㉡ 이 공을 너에게 줄께.
유형③ : ㉠ 공을 던져 봐. 나는 공을 잘 치거든.
        ㉡ 나도 야구선수가 될 거야.

유형①은 사진 속 인물의 시각에서 진술한 문장이고 유형②는 사진 속 인물의 시각이지만 사진 속 인물이 '나'에게 진술한 문장이라면 유형③은 '나'의 시각에서 사진 속 인물에게 진술한 문장이다.

유형①의 시선은 사진을 벗어나지 못했다면 유형②는 시선이 사진 속에서 사진 밖으로 이동하고 있다. 유형③은 시선이 사진 밖에서 사진 속으로 이동하고 있다. 유형①이 독백의 형태를 띠고 있다면 유형②와 유형③은 의사소통의 형태를 띠고 있다.

인지 발달의 단계가 낮을수록 의존성을 띠며 폐쇄(閉鎖)적인 형태를 띠는 반면, 인지 발달의 단계가 높을수록 주체성이 강하고 이입과 대입을 활발하게 진행한다는 특성을 고려한다면 유형①은 어린 나이의 학습자에게서 나타나고 유형③은 보다 높은 학년에서 나타나는 유형이다.

이러한 활동에 익숙해졌다면 둘 이상의 사람이 등장하는 인물 사진을 소재로 활동할 수 있다. 둘 이상의 사람이 등장하는 사진을 소재로 할 때는 역동적인 사진을 소재로 하는 것이 좋다. 역동적인 사진으로는 주로 운동 경기를 담은 사진들이 있다.

(10)

(11)

둘 이상의 사람이 등장하는 사진을 제시할 때에도 사진에 따라 상황이 다르므로 유의해야 한다. 사진(10)은 두 명이 등장하여 같은 동작을 보이고 있으나 서로의 시선이 각기 다르다. 반면 사진(11)은 사진 속의 두 명이 서로 대립되는 동작을 보이고 있다.

두 명 이상의 인물이 등장하는 사진을 제시할 때도 이처럼 사진 속의 상황에 따라 각각 제시하는 순서가 달라야 한다. 사진 속 인물의 동작과 시선의 방향에 따라 네 가지 유형으로 나눌 수 있을 것이다. ① 인물이 다른 행동을 하고 시선도 다르다. ② 인물의 같은 행동을 하나 시선이 다르다. ③ 인물이 같은 행동을 하고 시선도 같다. ④ 인물이 서로 대립되는 동작을 한다.

네 가지 유형의 사진을 소개한 순서대로 제시하는 것이 효과적이다. 그래야 다음 단계인 많은 사람들이 등장하는 사진을 소재로 활동하기가 쉽다.

(12)

사진(12)는 두 사람 이상 등장하는 사진이다. 그런데 사진 속의 사람들의 시선이 모두 위를 향하고 있고 같은 방향이다. 사진 속 사람의 시선의 방향도 학습자의 상상에 영향을 끼친다. 가령, 사진 속 사람의 시선이 위를 향하고 있을 때는 밝고 긍정적인 상상을 하는 반면 사진 속 사람의 시선이 아래를 향하고 있을 때는 어둡고 무거운 상상을 하게 된다.

사진 속 사람들의 시선이 한 방향으로 모아지고 있느냐 아니면 서로 다른 방향으로 흩어지고 있느냐 하는 것도 학습자의 상상에 영향을 끼친다. 사람들의 시선이 같으면 일정한 하나의 주제를 이루거나 서로 대화하는 문장으로 기술하지만 그렇지 않은 경우 내용이 산만하게 이루어진다.

다음 사진(13) 같은 경우에는 하나의 주제나 사람들 간의 대화가 이루어지기보다는 각각의 인물이 독자적으로 말하는 데 그치고 만다.

(13)

어느 면에서 보면 사진(12)보다 사진(13)이 상상력 개발을 위한
소재로 더 적합하다고 판단할 수 있다. 왜냐하면 사진(12)는 어느 하
나의 공통된 주제를 생각해 내야하고 서로 관련 있는 대화글로 표현
해야 하기 때문이다. 그러나 사진(13)은 이러한 부담 없이 학습자가
생각이 떠오르는 대로 순서 없이 말주머니를 만들면 되기 때문이다.

그러나 교육적 입장에서는 사진(12)를 먼저 제시하여 생각을 하나
로 모으고 그 다음 자유분방한 상상을 할 수 있는 사진(13)을 제시하
는 것이 좋다. 사진 속에 등장하는 사람이 적다면 다르겠지만 사진 속
에 등장하는 사람이 많을 때에는 생각의 흐트러짐을 불러 올 수 있다.

따라서 교육적 차원에서 여러 생각을 하나로 모으는 사진(12)를
먼저 제시하고 그 다음 산발적인 상상을 할 수 있는 사진(13)을 제시
하는 것이 효과적이다.

다음 단계로는 사진 속에 등장하는 인물들이 서로 다른 입장에 있
는 사진들을 제시한다. 사진 속의 인물이 서로 다른 입장에 있는 사진
도 크게 두 종류가 있는데 하나는 인물의 관계가 적은 사진이고 하나
는 관계가 강한 사진이다.

(14)

(15)

사진(14)는 두 사람의 관계가 적은 각각 독립된 장면의 사진이다. 반면에 사진(15)는 두 사람의 관계가 직접적이고 현재적이다.

사실 사진(14)도 테니스 경기를 배경으로 한다는 점에서 공통점이 있다. 이렇게 관계가 적은 사진을 제시할 때에도 일정 부분 공통점이 있을 때 학습자의 상상력은 보다 쉽게 발휘될 수 있다.

사진(15)는 두 사람이 권투 경기를 하는 사진이다. 한 선수가 다른 선수의 얼굴을 주먹으로 때리는 사진이어서 두 사람의 관계는 직접적이다.

두 사람 이상이 등장하는 사진을 제시할 때, 유사한 상황이거나 사람간의 관계가 직접적인 사진을 제시할 때, 학습자의 상상력은 훨씬 향상된다. 학습자의 상상력이 향상되는 이유는 그만큼 사진 속의 인물에게 자신을 이입하거나 대입하기가 수월하기 때문이고, 또한 그만큼 의사소통이 강하게 이루어지는 환경을 제공하기 때문이다.

그림과 사진을 활용한 상상력 개발 훈련을 할 때 반드시 긍정적이거나 화기애애한 사진을 고집할 필요는 없다. 위험한 사진, 문제를 일

으키고 있는 사진, 어려움을 겪고 있는 사진 등 사건 사고와 관련된
사진도 제시하여야 한다.

교육의 실천적인 목표는 학습자로 하여금 인생에서 부딪히는 여러
가지 문제점을 해결하는 열쇠를 제공하는 것이다. 사실 인간은 삶을
살아가면서 많은 문제점에 부딪히고 많은 것을 어렵게 선택하여야만
한다. 따라서 교육을 통해 문제점을 해결하는 능력과 끊임없이 닥쳐
오는 선택의 순간에 보다 합리적으로 최상의 결과를 가져올 사안을
선택하는 혜안을 길러 줄 필요가 있다.

따라서 일상 생활에서 일어나는 여러 가지 사건 사고와 관련된 사
진이나 어려움을 겪고 있는 사람들의 사진을 제시하여 인생에서 부딪
힐 어려움을 미리 간접 체험하고 그 체험을 통해 어려움을 극복하는
능력을 준비할 수 있도록 하여야 한다.

(16)

(17)

　사진(16)은 어린아이가 에스컬레이터와 벽 사이에 끼어 있는 사진
이고, 사진(17)은 홍수가 나서 물이 범람하는 사진이다. 우리 주변에
서 일어날 수 있는 사건을 찍은 사진이다.

　학습자는 각각 이 사진들에 반응하면서 이러한 어려움이 나에게 닥
칠 수 있다는 생각을 하게 되고 이러한 어려움을 미리 예방할 수 있
는 방안을 창안하거나 어려움을 극복하는 방법들에 대해 생각하는 기
회를 갖게 될 것이다.

　사진(16)은 사진 속의 사람이 학습자보다 나이가 어리다는 측면에
서 또 다른 가치가 있다. 교사나 부모가 학습자에게 '조심하라'고 말하
는 것보다는 학습자가 다른 사람에게, 특히 자신이 돌보아야 할 사람
에게 '조심하라'고 말하는 것이 유사한 어려움을 예방하는 효과가 훨

썬 더 크다.

사진(17)은 수해를 당하고 있는 장면이지만 사진 속에 등장하는 다섯 명의 사람들의 시선과 표정이 다 다르다는 점에서 학습자들이 수해 상황에 얽매이지 않고 좀 더 자유로운 상상을 할 수 있는 사진이다. 수해 상황이 상상의 바탕이 되지만 수해의 두려움에서 조금 벗어나 상상력을 마음껏 발휘할 수 있다.

역동적인 사진, 사건 사고를 다룬 사진 등도 교육적 의미가 있지만 정서적인 사진도 교육적 의미가 있다. 특히 꽉 짜여진 시간 속에 사는 도시 거주 학습자들에게 정서적인 사진은 해방과 여유를 느낄 수 있는 소재가 될 것이다.

인성 교육은 이러한 해방과 여유를 갖음으로써 그 효과를 더욱 높일 수 있다. '바닷가에 가고 싶다', '산에 가서 맑은 공기를 마시고 싶다'는 욕망은 어른들만 갖는 것이 아니라 학습자들도 똑같이 갖는 욕망이다.

학교 교육에서 독립된 과목으로 또는 계획된 행사를 통해 음악을 듣고 연주하게 하거나 그림을 그리고 감상하게 하는 것은 예술적 감상 외에 일상 생활에서 벗어나 삶의 여유를 갖도록 하기 위함이다. 여유와 여백 속에서 대상에 대해 정서적으로 반응할 수 있다는 것은 인성 함양을 위한 아주 중요한 기회가 될 것이다.

(18)

　사진(18)을 제시하며 '이 철길을 따라가면 어느 곳이 나올까요?
그 곳이 어떤 곳인지 상상해 보세요?'라든지, '나는 기차를 탔습니다.
내가 탄 기차가 이 철길을 따라가면 어느 곳에 갈 수 있을까요?' 또
는, '이 철길을 내 마음대로 놓을 수 있다면 어디에 놓고 싶어요?'라
고 물을 수 있다.
　그러면 학습자들은 잠재되어 있는 정서적 감흥이나 욕망을 불어내
어 자신이 가고 싶어했던 장소에 대해 즐거운 상상을 하게 될 것이다.

그림과 사진을 활용한 말주머니 만들기에서 또 좋은 소재가 될 수 있는 것이 만화이다. 최근 신문을 보면 다양한 형태의 만화들을 싣고 있다. 전통적으로 신문에 실리는 만화는 한 컷, 또는 네 컷 짜리 만화였다. 그러나 최근에는 컷에 관계없이 만화가가 나타내고자 하는 내용을 표현하는 만화들이 늘고 있다.

이러한 다양한 형태의 만화를 활용한 상상력 개발 훈련도 생각 외로 효과가 있다.

(19)

(광수생각)

사진(19)는 한 컷 만화를 소재로 한 것이다. 원래는 전깃줄 위의 두 마리 새가 모두 말을 한 것이지만 의도적으로 새 한 마리의 말주머니 내용을 지운 것이다.

하나의 말주머니 내용을 지운 이유는 두 마리의 새가 대화하는 과정을 추론할 수 있도록 하기 위해서다. 상상력 개발 훈련은 다양성을 지향하는 것이긴 하지만 때로는 이렇게 어느 하나를 기준으로 하여 다른 하나를 추론하게 하는 것을 의도할 필요가 있다.

그렇게 하면 산만한 상상보다는 어느 것을 근거로 한 상상을 유도할 수 있어 교육적 효과를 높일 수 있다.

다음은 네 컷의 만화들이다. 네 컷의 만화는 크게 두 유형이 있는데 하는 두 컷씩 서로 대응하는 유형이고 하나는 기·승·전·결의 구조를 갖는 유형이다. 다음 만화는 모두 두 번째 유형에 해당하는 것들이다. 네 컷 만화의 특징은 기·승·전·결의 구조를 갖는 것이 핵심이기 때문이다.

(20)

(김우영, 「뚱딴지」, 3498)

(21)

(김우영, 「뚱딴지」, 3508)

만화(20)은 아이들과 어머니의 관계를 표현한 만화이고 만화(21)
은 어린아이들이 이를 빼고 있는 만화이다. 각각 다음 장면에는 어떤
일이 일어날까를 상상하도록 한다. 그리고 왜 그런 상상을 하였는지
도 들어보자. 얼마나 즐거운 일인가.

어느 텔레비전 프로에서 일상 생활을 찍은 장면을 소개하고 끝 부
분에서 멈추고는 어떤 일이 벌어졌을까 상상하도록 하는 코너가 있었
다. 그 때 터져 나오는 웃음과 탄성은 바로 이러한 상상들이 사람들로
하여금 몰입하게 하고 그 결과가 재미있기 때문일 것이다.

학습자들에게 다음 장면을 상상하게 하고 그 다음 장면을 제시해
보자. 그 자체로 즐거운 상상력 개발 훈련이 될 것이다.

(22)

(23)

장면(22)는 만화(20)의 마지막 장면이고 장면(23)은 만화(21)의 마지막 장면이다. 장면(23)이 호쾌한 웃음을 자아낸다면 장면(22)는 의미 있는 웃음을 자아내게 한다.

장면(22)는 아이들과 엄마의 관계에 대한 어른들의 반성을 포함하는 장면이다. 이러한 만화를 통해 아이들과 엄마의 관계를 재정립하고 아이들이 엄마를 이해하는 기회로 발전시킬 수 있다.

만화(24)는 부모와 아이들의 대화를 이끌어 낼 수 있는 만화이다. 만화를 보면서 부모님이 살았던 시절을 이야기하고 각각의 소재에 대한 부모님의 추억을 이야기할 수 있다. 그리고 각각의 소재가 지금은 어떻게 변했는지 아이들의 이야기도 들을 수 있을 것이다.

(24)   그림 2 - 25

만화(24)를 가지고 추후 활동을 할 수 있다. 가령, 장면들의 순서를 정해서 이야기를 꾸밀 수 있을 것이다. 단 마지막 장면은 사랑 표시(하트)가 그려진 장면이 되게 이야기를 꾸민다면 글의 구성에 대한 훈련도 가능할 것이다.

(25)

　이러한 훈련들에 익숙해지면 좀 더 높은 수준의 이야기 꾸미기 훈련도 가능하다. 가령 다음 사진(25)을 가지고 장면의 순서를 마음대로 정하고 이야기를 꾸며 본다든지 아니면 제시된 장면의 순서대로 이야기를 꾸미는 활동이 가능하다.

　이제까지 그림과 사진을 활용한 말주머니 만들기의 훈련을 논의하였다. 뒷부분에서 논의한 것처럼 말주머니 만들기와 더불어 이야기 꾸미기 훈련도 가능할 것이다.

　학습자의 태도에 따라 말주머니 만들기 활동을 하면서도 다른 활동을 덧붙여 활동한다면 효과가 더욱 클 것이다.

말주머니 만들기를 정리하는 의미에서 하나의 예를 보기로 한다.

(26)

예(가) : 아버지 - 욕심은 많아 가지구
　　　　아　들 - 들 수 있을 줄 알았는데. 정말 크네

예(나) : 아버지 - 영수야. 귤이 굉장히 크구나. 그 귤을 어떻게 할거니.
　　　　아　들 - 이 귤은 마을 사람들과 함께 돌려 먹을 거예요.

예(다) : 아버지 - 병수야 호박 좀 가지고 와. 잘라보게.
　　　　아　들 - 싫어요. 자고 싶어요. 이거 베개하고 잘 거예요.
　　　　　　　　그리고 일어나서 끓여 먹고 호박죽으로 먹을 거예요.

예(라) : 아버지 - 동수야 호박에서 무엇이 나올 것 같으냐?
　　　　아　들 - 네. 아버지. 게임기, 돼지, 하인, 돌아가신 어머니, TV,
　　　　　　　　또... 돈이요.

　각각 활동들을 통해서 학습자의 다양한 반응과 상상력을 볼 수 있
다. 교사는 이러한 학습자의 활동 결과에 대해 나름대로 가치를 부여
하고 왜 그런 상상을 했는지 물어 보고 토론한다면 상상력 개발 훈련
의 효과는 더욱 커질 것이다.

2. 1. 2　그림과 사진을 활용한 질문하기

　질문하기의 대상은 그림, 사진, 단어, 문장, 글 등 다양하다. 그러나
이 항에서는 편의상 그림과 사진을 소재로 한 질문하기를 소개하고 다
른 수준의 질문하기는 다음 해당 항이나 절, 장에서 다루기로 한다.

(27)

　그림(27)을 보고 의문 나는 점을 질문하는 것이다. 우선 학습자들
이 만든 질문을 먼저 보기로 하자.

　① 책상 위에 선생님의 책은 왜 없을까?
　② 가운데 학생은 왜 울고 있을까?
　③ 나머지 학생은 왜 웃고 있을까?
　④ 무슨 책으로 공부할까?
　⑤ 왜 갓은 쓰고 있을까?

⑥ 왜 여자 아이는 한 명도 없을까?
⑦ 서당에도 숙제가 있을까?
⑧ 서당에도 체육시간이 있을까?
⑨ 서당에도 교복이 있을까?
⑩ 이 서당에도 개가 있을까?
⑪ 개가 있다면 그 개도 풍월을 읊을 수 있을까?
⑫ 추석에 송편은 먹었을까?

이 밖에도 많은 질문들을 만들었다. 그러나 편의상 위의 질문들만 예로 삼았다.

학습자들이 만든 질문을 보면 크게 세 가지 유형이 있다. 하나는 ①~⑥처럼 그림 안의 상황에 몰두한 질문 유형이고, 또 하나는 ⑦~⑨처럼 그림 밖으로 나왔지만 그림의 상황이나 공간에서 벗어나지 않은 유형이다. 또한 ⑩~⑪처럼 그림 밖으로 나와서 자신의 경험과 지식에 대입한 질문 유형이 있다.

또 정상적인 유형에는 속할 수 없겠으나 ⑫와 같이 자신의 현재 위치에서 질문을 하는 유형도 있을 수 있다. 교사는 ⑫와 같은 반응도 버려서는 안 된다. 나름대로 가치를 부여하고 격려해 주어야 한다.

⑫와 같은 유형을 정상적인 유형으로 보지 않는 이유는 '질문하기'의 주된 목적이 학습자로 하여금 대상(여기서는 그림)을 미세하게 분석하고 배경을 파악하게 하는 데 있기 때문이다. 즉 '질문하기'는 상상력을 통해 대상 속의 구체적인 사물을 하나하나 떼어서 분석하는 능력을 발달시키는 데 목적이 있다는 것이다.

그러나 ⑫와 같은 유형에도 나름의 가치를 부여하라는 것은 ⑫ 역시 일단은 그림을 분석하고 전체 배경을 파악했을 가능성이 있기 때문이고 그것 자체가 상상력이기 때문이다.

2. 1. 3 그림과 사진을 활용한 제목 붙이기

'질문하기'가 대상을 하나하나 분석하는 능력을 발달시키는 데 목적을 두었다면 '제목 붙이기'는 대상을 전체적으로 파악하는 능력을 발달시키는 데 목적이 있다.

다시 말하면 '질문하기'는 숲보다는 나무 한 그루 한 그루를 보게 하는 훈련이라면 '제목 붙이기'는 나무보다는 숲을 보게 하는 훈련이다. 물론 '질문하기'에서도 숲을 볼 수 있고 '제목 붙이기'에서도 나무를 볼 수 있다. 그러나 주된 목적은 각기 다른 차원에서 접근하여야 한다는 것이다.

(28)

① 이런 우연이
② 골프 대회의 한 장면
③ 불놀이
④ 끝없는 노력
⑤ 골프전쟁
⑥ 타이거 우즈의 끝없는 노력
⑦ 타이거 우즈의 골프 실력은?
⑧ 날아가는 잔디

학습자는 나름의 경험과 표현하고자 하는 욕구의 정도에 따라 다양한 제목을 붙이고 있다. 그런데 이러한 제목 붙이기는 '질문하기'와 달리 사진을 전체적으로 파악하여야 한다.

학습자들이 왜 그런 제목을 붙였는지 이유를 들어보는 것도 교육적인 가치가 있다. 학습자는 다른 학습자의 상상을 들으면서 자신의 상상과 비교하기도 하고 또 다른 간접 체험의 기회가 되기 때문이다.

2. 1. 4 그림과 사진을 활용한 다음 장면 상상하기

앞에서 제시한 모든 그림과 사진은 이제까지 소개한 모든 활동의 자료로 활용할 수 있다. 즉 한 장의 그림이나 사진을 가지고 '말주머니 만들기', '질문하기', '제목 붙이기' 등의 활동을 다 할 수 있다. 그리고 선택적으로 '다음 장면 생각하기'의 소재로도 사용할 수 있다.

물론 모든 그림이나 사진 역시 다음 장면 상상하기의 자료로 활용할 수 있다. 그러나 선택적이라는 말을 사용한 이유는 너무 정적인 사진, 또는 역동성이 없는 사진은 다음 장면을 상상하는 데 어려움을 주기 때문이다.

예를 들어 앞의 사진(28)을 자료로 활용했을 때에는 학습자들이 다음과 같은 상상을 하였다.

① 앗 실수. 다른 사람의 머리에 맞는다.
② 개구리가 튀어 나온다. (우즈가 친 것은 개구리집이다)
③ 날아가던 새가 공에 맞아 떨어졌다.
④ 공에 불이 붙었다. (너무 세게 쳐서)
⑤ 로케트로 변신해서 우주로 날아갔다.
⑥ 골프채를 놓쳐서 관중이 맞았을 것 같다.
  (뒤에 대머리 아저씨)
⑦ 헛 스윙해서 뒤로 넘어진다.
⑧ 하늘에서 따분해 하품하던 하느님의 얼굴에 맞았다.
  (하느님이 화를 낼까, 안 낼까?)

그러나 그림(27)을 소재로 다음 장면 상상하기를 했을 때는 학습
자들이 매우 곤혹스러워 하고 몇 가지 반응을 보이지 않았다.

① 맞은 애 엄마가 쫓아온다.
② 맞은 애가 왜 웃냐며 친구들을 때린다.
③ 아무 일없이 계속 공부한다.

학습자의 반응이 왠지 궁색해 보인다. 이처럼 다음 장면 상상하기
에 자료로 활용할 그림이나 사진은 행위나 사건 중심의 역동적인 것
이 좋다. 너무 정적이어서 다음 장면을 상상하기 어려운 그림과 사진
을 제시할 때 학생들의 상상력은 오히려 경직되고 만다.

2. 2 연상 훈련과 자유작문

그림과 사진을 활용한 상상력 개발 훈련이 끝나면 낱말과 문장 차
원의 상상력 개발 훈련이 필요하다. 물론 칼로 긋듯이 두 영역이 선명
한 것은 아니다. 두 영역은 충분히 서로 넘나들 수 있다. 가령, 연상

훈련과 자유작문에서 글제를 그림과 사진으로 제시할 수 있고 두 영역의 활동을 수준을 높여가며 번갈아 활동할 수 있다.

하지만 그림과 사진을 활용한 상상력 개발 훈련이 도입 개념을 가지고 흥미와 동기 유발을 주된 목적으로 한다면 연상훈련과 자유작문은 언어를 글제로 하는 본격적인 단계라 할 수 있다.

2. 2. 1 연상 훈련

글은 상상력으로 쓴다. 그러나 글을 쓸 때 무엇을 쓸까 망설이기만 하거나, 혹 쓸거리나 글제가 마련되어 있는 경우에도 잘 써야겠다는 강박 관념 때문에 한 줄의 글도 쓰지 못하는 경우가 많다. 연상 훈련은 글쓰기에 대한 두려움에서 벗어나 자유로운 상상을 통해 학습자의 상상과 경험, 지식들을 활발하게 끌어내는 데 목적이 있다.

글쓰기는 글의 성격이나 목적에 따라 다르겠지만, 자신의 머리 속에 떠오르는 심상(image)을 글로 펼쳐 나가는 것이다. 따라서 자유롭게 심상(心想)을 정리하고 난 후에 이를 주제에 맞도록 구조화하는 단계적 작업이 필요하다.

연상 훈련은 '분류하기'와 밀접한 관련이 있다. 즉, 연상 훈련을 머리 속에 산만하게 기억된 내용들을 일정한 기준에 의해 분류하여 정리하는 데 본질적인 목적이 있다. 머리 속에 산만하게 기억된 경험이나 지식들은 글이 될 수 없다. 설령 글이 된다고 해도 완성된 글이라 할 수 없다. 글이란 자신의 생각과 주장을 전달하는 데 목적이 있으므로 일정한 체계를 갖추고 있어야 한다.

(1) 연상 훈련의 실제(1)

연상은 주로 사물을 나타내는 단어에서 이루어지는 것이 보통이나, 때로 문장이나 단락 형식에서도 가능하다. 아울러 소재를 주지 않고 머리 속에 떠오르는 단어를 내어놓는 무제한 연상에서, 한 단어에서 떠오르는 단어를 써 보는 제한 연상으로 단계를 밟아 훈련하는 것이 좋다.

연상 훈련의 첫 번째 단계는 다음과 같이 진행할 수 있다.

① 글제를 제시한다.
② 글제를 듣고 머리 속에 떠오르는 단어를 3분 동안 쓰게 한다.
③ 3분 동안 쓴 단어의 수를 세어 적게 한다.
④ 유사한 내용의 단어를 묶게 한다.
⑤ 다른 학생과 연상지를 바꾸게 한다.
⑥ 다른 학생이 쓴 연상 단어 중 글제와 관련하여 연상이 되지 않은 단어에 ○로 표시한다.
⑦ 연상지를 원래의 학생에게 돌려주게 한다.
⑧ ○로 표시된 단어가 글제와 어떤 관련이 있는지 말하게 한다.
⑨ ⑧을 간단한 문장으로 쓰게 한다.

학습자가 이러한 방식을 딱딱해 하거나 훈련이 잘 되지 않을 때에는 도형을 이용할 수 있다. 이 때 도형은 글쓰기의 목적에 따라 크게 세 가지로 나누어 살필 수 있다.

유형(1)

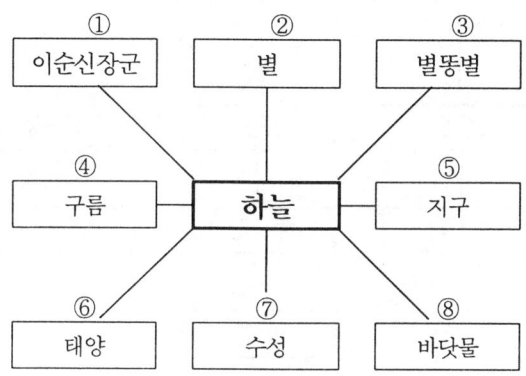

유형(1)은 가운데 있는 글제(하늘)와 글제에서 연상된 단어를 사용하여 하나의 문장을 만드는 데 목적을 둔다.

① 이순신 장군님이 죽어서 하늘로 올라갔다.
② 밤하늘에 별이 떠 있다.
③ 훌륭한 사람이 죽으면 별똥별을 타고 하늘로 올라간다.
④ 하늘에 구름이 떠 있다.
⑤ 지구도 하늘에 떠 있는 별이다.
⑥ 태양이 하늘을 파랗게 해준다.
⑦ 하늘에 떠 있는 수성은 태양의 열기를 가장 많이 받는다.
⑧ 바닷물도 하늘처럼 파랗다.

위 예문들은 유형(1)을 활동한 다음 글제와 글제에서 연상된 단어를 가지고 문장을 만든 것이다. 이렇게 연상훈련을 문장 쓰기로 연결하면 글제에서 왜 그런 단어들을 연상했는지 구체적으로 표현할 수 있다.

유형(2)

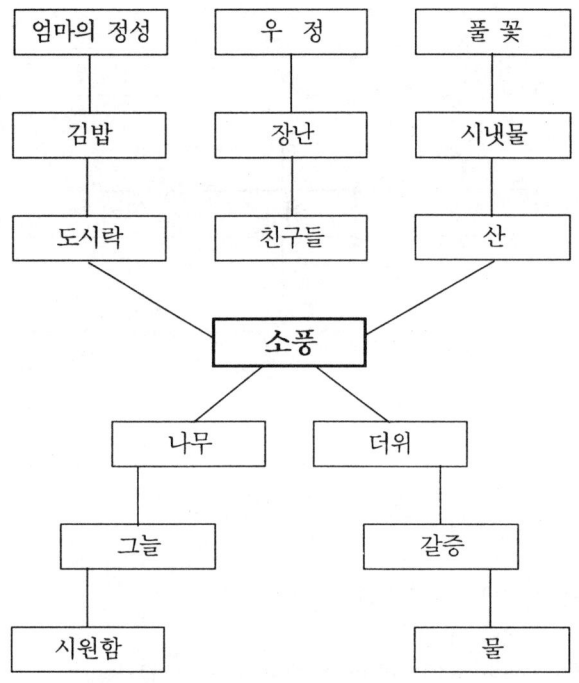

유형(2)는 하나의 줄기 혹은 관련이 있는 줄기 둘 이상을 소재로 하나의 문단 쓰기로 연결할 수 있다. (이 때 '소풍'은 글제이고 글제에서 연상된 '도시락'은 K1(K는 'key world'의 준말이다), 도시락에서 연상된 '김밥'은 K2, 김밥에서 연상된 '엄마의 정성'은 K3라고 한다.)

    소풍 가는 날. 엄마의 정성이 가득 담긴 도시락을 들고 풀꽃과 시냇물이 반겨주는 산으로 갔다.
    친구들과 장난도 치며 올라가다가 찌는 듯한 더위에 목이 마르면 시원한 나무 그늘을 찾아가 서로 물을 나누어 마시며 우정도 쌓았다.

하나의 줄기로 한 문단을 만들기도 하고 두 개의 줄기로 하나의 문단을 만들기도 하였다. 그러나 하나의 줄기로 하나의 문단을 만들도록 유도를 해야 다음 유형(3)으로 자연스럽게 옮겨 갈 수 있다.

유형(3)

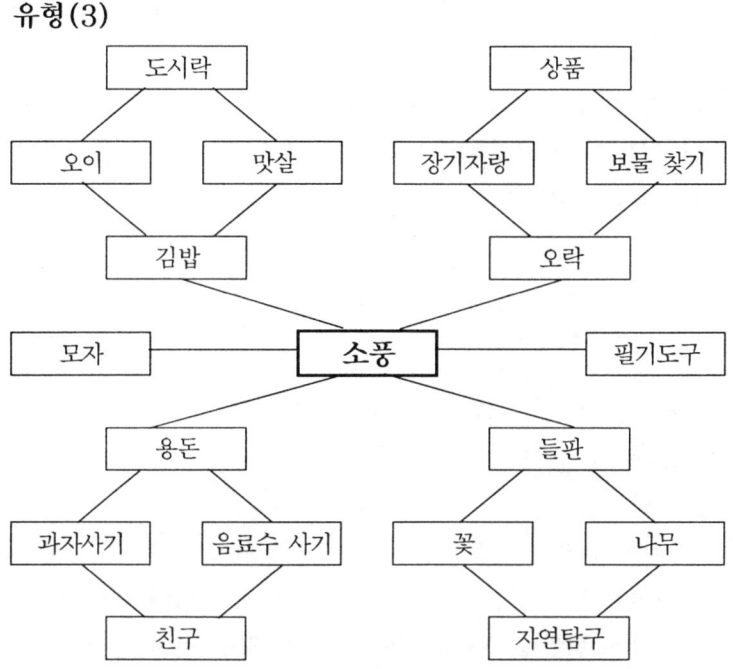

유형(3)은 한 편의 글쓰기로 연결할 수 있다. 그러나 상당한 훈련이 되어 있지 않은 학습자는 유형(3)을 한 편의 글로 쓸 수 없다. 유형(3)은 글의 구성을 숙지한 다음에 활동하는 것이 좋다.

즉 유형(3)으로 한 편의 글쓰기를 시도하기 전에 글읽기를 통해서 한 편의 글이 어떻게 구성되었는가를 충분히 학습한 다음 유형(3)으로 한 편의 글쓰기를 하여야 한다.

(2) 연상 훈련의 실제(2)

다음 단계는 글제를 유추하거나 비유하도록 하는 데 목적이 있다. 유추나 비유는 글제를 다른 사물과 개념으로 표현함으로써 독창성과 참신성을 갖게 한다. 글쓰기는 공감을 전제로 한 낯설게 하기이다. 이 때 낯설게 하기가 바로 독창성과 참신성이다. 글은 공감의 원리를 바탕으로 하지만 독창성과 참신성이 있어야 읽을 맛이 난다. 읽지 않는 글은 죽은 글이고, 글이라 할 수 없다.

읽히는 글, 맛이 있는 글을 위해서는 은유가 필요하다. 이 활동은 글제와 유사성, 또는 근접성이 있는 사물을 연상하고 그 유사성이나 근접성의 이유를 살펴 적으면 된다.

글제 : 호떡
　호떡은 달콤한 아이스크림
　호떡은 따뜻한 군고구마
　호떡은 고소한 오뚜기 마요네즈
　호떡은 끈적거리는 풀

가령, 호떡은 글제고 아이스크림은 호떡과 유사성, 또는 근접성이 있는 사물이다. 그리고 '달콤한'은 호떡과 아이스크림이 어떠한 측면에서 유사성과 근접성을 지니고 있는지 밝혀 적은 것이다.

(3) 연상훈련의 실제(3)

연상 훈련(3)은 느낌이나 감정을 나타내는 단어를 글제로 주고 연상되는 사물이나 내용을 각각 구체적인 단어나 문장으로 표현하는 훈련 방법이다. 글이란 글쓴이의 정서를 드러내게 되고, 글쓴이의 정서 표현을 통해서 글쓴이의 의도가 더욱 분명하게 드러난다. 따라서 글에는 '정서'가 내재하게 되고, 그 정서는 글 읽는 재미와 글쓴이의 의도를 효율적으로 드러내는 장치가 된다.

> 글제 : 고마움
> (1) 단어 연상 - 우체부 아저씨. 경찰관. 소방관. 선생님.
> (2) 문장 연상 - 더운 여름 우체부 아저씨가 땀을 뻘뻘 흘리시면서
>   편지를 가져다주실 때.

연상 훈련(3)은 정서 표현을 바탕으로 한다는 점에서 인성교육과 연계할 수 있다. 글제를 '고마움', '행복함', '가엾음', '나눔' 등과 같이 정서가 풍부하고 인간간의 관계를 적극적으로 표현할 수 있는 단어를 제공한다면 그 자체로도 인성교육의 소기 목적을 이룰 수 있을 것이다.

(4) 연상 훈련의 실제(4)

연상 훈련의 마지막 단계는 한 행위에 내재되어 있는 다양한 사건을 연상하거나, 인과적인 일련의 사건을 유추하는 것이다. 다음의 (1)은 서사나 치밀하게 묘사를 해야 하는 글에 유용하며, (2)는 논리력을 배양하여 주장, 설득하는 글을 쓰는 데 도움을 준다.

> 글제(상황) : 수업에 참여하지 않기
>
> 수업시간에 들어가지 않는다→만화방에서 만화를 본다→친구를 꼬여 시내를 돌아다닌다→집에 들어가 혼난다→출석 점수를 깎인다→시험에 모르는 문제가 나온다→학점이 형편없이 나온다→재수강을 한다→제 때에 졸업할 수 없다→동기들 보다 사회진출이 늦다→내가 꿈꾸어 온 생활을 이루기 어렵다→인생에 실패한다

(5) 연상 훈련의 실제(5)

연상훈련(5)는 논술문 쓰기와 연계하기 위한 훈련 모형이다. 즉, 논술문의 주요 내용인 ① 좋은점 ②문제점 ③문제상황의 원인 ④해결방안을 차례대로 연상하게 하고 그것을 더욱 확대하여 연상의 순서대

로 논술문을 쓰도록 한다.

2. 2. 2 자유 작문

자유 작문은 완성된 글쓰기를 하는 것이 아니라, 토막글이나마 자신의 생각을 정해진 시간에 되도록 많이 쓰도록 하는 것이다. 즉 자유 훈련의 목적은 글쓰기에 대한 강박 관념에서 벗어나 글을 자유롭게 쓰도록 유도하는 데 있다. 따라서 머리 속에 들어 있는 기억들을 많이 꺼내어 글을 쓸 수 있도록 유도하여야 한다.

이러한 자유 작문의 목적을 달성하기 위하여 다음과 같은 진행요령과 유의사항을 알아 둘 필요가 있다.

① 글제를 제시한다.
② 3분 동안 연상된 내용을 문장으로 쓰게 한다.
　㉠ 절대 펜을 멈추지 않는다.
　㉡ 생각이 나지 않아 글을 쓸 수 없을 때는 '그리고, 그리고……'를 반복해서 쓰게 한다.
　㉢ 평소보다 빠른 속도로 쓰게 한다. 단, 글씨체를 유지하기 위해 반드시 줄친 공책을 사용한다.
　㉣ 이미 쓴 글을 지우거나 고치지 않는다.
③ 쓴 글의 핵심 내용을 밑줄 긋게 한다.
④ 밑줄 그은 내용으로 다시 자유 작문 훈련을 실시한다.

다음은 '난로'를 글제로 3분 동안 자유작문훈련을 한 예문이다.

(가)

　겨울이 생각난다. 초등학교 때는 온풍기가 없어 난로를 주로 사용하곤 했다. 특히 저학년 때 많이 사용했던 걸로 기억난다. 갈탄 비슷하게 생긴 것으로 추위가 많이 닥쳐 올 때면 담임선생님은 아이들을 시켜 창고에 있는 갈탄을 혹은 나무를 가져오게 했다. 내 기억으로는 따뜻하게 느껴질 때도 있었지만 교실 안이 뿌옇게 변했다는 기억이 더 강하다. 뿌옇게 변한 교실 안에서 수업을 받으려면 눈도 좀 뻑뻑하고 답답했다는

(나)

　난로는 따뜻하다. 난로하면 먹을 것들이 생각난다. 난로를 이용해서 맛있는 것을 많이 먹을 수도 있다. 번개탄이나 나무를 이용해서 때는 난로는 매우 따뜻기도 하고 용도가 매우 다양하다. 도시락을 데워 먹을 수도 있고 그리고 쫄쫄이를 구워 먹을 수도 있다. 그리고 나무 타다 남은 불에 고구마를 묻어 놓으면 아주 맛있는 군고구마가 된다. 내 방은 매우 춥다. 웃풍이 매우 세서 이번 겨울에 엄마가 전기난로를 하나 사주신다고 했다. 나는 전기난로를 빨리 샀으면 좋겠다. 그리고

(다)

　난로는 겨울에 핀다. 나무든 석유든 그 종류대로 있는데 그것을 사용하는 이유는 그러한 소재를 이용하여 불을 피워서 따뜻하게 하려는 목적이다. 그러나 그러한 난로들은 위험한 때도 있다. 불을 제때에 끄지 않는다던지 엎어 뜨리게 (되면 건조한 실내에 불이 붙게 된다. 그러므로 조심해야 한다. 그러면 이러한 난로의 종류에는 어떠한 것들이 있을까. 내가 고등학교 다닐 때의 난로는 나무를 넣어서 피우는 것이었다. 아직은

　자유작문훈련은 한 번에 끝나는 것이 아니라 여러 번, 자주 시행하는 것이 좋다. 처음 자유작문훈련을 하는 학생들은, 고등학생의 경우 6 내지 8줄을 쓴다. 그러나 일 주일에 한 번씩 3개월 동안 지속적으로 훈련하면 3개월 뒤에는 11줄 내지 13줄로 늘어나는 것이 보통이다.

　자유작문훈련을 지속적으로 시행할 때 얻을 수 있는 결과는 이처럼 분량이 늘어나는 데에서 그치지 않는다. 더욱 놀라운 것은 ㉠ '그리고'를 쓰는 횟수가 줄어들고 ㉡ 동시에 글의 전개가 매끄러우며 ㉢ 문장

력과 문단력이 월등하게 나아진다는 것이다.

이는 자유작문훈련을 통해 생각의 깊이가 생기고 폭이 넓어지는 등 사고력이 강해져서 쓸거리가 많아지게 때문이다. 뿐만 아니라 구성력도 향상하여 글의 통일성과 체계성이 높아진다.

중요한 것은 자유작문훈련 뒤에 학생들이 쓴 글을 서로 발표하게 하고 토론하게 하는 것이다. 발표를 통해서 학생들은 글제에 대해 자신이 생각하지 못했던 것을 친구들에게 들어 경험하고 지식화할 수 있으며, 토론을 통해 사고의 깊이와 폭을 더해갈 수 있는 것이다.

자유작문훈련의 효과를 더욱 증진시키기 위해서는 글제를 제시한 뒤 다음과 같은 사고 과정을 유도하는 것도 효과적이다.

① 어떻게 생겼나 기억해 보세요.
② 어떤 색깔을 띠고 있어나 색을 입혀 보세요.
③ 무엇으로 이루어졌나 생각해 보세요.
④ 어디에 있는 것인지 떠올리고 그 장소에 놓아보세요.
⑤ 무엇에 쓰는 것인지, 그 효능(효과)는 무엇인지 생각해 보세요.
⑥ 이것과 유사한 것은 무엇이 있는지 생각해 보세요.
⑦ 이것과 전혀 다른 것은 무엇이 있는지 생각해 보세요.
⑧ 이것을 통해 즐거웠던 기억은 무엇인가요.
⑨ 이것을 통해 나빴던 기억은 무엇인가요.
⑩ 이것을 새롭게 만든다면 어떤 모양, 어떤 기능으로 만들 수 있나요. (각 30초 정도 시간을 준다)
⑪ 이제까지 생각한 것 중에서 머리 속에서 가장 크게 떠오르는 것은 무엇인가요. (2분 정도 시간을 준다)

이러한 유도 과정을 거치고 다시 자유작문훈련을 하면 20%(±5) 정도로 향상된다. 다음 예문은 각각 같은 학생들이 유도 과정을 거친 뒤 쓴 글이다.

(가)

　제작년 학원 다닐 때가 생각난다. 겨울이 다가오면서 석유난로를 들여놓고 그것을 피우기 시작했다. 켰을 때는 따뜻하다가 시간이 지나 교실 안이 너무 따뜻해지면 아이들이 끄곤 했다. 그때는 왜 그렇게 냄새가 심하게 나는지 머리가 아플 정도로 석유 냄새가 많이 났다. 창문을 열면 추우니까 아이들은 잘 열지 않으려고 했다. 참다가 못해 문을 열면 찬바람이 교실 안을 감싸고 돌아 추위를 다시 느끼곤 했다. 왜 그렇게 난로만 끄면 추웠는지... 어쨌든 그 석유난로는 우리를 따뜻하게 해 주는데 한 몫을 했다.

(나)

　고등학교 2학년에 처음 올라갔을 때 담임 선생님과의 첫 만남이 있을 때였다. 담임선생님께서는 근엄한 얼굴을 하고 계셨고 거기에 우리는 매우 긴장해 있었다. 겨울이었기 때문에 날씨가 매우 추웠으므로 난로를 피우라는 방송이 나왔고 아이들은 나가서 석유를 묻힌 대패밥과 나무들을 가지고 왔다. 선생님께서는 열심히 대패밥과 나무들을 넣고 불을 붙이셨는데 대패밥에 묻은 석유 때문에 불이 확 붙어 선생님 머리에까지 불이 붙었다. 당황하신 선생님은 머리에 붙은 불을 황급히 손으로 털어 끄셨고 다행히 불은 금방 꺼졌다. 선생님은 한숨을 내쉬시며 무서워 보이려고 했는데

(다)

　내가 생각한 난로의 종류에는 여러 가지가 있다. 석유를 붙였던 것, 나무를 태웠던 것, 전기로 하던 것 등등. 그 중에서도 내가 고등학교 갓 입학해서 썼던 것은 나무를 태워서 피우는 난로였는데 정말로 오래된 난로였던 것으로 기억난다. 처음 입학해서 어색한 분위기에 가운데의 난로 덕분에 책상을 밀어 놓았고 또 그 덕분에 옆에 붙어 앉았던 친구와 친해졌던 따뜻한 기억이 난다. 물론 난로의 훈훈한 기운 탓도 있었겠지만. 또한 난로의 재료가 나무였으므로 우리 학교 창고에는 항상 나무가 가득 있었다.

　글이 훨씬 깔끔하고 체계적임을 금방 느낄 수 있을 것이다. '그리고'의 사용도 줄었다. '그리고'의 사용이 줄었다는 것은 그만큼 사고력이

증대되어 쓸거리가 많아진 결과이다. 그래서 글의 내용도 풍부해졌고, 체계성도 갖추게 된 것이다.

다시 한번 강조하면 자유작문훈련은 오랫동안, 자주 시행하는 것이 좋다. 앞에서도 말했지만 논술 쓰기는 주입이나 암기에 의해서 이루어지지 않는다. 학생의 경험과 지식을 충분히 불러낸 다음, 학생 스스로가 가지고 있는 어휘와 문장력, 구성 스타일로 논술문을 쓰도록 도와주어야 한다. 이 때 자유작문훈련은 아주 주효한 훈련 방법일 수 있다.

2. 3 플러스식 상상법과 마이너스식 상상법

상상법에는 크게 플러스식 상상법과 마이너스식 상상법이 있다. 플러스식 상상법은 '내가 대통령이 된다면', '갑자기 10억이 생겼다면'처럼 지금의 자신보다 더 나은 상황에 있는 자신의 모습·행동을 상상하는 방법이고, 마이너스식 상상법은 '지구상에 내가 없어진다면', '교통사고를 당해 두 다리가 없다면' 등과 같이 지금의 자신보다 나쁜 상황에 있는 자신을 상상하는 방법이다.

플러스식 상상법이 자신감과 희망을 가져다주는 반면, 마이너스식 상상법은 주변의 모든 것들에 대한 고마움과 신중함을 길러 준다. 따라서 플러스식 상상법과 마이너스식 상상법을 균등하게 활동하여야 한다.

인성교육에 직접적인 연관이 있는 상상법은 마이너스식 상상법이다. 사실 요즘 학습자들은 경제 발전과 핵가족 구조에서 많은 물질적 풍요와 필요 이상의 보호를 받고 있다. 적은 수의 자녀를 기르다 보니 부모들은 자녀가 원하는 모든 것을 들어주어 자녀의 욕망을 키워주었다. 즉 요즘 학습자들은 일반적으로 플러스식 상상은 강한데 비해 마이너스식 상상은 빈약하다는 것이다.

따라서 인성교육을 위해서는 현재의 나보다 나쁜 상황에 있는 나를 간접적으로 경험하게 하여 주변 사람들에 대한 고마움과 언행의 신중함을 갖도록 유도할 필요가 있다. 뿐만 아니라 마이너스식 상상 훈련을 통하여 문제 상황에 대처하는 능력도 기를 수 있다.

이러한 상상법 말고도 자신의 장점과 단점을 동시에 생각하는 훈련도 필요할 것이다.

(1) 플러스식 상상
① 내가 대통령이 된다면...
② 내게 갑자기 10억이 생겼다면...
③ 멋진 자동차를 갖게 되었다면...
④ 해외 여행권에 당첨되었다면...
⑤ 유명한 영화 배우가 된다면...

(2) 마이너스식 상상
① 내일 지구의 종말이 온다면...
② 전쟁이 일어나 적군과 부딪힌다면...
③ 내가 갑자기 이 지구상에서 사라지게 된다면...
④ 어느 날 아침 일어나 보니 벌레가 되어있다면...
⑤ 어머님이 오랫동안 병원에 입원하신다면...

2. 4 문제 해결을 통한 상상력 훈련

상상력을 개발하는 훈련 중 또 하나는 우리 주변에 일어나는 여러 문제들을 요리조리 따져서 해결하는 활동이 있다. 사람은 하루에도 몇 번씩 어떤 일을 당하게 되고 그 일을 어떻게 해야 하나를 생각해야 한다. '학교 가는 길에 친구를 불러서 같이 갈까 말까'라든지 '숙제를 하고 놀까 놀고 나서 숙제를 할까'와 같은 많은 일들을 생각하고 결정해야 한다.

그러나 요즘은 엄마가 할 일이나 순서를 정해주어서 학습자들이 생각할 기회를 잃어가고 있다. 특히 텔레비전과 영화, 인터넷 게임과 같은 시각 매체들에 의해 생각하는 힘을 많이 빼앗겨 버렸다. 이러한 영향으로 요즘 학습자들은 생각하기를 싫어한다.

요즘 학습자들이 얼마나 생각하기를 싫어하는지에 대한 예화가 하나 있다.

아버지께서 퇴근하는 길에 참외 3개를 사 가지고 오셨다. 저녁밥을 먹고 참외를 먹기로 하고 식구들이 모두 모여 참외 3개를 네 명의 식구가 공평하게 나누어 먹을 수 있는 방법을 생각해 보라고 하셨다. 그러자 두 아이들이 '아빠가 나가셔서 참외 하나를 더 사오세요'라고 말하였다.

아이들의 생각은 그까짓 참외 하나 얼마나 한다고 구차하게 그걸 나누고 있냐는 것이다. 그래서 아이들은 아버지가 참외를 세 개만 사 가지고 온 것이 잘못이라 말하고 참외 하나를 더 사오는 것으로 이 문제를 해결하자고 한 것이다.

그렇지만 우리 주변에서 일어나는 일들은 이처럼 '참외 하나 더 사와서' 해결될 일 같은 것은 거의 없다. 아니 없다. 따라서 주어진 상황에서 가장 좋은 방법을 찾기 위한 문제 해결 능력을 가져야 한다. 문제 해결 능력도 상상력을 바탕으로 한다. 그래서 문제 해결을 통한 상상력 개발 훈련은 훨씬 현실적인 효과가 있다.

이런 상황을 예상해 보자. 여름 방학이 되어 시골에 사시는 할머니 댁에 놀러 갔다가 오른팔을 다쳐 예정보다 일찍 집으로 돌아오게 되었다. 돌아올 때 할머니께서 고양이 · 닭 각각 한 마리와 수수 한 자루를 주셨다. 그런데 문제가 생겼다. 집에 아무도 없어서 혼자 운반해야 했는데, 오른손을 다쳤으니 한 번에 하나씩밖에 나를 수가 없었다. 그러나 고양이를 먼저 나르자니 닭이 수수를 먹을 테고, 수수를 먼저 나르자니 고양이가 닭을 잡아먹을 것이었다. 자! 어떠한 방법으로 날라야 모두를 안전하게 나를 수 있을까?

현실 세계에서 일어날 수 있을 법한 일이다. 그렇다면 이 문제를 해결해야 할까?

많은 문제들은 그 문제 안에 스스로 해결책, 또는 해결의 열쇠를 갖고 있는 경우가 많다. 따라서 문제 해결을 위해서는 먼저 문제점을 인식하고 정리해야 한다.

위 사건의 문제점은 다음과 같이 정리하자.

① 손을 다쳐 한 번에 하나씩밖에 나를 수가 없다.
② 고양이와 닭은 같이 둘 수 없다.
③ 닭과 수수자루도 같이 둘 수 없다

이들 문제점을 요리조리 따져 보면 해결의 열쇠가 있다. 우리는 문제 안에서 '고양이와 수수자루는 같이 둘 수 있다'는 열쇠를 찾아낼 수 있다. 이를 바탕으로 다음과 같은 해결책을 만들어 낼 수 있을 것이다.

① 닭을 집에 두고 나온다.
② 수수를 집에 두고 다시 닭을 들고 나온다.
③ 닭을 두고 고양이를 집에 둔다.
④ 마지막으로 닭을 집으로 가져간다.

그렇다면 이 방법이 가장 좋은 방법인가. 학생들에게 또 다른 창의적인 방법을 동원하여 문제를 해결할 수 있도록 기회를 주자.

사람들은 평소에 생각하기를 싫어하지만 위급한 상황에 부딪혔을 때에는 올바른 결정을 위해 갖가지 생각을 해야만 한다. 그런 때를 위해 상상력을 바탕으로 한 사고력을 길러야만 한다.

다음과 같은 문제를 설정하여 학습자에게 제시하는 것은 어떨까?

여러분은 우주선을 타고 달 위에 도착하여 달의 고온 표면에서 200마일 상공에 떠 있는 모선과 연락·결합하는 훈련 계획을 세웠습니다. 그러나 훈련 중 사고가 생겨 우주선은 불시착을 하게 되고, 그 바람에 우주선이 파괴되고 말았습니다. 모선과 연락을 해야 살 수 있는데 모선은 정반대편에 있습니다. 우주선 안에 있는 물건들은 거의 못 쓰게 되었고 다음 15개 물건만이 남았습니다. 15개 물건을 모두 가져가면 좋겠지만 그럴 수가 없습니다. 살아남아야 하기에 15개 물건 중 중요한 물건을 선택하여야 합니다. 자, 그럼 15개 물건을 중요한 순서로 골라 보십시오.

☆ 성냥갑   ☆ 농축음식
☆ 휴대용 태양력 전열기   ☆ 50미터 나이론 밧줄
☆ 낙하산   ☆ 응급 치료약
☆ 물 1병   ☆ 분유 한 통
☆ 산소탱크 2개   ☆ 별자리 지도
☆ 스스로 부푸는 자동 구명대 ☆ 나침반
☆ 권총 2자루   ☆ 태양력 F'M무전기
☆ 신호탄

과학의 발전이 지금처럼 계속된다면 위와 같은 일이 현실의 문제가 될 수 있을 것이다. 지금 현재에도 과학을 좋아하는 학습자에게는 흥미 있는 문제 상황이 될 것이다. 뿐만 아니라 통합 교육의 측면에서 과학과에서 이러한 문제를 상상력 훈련으로 활용할 수 있을 것이다. 그러면 학습자들은 상상력과 과학적 지식을 동원하여 문제를 풀고 그 과정에서 상상력과 과학적 지식을 자연스럽게 확장할 수 있을 것이다.

위 문제는 NASA(미국 항공우주국)에서 초등학교 4학년 학생들을 대상으로 한 우주교육에서 활용하는 이론 학습의 한 문제이다. 이러한 문제들을 풀다보면 과학이 어렵게만 느껴지지 않을 것이요, 과학에 대해 흥미를 갖는 학습자들이 자연히 늘게 될 것이다.

```
① 산소 탱크 2개        ② 물 1병           ③ 별자리 지도
④ 농축음식             ⑤ 태양력 FM 무전기
⑥ 50미터 나이론 밧줄    ⑦ 응급 치료약
⑧ 낙하산               ⑨ 스스로 부푸는 자동 구명대
⑩ 신호탄               ⑪ 권총 2자루        ⑫ 분유 1통
⑬ 휴대용 태양력 전열기  ⑭ 나침반            ⑮ 성냥갑
```

2. 5 글쓰기를 통한 상상력 개발 훈련

글쓰기는 상상력이다. 상상력이 없으면 글을 쓸 수가 없다는 뜻이다. 문예 창작 역시 상상력을 기반으로 한다. 따라서 글쓰기를 위해서 상상력을 개발하여야 하고 거꾸로 글쓰기를 통해 상상력을 개발할 수 있다.

글쓰기를 통한 상상력 개발 훈련은 크게 ① 어휘 수준 ② 문장 수준 ③ 한 편의 글쓰기 수준으로 나눌 수 있다.

2. 5. 1 어휘 수준의 상상력 개발 훈련

어휘력은 국어교육에서 중요한 부분이다. 어휘력이 있어야 글을 쓸 수 있고 어휘력이 있어야 글을 읽고 감상할 수 있다. 그러나 과거 국어교육에서는 어휘력 향상을 위한 훈련을 시행하지 않았다. 겨우 국어사전이나 전과를 베껴오는 정도가 어휘 교육의 전부였다고 해도 과언이 아니다.24)

어휘 수준의 상상력 개발 훈련은 다시 몇 가지 방법으로 나눌 수

---

24) 어휘력 향상을 위한 교수·학습 방법은 졸저, 앞의 책, 역락, 2000. 제6장 '어휘지도'를 참고할 수 있다.

있다. 많이 알고 있는 방법이어서 이론적 배경이나 지도 방법에 대한 설명은 생략하기로 한다.

(1) 같은 글자로 시작되는 낱말로 말 잇기
  예) '하'자로 시작되는 낱말
    하늘, 하얗다, 하소연, 하품, 하마...
  예) '책'으로 시작하는 낱말
    책, 책꽂이, 책가방, 책상보, 책장...

(2) 같은 글자로 끝나는 낱말로 말 잇기
  예) '리'자로 끝나는 말은?
    항아리, 개나리, 오리, 코끼리...
  예) '자'자로 끝나는 말은?
    감자, 과자, 의자, 국자, 모자...

(3) 글자의 끝소리를 받아서 말 잇기
  예) 강아지 ⇒ 지우개 ⇒ 개미 ⇒ 미술 ⇒ 술래잡기

(4) 앞 낱말의 첫 글자를 다음 낱말의 끝에 놓기
  예) 학교 ⇒ 방학 ⇒ 사랑방 ⇒ 투우사 ⇒ 권투...

(5) 위와 같은 말 잇기 놀이를 종합한 유형
  〈보기〉처럼 빈 칸의 숫자에 맞는 낱말을 사용하여 칸을 채워가는 말 잇기

〈보기〉

어	버	이	날					유	
	드		씨	앗			천	리	마
	나						마		
	무	용			참	모	총	장	
선		기	상	천	외			영	감
구				연			침	실	
자	명	종		기			식		
	약		묵	념			평	균	대
	관			물	레		야		각
	화	살	표		몬				선

〈문제〉

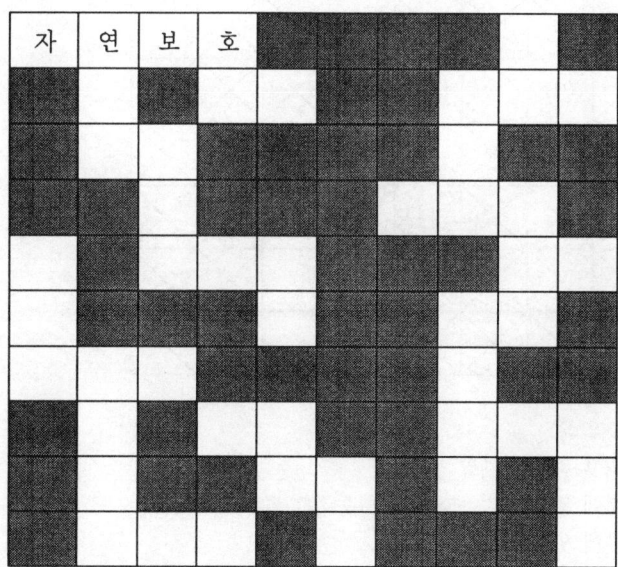

| 자 | 연 | 보 | 호 | | | | | | |

(6) 낱말 퍼즐 만들기

이와는 다른 유형으로는 낱말 퍼즐 만들기가 있다. 가로 열쇠와 세로 열쇠를 만들어 빈 칸을 채워나가는 형식이다. 교사가 가로 열쇠와 세로 열쇠를 주고 학습자들에게 빈 칸을 채워나가도록 하는 방법과 학습자들에게 직접 가로 열쇠와 세로 열쇠를 만들도록 하는 방법이 있는데 학습자들은 후자의 방법을 훨씬 재미있어 한다.

따라서 학습자들에게 모든 것을 맡기는 후자의 방법이 좋다. 왜냐하면 학습자들은 가로 열쇠와 세로 열쇠를 만들면서 더욱 효과적이고 깊이 있는 사고를 하기 때문이다.

(예1)

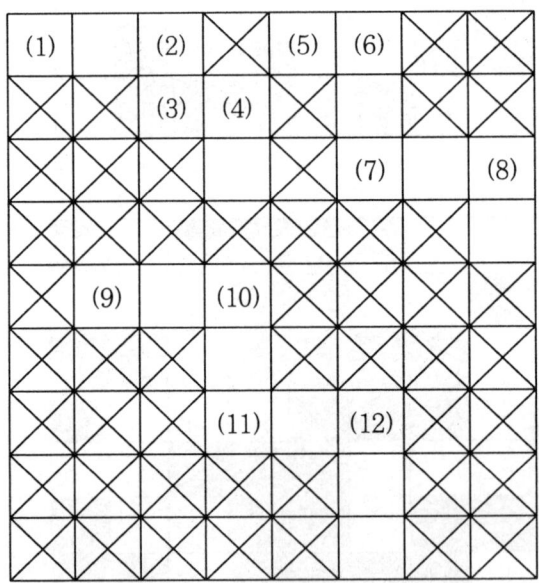

〈가로 열쇠〉
(1) 우리 나라에서 제일 높은 산
(3) 여름에 먹는 과일 중의 하나. 둥글고 크며 씨가 많다.
(5) 서울에 있는 큰 강

(7) 땅 속으로 다니는 기차
(9) 우리 나라에서 가장 크며 아름다운 섬. 세계적인 관광지입니다.
(11) 하늘을 날아다니며, 사람과 물건 등을 운반하는 것.

〈세로 열쇠〉
(2) 학교에서 숫자, 더하기, 빼기 등을 공부하는 과목
(4) 쥐처럼 생겼으며, 밤이 되면 하늘을 날아다니는 동물
(6) 개의 새끼
(8) 기차가 다니는 길
(10) 귀신의 하나. 머리에 뿔이 있고, 방망이를 들고 다닙니다. 우리 나라
    동화책에 많이 나옵니다.
(12) 옛날부터 내려오는 우리 나라 전통의 집입니다. 기와를 지붕으로 했습
    니다.

(예2)

(1)		(2)			(11)		
		(3)	(4)		(12)		(13)
	(5)			(10)			
					(14)		
(6)			(9)				
	(7)	(8)					
					(15)		
		(17)					
					(16)		

〈가로열쇠〉
(1) 뿔, 방망이, 빗자루, ***불

(3) 경주 토함산에 있는 불상을 모신 굴. 세계의 문화유산으로 지정됨.
(5) 몹시 인색한 사람을 가리키는 말.
(6) 양손에 글러브를 끼고 서로 상대방의 상체를 치고 받아 승패를 결정하는 경기
(7) 어떤 사물을 빗대어 말하여 알아맞히는 놀이
(9) 이성계가 고려를 멸하고 세운 나라.
(10) 절지 동물의 하나. 항문 근처에서 실을 뽑아 그물처럼 쳐 놓고 벌레를 잡아먹음.
(12) 물체가 빛에 가려 나타나는 검은 형상. '***도 찾을 수 없다'
(14) 조의를 표하는 뜻으로 검은 헝겊을 달거나 내려 단 깃발.
(15) 사람을 잡아먹는 풍습이 있는 미개 인종
(16) 한 나라가 다른 나라의 속박에서 벗어나기 위해 벌이는 정치적 운동
(17) 주로 그늘진 땅이나 썩은 나무에서 자라는 대형 균류의 총칭. 독이 없는 것은 식용함.

〈세로열쇠〉
(2) 돌아가신 분의 이름 및 행적이 적혀있는 무덤 앞에 세우는 돌.
(4) 어린이 놀이기구의 하나. 자전거 바퀴처럼 둥근 테 모양의 쇠로 굴렁대로 굴리며 노는 기구.
(5) 야구에서 먼저 던지기 시작한 투수가 위기에 몰렸을 때. 위기를 넘기기 위해 등판하는 투수
(8) 버드나무과의 나무. 천안 삼거리와 능수의 설화로 유명해짐.
(9) 저고리, 와이셔츠 위에 덧입는 소매 없는 옷.
(10) 이순신 장군이 설계한 세계 최초의 철갑선
(11) 둥글게 된 형상. '**** 그리려다 무심코 그린 얼굴'
(13) 절망에 빠져 스스로 포기하여 돌아보지 않음. '그는 ****에 빠졌다.'
(14) 극장 등에서 보통 오전에 요금을 할인하는 일. 가수 이문세의 노래 제목.
(15) 음식을 섭취함으로써 일어나는 중독 내지 감염증. 설사·구토·복통 등의 증상을 보임.

학습자의 수준에 맞게 칸의 수를 조정해 주면 수준이 낮은 학습자는 (예1)처럼, 수준이 높은 학습자는 (예2)와 같은 수준의 낱말 퍼즐을 만들 수 있을 것이다.

(7) 수수께끼 만들기

수수께끼는 창의적인 표현, 또는 문학이라 할만큼 은유와 상징의 기법을 사용하고 있다. 따라서 수수께끼 만들기를 통해서 낱말 표현을 위한 무궁한 상상력을 개발할 수 있다.

일반적으로 수수께끼는 '푼다'고 한다. 즉 이미 있는 수수께끼 문제를 푸는 것이 대부분이라는 것이다. 다음과 같은 것이 수수께끼고 대개 이것을 풀면서 어휘 놀이를 하는 것이다.

① 형이 열두 걸음 걷는 동안 동생은 한 걸음 걷는 것은?
② 형과 동생이 빙빙 돌면서 경주를 하는 것은?
③ 하루종일 두 팔로 세수만 하는 것은?
④ 아무리 열심히 산수 공부를 해도 1부터 12까지밖에 모르는 것은?
⑤ 배꼽을 빙빙 돌려서 밥을 먹이는 것은?
⑥ 밤낮없이 소리를 내면서 가는 것은?

이렇게 수수께끼 풀기를 통해서 상상력을 개발하기 위해 다음과 같이 복수 형태의 수수께끼를 제시할 수도 있다.

① 젊어서는 파란 옷 입고 늙어서는 빨간 옷 입는 것은?
② 젊었을 때는 은돈이 든 파란 주머니요 늙어서는 금돈이 든 빨간 주머니는?

그러나 수수께끼를 통해 상상력을 개발하기 위해서는 수수께끼를 푸는 것이 아니라 수수께끼를 만드는 것이 더욱 효과적이다. 학습자들이 수수께끼를 만들 수 있을까 염려하지 말고 학습자에게 맡겨 보자. 처음에는 어려움을 느끼겠지만 몇 번 훈련을 하면 쉽게 쉽게 만드는 것을 볼 수 있다.

제시 단어 : 나이
학습자 활동(수수께끼) : 먹어도 먹어도 늘어나는 것은?

(8) 스무고개 만들기

스무고개는 단계적 사고를 하는 데 아주 효과적인 방법이다. 하나의 답을 찾기 위하여 20개의 질문을 상위 개념에서부터 하위 개념까지 일정한 단계로 질문을 만들어야 하기 때문이다.

스무고개가 어려우면 다섯 고개, 또는 열 고개를 놀이를 만들어 보자. 아니면 질문을 난이도에 따라 단계적으로 만들게 하고 1번에서 맞추면 5점 2번에서 맞추면 4점 순서로 점수를 차별화 하여 게임을 해보자.

역시 학습자에게 수준별 단계를 설정하여 문제를 만들게 하고 그 문제를 학생들이 풀고 평가하는 방법으로 진행한다.

(예1)
① 조선시대의 학자입니다. 1534년 문과에 급제해 벼슬을 지낸 분입니다.
② 48세 때 벼슬을 내놓고 고향인 도산에서 서원을 짓고 학문과 후배 양성에 힘썼습니다.
③ 호는 퇴계로, 일본과 중국에서는 그를 '동방의 주자'라고 부릅니다.
④ 율곡 이이와 더불어 우리나라 유학의 쌍벽을 이룹니다.
⑤ 천 원짜리 지폐의 모델이죠.

(예2)
① 국악의 장단 중의 하나입니다. '국악'하면 제일 먼저 떠오르는 장단이죠.
② 이 장단은 행진할 때 연주되기도 했으며, 12박자가 한 구를 이룹니다.
③ 이 장단의 유명한 민요로 우리들이 잘 알고 있는 '천안 삼거리 흥흥...'이라는 노래가 있어요.
④ 이 장단은 국악 중에서도 서울, 경기도, 전라도 지역에서 많이 쓰입니다.
⑤ 여기에서의 굿은 영어의 good이 아닙니다.

(9) 암호 만들기

글자를 암호로 만드는 활동도 대단한 상상력을 요구한다. 글자뿐만이 아니라 낱말, 구, 문장 심지어 읽은 글의 제목을 암호나 동작으로 표현하여 다른 사람이 답을 맞추게 하려면 대단히 높은 수준의 상상력을 동원해야 한다.

특히 다음과 같은 실제 상황을 주어 현실감 있게 암호를 풀게 하는 방법도 사용할 수 있다.

김천재 박사는 핵무기의 위협으로부터 세계를 지키기 위해 핵무기를 완전히 소용없게 만드는 새로운 물질을 발명했습니다. 그러자 세계 각국에서는 그 비밀을 알아내려 여러 가지 방법을 동원했습니다.

어느 날 김천재 박사가 똘이 탐정에게 전화를 걸었습니다.

"혹시 나에게 무슨 일이 있으면 우리 집에서 까만 디스켓을 찾아야 한다."

그리고 며칠 뒤 진짜 김천재 박사가 사라졌습니다.

똘이는 박사님의 집으로 출동했습니다. 경찰은 디스켓을 찾으려 했지만, 찾을 수가 없었습니다. 똘이는 디스켓을 금새 쓰레기통에서 찾아냈습니다. 디스켓은 쓰레기에 싸여 있었습니다. 똘이가 디스켓을 컴퓨터에 넣자 이상한 숫자가 떠올랐습니다.

②① ②⑨② ⑥⓪ ⑤⓪④ ⑧④② ①⑦ ⑦⑤ ⑧⓪② ④④①① ①⓪⑥
⑨⓪ ④④① ⓪①⑧ ①⑤ ④⑤ ⓪①⑥ ②⓪ ③①

"암호군요. 이것을 풀면 박사님이 계신 곳을 알 수 있을 텐데요."

똘이는 곰곰이 생각하다 바로 암호를 풀었습니다.

암호는 이렇게 만들어졌습니다.

〈자음〉

①	②	③	④	⑤	⑥	⑦	⑧	⑨	⑩	⑪	⑫	⑬	⑭
ㄱ	ㄴ	ㄷ	ㄹ	ㅁ	ㅂ	ㅅ	ㅇ	ㅈ	ㅊ	ㅋ	ㅌ	ㅍ	ㅎ

〈모음〉

1	2	3	4	5	6	7	8	9	0
ㅏ	ㅑ	ㅓ	ㅕ	ㅗ	ㅛ	ㅜ	ㅠ	ㅡ	ㅣ

위의 예는 글자를 숫자 암호로 만든 것이어서 아주 간단한 암호 만들기의 예이다. 수준을 높여서 낱말이나 문장을 동물 등과 같은 사물 암호를 사용하여 만들거나 그림 도형을 사용하여 만들게 한다면 더욱 깊은 상상력을 발휘해야만 할 것이다.

(10) 순 우리말 만들기

쉽게 접근하는 방법은 외래어를 순우리말로 만드는 것이다. 주변에서 흔히 볼 수 있는 외래어 간판이나 외래어 상표를 순우리말로 바꾸는 데에는 상당한 수준의 상상력이 필요하다.

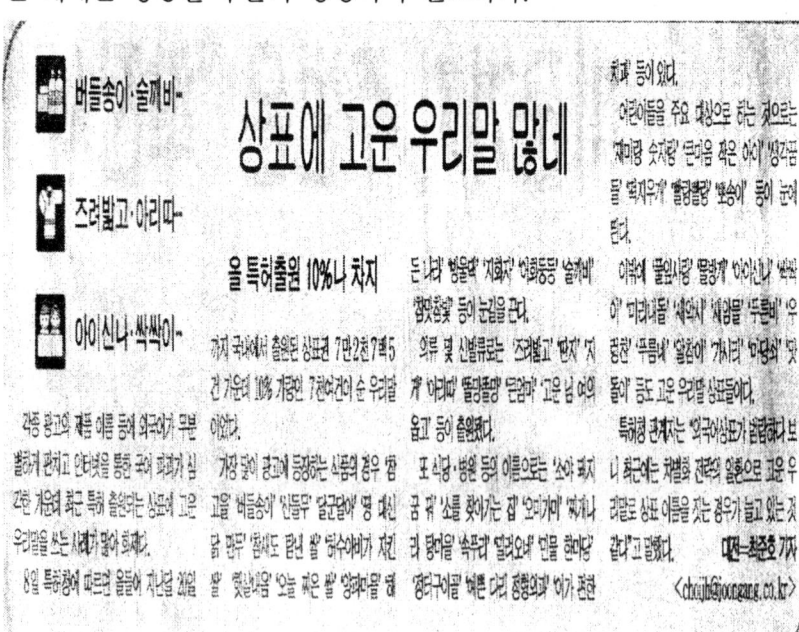

그리고 이런 활동을 통해서 우리말의 제작 원리와 우리말에 담긴 사상과 문화를 알 수 있고 더불어 우리말 순화도 이룰 수 있을 것이다. 다음은 학습자들이 외래어(한자어 포함)를 순우리말로 바꾼 예이다.

1) 부 저

누르면 소리나는 기구(단추), 알림 단추, 운전기사 경종 단추, 단추, 소리나는 단추, 버튼, 손 삐리, 눌러 주세요, 종소리, 소리 누르개, 징징이, 벨누르개, 소리 단추, 소리판, 삐익이, 삑삑이, 소리나는 누름이, 빨간불, 소리 상자, 삐 소리개, 소리나는 작은 상자, 음단추, 소리내기, 삐-알림 소리, 손 피리, 초인종, 왔다 문, 누름이, 누름 단추, 단추누르개, 신호음, 소리나는 종, 소리나는 빵빵이

2) 새 시

창틀, 창틀길(창길), 창문 길목, 사각형문, 창문보조대, 감옥 창살, 철보호개, 창문 부인, 창기둥, 창유리 디딤대, 바람막이 틀, 밖과 안 공기 가림이, 바람막이, 유리 쇠기둥, 창문닫기, 철창틀, 유리받침, 큰 창문, 창끝, 보호문, 유리문, 바람막이 유리문, 베란다의 창문, 바람 차단기, 쇠창살, 유리 모서리를 철을 이용해 만든 창문, 유리 고정개, 철조물,

3) 셔 터

보호용 문, 문을 잠그거나 가리는 것, 손으로 내리는 문(손문), 순간포착단추, 문 보호닫이, 철문을 말아 올릴 수 있는 문, 쇠문, 내림문, 쇠 안전문, 문 가리개, 집지키는 문, 철문, 내림철문, 도둑 보호기, 보완 철문, 내리는 철문, 조작조작 이어진 철문, 문닫기, 가게 지킴이, 도둑 막음 벽, 접히는 문, 올렸다 내리는 문, 왔다 갔다 문, 문닫개, 닫음이, 집보호개, 문 덮개

4) 커 튼

햇볕 가리개, 어둠부르개, 빛가리개, 문·창 가리개, 햇빛가리는 헝겊(천), 햇빛눈, 창문가리개, 천가리개, 창가리개, 찬바람보호천, 자외선보호천, 옆보기보호천, 가리개 헝겊, 다용도가리개, 햇빛가림이, 매단 천, 창막이, 천으로 된 발, 헝겊발, 문 옷, 빛차단기, 유리문을 가려주는 천, 예쁜 햇빛가리

개, 천문(천으로 된 열고 닫는 창문), 가려주는 천

5) 주행료

길을 다니는 비용, 어디를 갈 때 돈을 내는 것, 지나갈 때 내는 돈, 자동차 사용요금, 통행료, 차가 지날 때 내는 돈, 차 통과비, 운전값, 달리는 요금, 돈 내구 가죠?, 운행비, 길 값, 차가 다니는 값, 다리 품삯, 길이용 값, 달릴 때 내는 돈, 달린 대가, 길 지나다님 돈, 나들목 돈, 지금까지 태워 준 대가, 바닥사용료, 길 이용료

6) 로 비

너른 마당(넓은 마당), 휴식할 수 있는 큰 마당, 기다리는 곳, 카운트와 안내가 있는 장소, 쉴 수 있는 공간, 거실, 복도, 통로, 공작하기, 부정 저지르기, 쉬는 장소, 만나는 땅, 비리가 많은 쉼터, 중앙 마당, 건물 안 넓은 공간, 잡담 방, 앞터, 넓은 마루바닥, 편히 쉴 수 있는 공간, 알선, 거실, 손내밀기, 마루, 기다리는 곳, 공동장소, 쉼터, 휴식공간, 앞마당, 쉼의 공간, 편안한 장소, 건물의 얼굴, 만남의 광장, 휴식장터, 가운데 통로, 현관

7) 미니스커트

무릎 위의 짧은치마, 좋은 치마, 짧은치마, 무릎 위 치마, 보일랑말랑옷, 작은 천 치마, 아찔치마, 남자들 미치게 하는 치마, 짧은 고쟁이, 낭비없는 치마, 아슬아슬치마, 도발적 치마, 세기말적 치마, 말세치마, 눈요기치마, 손바닥 치마, 속옷가리개, 무릎위 걸침이, 벼락치마, 반치마, 아슬아슬보자기, 단치마

8) 노 견

자동차 휴게소, 응급길, 벗어나는 도로, 질러가는 길, 지나다님 길, 찻길 옆에 작은 길, 샛길, 거쳐가는 길, 옆길, 지름길, 갓길, 사잇길, 보조길, 여유분의 차길, 쉬는 길, 차가 잠시 쉬어가는 곳, 차의 쉼터, 여유길, 나홀로길, 구석길, 좁은길, 조그만길

9) 매니큐어

손톱색칠물, 손톱봉사, 손톱칠하기, 손톱보호제, 이쁜이 손톱, 손톱광내기, 손톱가리개, 양봉숭아물, 손톱에 모양내는 액체, 손톱분, 손톱에 멋내기, 손톱에 바르는 액체, 이쁜이 칠, 손톱염색약, 손발톱 색칠기구, 손톱그림물감, 손톱옷, 손발톱화장품, 손톱 옷 입히기, 손톱가리개 물감, 손톱물감, 색색깔 봉숭아물, 손톱치장, 손톱색칠, 손톱그리개, 손톱장식기

10) 애프터서비스

봉사움직임, 나중고치기, 도움봉사, 다음에 고쳐주기, 사 간 물건 고침이, 친절 후의 친절, 고장 수리, 평생 돌봐주기, 끝내기 도움, 나중에 책임짐, 끝까지 책임지는 임무, 다음 편의점, 물건을 팔고 난 후에도 책임지는 것, 도와주기, 마지막까지 편안함, 상품을 사 후에 고장이 났을 때 해 주는 봉사, 누리 만족, 판매 후 관리(손보기), 나중에 고쳐 줌, 평생 지킴이, 나중 지킴이, 고장 고침, 나중에 보상, 고장물품 봐주기, 내몸 내마음 주어 봉사, 작은 도움, 후일 처리, 평생 수리, 믿음직하게 고쳐 주는 것, 끝까지 친절하게 봉사, 마지막 봉사, 공짜로 고쳐주기, 영원한 봉사, 후에 보상받는 것, 차후에 해결, 사후봉사

다시 한자어를 사용한 예도 있지만 학습자는 외래어를 순우리말로 바꾸기 위해 사물의 모양, 기능, 동작, 나타내고자 하는 의도와 내용 등등을 끊임없이 떠올리고 거기다 순우리말을 머리 속에 끊임 생각했을 것이다.

이렇게 외래어를 순우리말로 바꾸는 훈련도 상상력 개발에 많은 효과를 거둘 수 있다. 외래어를 순우리말로 바꾸는 활동 역시 근접성과 유사성을 찾아내고 그것을 순우리말로 조합하는, 즉 상상력을 바탕으로 하는 활동이기 때문이다.

2. 5. 2 문장 수준의 상상력 개발 훈련

문장 수준의 상상력 개발 훈련은 우선 단어를 조합하여 하나의 문

장으로 만드는 활동을 들 수 있다.

> 단어 : 예쁜, 활짝, 국화꽃이, 화분에, 피다.
> ① 예쁜 국화꽃이 화분에 활짝 피었습니다.
> ② 국화꽃이 예쁜 화분에 활짝 피었습니다.
> ③ 예쁜 화분에 국화꽃이 활짝 피었습니다.
> ④ 국화꽃이 예쁘게 활짝 핀 화분

또는 일정한 문장을 주고 나타내고 싶은 뜻을 강조하는 문장을 만드는 방법도 있다.

> 기본 문장 : 공주님이 사랑스럽다.
> ① 얼마나 사랑스러운가를 나타내고 싶을 때
> ☞ 공주님이 매우 사랑스럽다.
> ② 어디에 있는가를 나타내고 싶을 때
> ☞ 성 안의 공주님이 사랑스럽다.
> ③ 어떤 모습인가를 나타내고 싶을 때
> ☞ 예쁜 얼굴을 가진 공주님이 사랑스럽다.

또는 이러한 활동을 종합적으로 활동하기 위해서 다음과 같은 도표를 사용할 수도 있다. 크기상 많은 상황을 제시하지 못했지만 실제 수업에서는 목표에 따라 더 많은 상황을 제시할 수 있을 것이다.

문 장	장소를 나타내고 싶을 때	모습을 자세히 나타내고 싶을 때
아기가 잔다.	아기가 <u>방에서</u> 잔다.	<u>귀여운</u> 아기가 <u>쌕쌕 평화롭게</u> 잔다.
나무가 자란다.		
어린이가 공을 찬다.		
개나리가 피었다.		

또 간단히 표현한 문장을 구체적인 표현의 문장으로 만드는 활동을 할 수 있다.

(예1) 내 동생은 귀엽다.
→ 내 동생은 얼굴이 동그랗고 볼이 오동통한 것이 매우 귀엽다.

(예2) 할머니께서 옛날 이야기를 들려 주셨습니다.
→ 할머니께서 어젯밤에 밤늦게까지 재미있고 무서운 옛날 이야기를 아주 많이 들려 주셨습니다.

일정한 조건을 주지 않고 문장을 구체적인 문장으로 쓰는 일은 학습자의 상상력을 동원해야 가능하다.

2. 5. 3 한 편의 글쓰기를 통한 상상력 개발 훈련

한 편의 글을 쓰는 일은 그 자체가 상상력에 의한 것이다. 이러한 점은 모두 잘 알고 있을 것이므로 이에 대한 논의는 생략하기로 한다. 또 이미 1장에서 이에 대한 논의가 있었기에 반복하지 않고 생략하기로 한다.

한 편의 글쓰기를 통한 상상력 개발 훈련은 글제나 주제, 몇 개의 단어·문장, 또는 상황을 주고 활동할 수 있다. 그러나 이 모두는 문예 창작의 영역에 가까움으로 역시 생략하고 이 곳에서는 그림을 활용한 상상력 글쓰기의 한 예를 보여주는 것으로 만족하고자 한다.

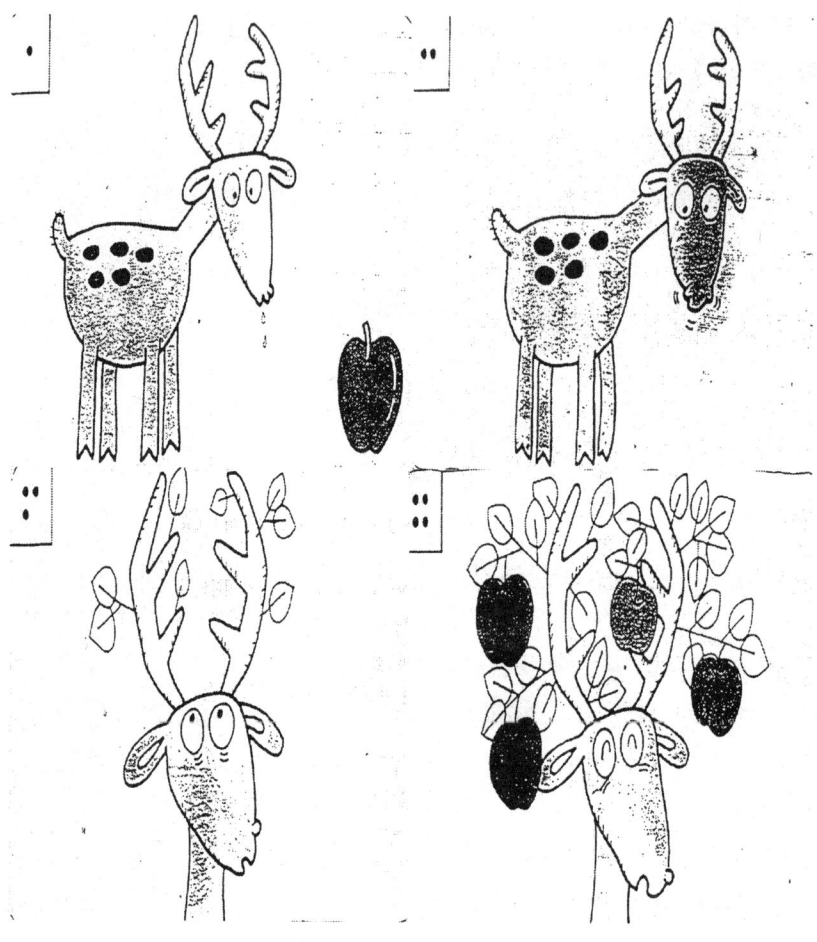

(예문1)

뿔뿔이의 겨울 사과

① 어느 가을날 뿔뿔이는 숲 속 나들이를 즐기고 있었어요.

"우와 -!, 정말 여기 저기에 맛있는 과일이 많네. 와! 저기는 밤, 또 저기
는 배. 오 -! 저기는 빨간 감까지. 정말 탐스럽게 달렸네"

뿔뿔이는 입을 다물 수가 없었어요.

"꾸울 꺽 - -, 군침이 다 넘어가네"

뿔뿔이는 어떻게 저 과일을 손에 넣을지 궁리를 하고 있었어요. 그런데 왠일인지 저 만치에 예쁘고 탐스럽게 생긴 빠알간 사과가 하나 놓여 있네요.

② 뿔뿔이는 얼른 달려갔어요.

"우와 - -!. 정말 맛있겠는 걸"

뿔뿔이는 기도를 했어요.

"맛있는 사과 주셔서 감사합니다. 이렇게 맛있는 사과를 매일매일 먹게 해 주세요"

뿔뿔이는 크게 기도를 하고는 "얌냠 - -!. 쩝쩝 - -!" 맛있게 먹었어요.

③ "어 - "

그런데 이게 왠일이지요. 뿔뿔이가 사과를 맛있게 먹고 나자 잠시 후 이상한 일이 벌어졌어요.

"어-. 정말 이상하다. 내 뿔에선 머리카락이 자라지 않는데 왜 이렇게 간지럽지..."

'긁적 긁적'. 머리를 만지다가 "어머나!" 뿔뿔이는 놀랐어요.

"이런, 내 기도를 하나님이 이렇게 빨리 들어주시다니—!"

"이제 곧 사과가 열리겠네"

뿔뿔이는 한편으로 놀라웠어요. 그런데 점점 뿔이 무거워졌어요.

④ 뿔뿔이의 뿔은 가을이 지나 겨울이 되기까지 나뭇잎이 피어나고 그 위에 꽃이 피고 져서 어느덧 빠알간 사과가 탐스럽게 열렸지요.

"와 - -! 이 한 겨울에 내 뿔아! 아니쥐 내 사과나무 뿔에 이렇게 맛있는 사과가 —! 주렁주렁 열리다니"

뿔뿔이는 가을 내내 무거웠던 머리를 이제서야 벗을 수 있었어요. 뿔뿔이는 자기가 좋아하는 뿔뿔이의 동생과 친구, 그리고 엄마 아빠를 다 모시고 왔어요.

"자 —! 이제 맛있는 사과를 수확할 때랍니다. 겨울에 뿔뿔이표 사과를 우리 사이좋게 나눠 먹어요"

뿔뿔이네 집에서는 흥겨운 사과 파티가 벌어졌어요.

(예문2)

맛있는 소리가 나!

① 노오란 은행잎이 눈처럼 후르르 떨어지는 어느 가을날이었어요. 아기 사슴 밤밤이는 숲길에서 빨간 사과 하나를 발견했어요.

"어? 사과잖아? 정말 맛있겠는걸... 마침 배가 고팠는데 잘 됐다. 꿀꺽!"

밤밤이는 눈처럼 흩어져 내리는 은행잎을 이리저리 쫓느라 배가 고팠기 때문에 망설일 사이도 없이 사과를 한입에 삼켜버렸지요.

② 그때, 발 아래에서 은행잎 한 장을 걷어내며 다람쥐 한 마리가 고개를 내밀었어요. 눈에는 방울방울 눈물이 맺혀 있었지요.

"어쩌면 좋아. 마지막 사과를 얻으려고 며칠 전부터 바라보고 있었어. 아까 떨어지는 걸 보고 저기 저 높은 나무에서부터 뛰어 왔는데... 은행잎이 떨어지는 바람에... 앙 -"

옆에서 개미 한 마리도 기어 나오며 울먹였어요.

"나도 먹고 싶었는데... 은행잎에 깔렸어. 앙 -"

밤밤이는 너무 미안했어요. 이미 마지막 조각의 단물까지 꿀꺽 넘어간 뒤였거든요.

"얘들아, 미안해. 그런 줄도 모르고 혼자만 먹어버렸으니 어떻게 하지?"

밤밤이는 은행나무 잎에 고개를 묻어버렸어요. 방울방울 눈물이 흘러내렸어요.

③ 그런데 어찌된 일이죠? 얼굴이 화끈화끈 뜨거워져요. 밤밤이는 깜짝 놀라 고개를 들었어요.

"야! 밤밤아, 네 얼굴이 빨개졌어. 저 건너 빨간 단풍잎도 먹어 버린거니?"

다람쥐가 동그래진 눈으로 말했어요.

"아니야, 아니야. 사과만 먹었어. 진짜야"

밤밤이는 한 걸음 뒤로 물러서며 고개를 흔들었어요. 그러자 이번에는 뿔에서 이상한 소리가 들렸어요.

"토독... 톡! 퐁!"

"밤밤아! 네 뿔에 잎이 돋았어. 아까 먹은 건 요술 사과였나 봐!"

개미도 깜짝 놀라 말했어요.

"뭐라고? 요술사과라고?"

④ 개미 말이 맞았나 봐요. 밤밤이의 뿔에는 빨간 사과가 열렸어요. 밤밤

이가 움직일 때마다 딸랑딸랑 소리가 나는 맛있는 사과가요.
"다람쥐야! 이리로 와. 얼마든지 먹으렴"
밤밤이는 너무 기뻤어요.
'아삭아삭 냠냠... 사각사각 쩝쩝...'
친구들의 맛있는 소리가 자꾸자꾸 들려 왔거든요.
'통통... 통통...'
친구들의 배가 볼록해지는 소리가 자꾸자꾸 들려 왔거든요.

노란 은행잎이 수북수북 쌓여 가는 어느 가을날이었답니다.

제3장 인성교육과 쓰기 영역

인성교육과 국어교육에서 '쓰기 영역'은 결과적 활동이고 그런 점에서 핵심적인 영역이라고 할 수 있다. 그런데 '읽기 영역'과 '문학 영역'의 앞에 놓는 이유는 두 영역에서 이루어질 교수·학습 전략의 규범을 먼저 보이기 위해서다. 그래야만 두 영역을 다루는 장의 내용이 훨씬 간략하게 기술될 수 있을 것이다.

'쓰기 영역'을 통해 읽기 영역과 문학 영역의 규범을 보이기 위해서이 장에서는 1장에서 다룬 인성교육의 기본 원리와 지도 절차를 모두 통합한 활동으로 보여줄 것이다. 즉 이 장에서 다루는 교수·학습 내용과 활동 유도 방법, 절차 등이 모두 다음 장인 읽기 영역과 문학 영역에서도 그대로 적용될 수 있다는 것이다.

3. 1 '나'를 바로 세우기

3. 1. 1 현재의 '나' 바로 알기

인성교육의 기본 절차는 현재의 '나'에서 출발하여 모든 절차를 거쳐 새로운 '나'로 돌아오는 것이라고 하였다. 따라서 현재의 '나' 바로 알기는 인성교육의 출발점이다.

이 활동은 자신이 생각하고 느끼는 내면적인 '나'와 다른 사람에게 보여지는 외면적인 '나'를 일체시켜 가는 활동으로 주체성을 잃거나 진정한 '나'를 찾지 못하고 방황하는 '나'를 본연의 모습으로 돌려놓는 기본적인 활동이다.

현재의 '나' 바로 알기는 '나 소개하기'의 형식을 빌려 쓰기 영역 안에서 활동할 수 있다.

'나' 소개하기는 결국 나는 누구인가라는 질문에 충실히 대답하는 활동이 될 것이다.

'나' 소개하기가 쓰기로 이어지기 위해서는 다음과 같은 내용이 충족되어야 한다.

   (1) 관계 속의 '나' 알기
     나는 _____의 _____입니다.
     나는 _____입니다.

   (2) '나'의 특성
     (개) 나는 _____을/를 잘 합니다.
       나는 _____에 자신 있습니다.
     (내) 나는 _____을/를 못 합니다.
       나는 _____에는 자신이 없습니다.

   (3) '나'의 기호
     (개) 나는 _____을/를 좋아합니다.
       나는 _____만 하면 신이 납니다.
     (내) 나는 _____을/를 싫어합니다.
       나는 _____만 하면 죽고 싶습니다.

   (4) '나'의 희망
     (개) 나는 _____이 / (_____으로) 되기를 바랍니다
                     / (_____을 희망합니다).
     (내) 나는 _____을/를 하겠습니다.

(5) 나는 _____(한) 사람이 되겠습니다(삶을 살겠습니다).
    나는 _____처럼 사는 되겠습니다.

 이러한 내용 종목을 순서대로 제시하고 각각 10개 내지 5개의 문장으로 기술하게 한다. 그런 다음 덜 중요한 것을 각각 3개 내지 2개를 지우게 한다. 인성교육의 기본 원리 중 '삭제의 원리'를 적용하는 것이다.

 그 다음 다시 덜 중요한 것을 각각 3개 내지 1, 2개를 지우게 한다. 그 다음 각 항목별로 남은 3개 내지 2개의 문장으로 '나' 소개하기의 글을 쓰게 하는 것이다.

 다음은 이러한 절차에 따라 활동한 예들이다. 밑줄 친 것은 삭제한 것이다.

 (예1)

 (1) 관계 속의 '나'
   ① 나는 하나님의 귀한 자녀입니다.
   ② 나는 김자 진자 형자 되시는 아버지의 딸입니다.
   ③ 나는 우리 어머니의 딸입니다.
   ④ 나는 정구호 오빠의 애인입니다.
   ⑤ 나는 한남대학교 국어국문학과 학생입니다.
   ⑥ 나는 정기철 선생님의 제자입니다.
   ⑦ 나는 정기철 선배님의 후배입니다.
   ⑧ 나는 찬동교회 청년회원입니다.
   ⑨ 나는 김완석의 누나입니다.
   ⑩ 나는 국문과 학회 동아리 그리샤의 회원입니다.

 (2) '나'의 특성
   ㈎ ① 나는 사교에 자신 있습니다.
      ② 나는 작곡 및 작사에 자신만 있습니다.
      ③ 나는 노래를 잘 합니다.

④ 나는 남에게 칭찬을 잘 합니다.
⑤ 나는 충동구매를 잘 합니다.

(나) ① 나는 알뜰한 데에 자신 없습니다.
② 나는 한문을 못 합니다.
③ 나는 연애에 자신은 없습니다.
④ 나는 영어도 못 합니다.
⑤ 나는 먹는 데에 자신 없습니다.

(3) '나'의 기호
(가) ① 나는 내 주위에 사람들을 좋아합니다.
② 나는 참이슬에 알탕을 좋아합니다.
③ 나는 입술이 두툼한 남자를 좋아합니다.
④ 나는 재즈를 좋아합니다.
⑤ 나는 비판보단 칭찬을 좋아합니다.

(나) ① 나는 저 잘난 맛에 사는 사람이 싫습니다.
② 나는 빈틈없는 사람을 싫어합니다.
③ 나는 '팅' 미팅이나 '소개팅' 도는 채팅을 싫어합니다.
④ 나는 밤에 잠을 자는 것을 싫어합니다.
⑤ 나는 프라이버시가 존중되지 못하는 것을 싫어합니다.

(4) '나'의 희망
(가) ① 나는 학교가 서울이었으면 좋겠습니다.
② 나는 나이가 스물 반으로 되돌릴 수 있기를 희망합니다.
③ 나는 지혜가 있는 사람이기를 희망합니다.
④ 나는 착한 여우가 되기를 희망합니다.
⑤ 나는 내외적인 미인이 되기를 희망합니다.
⑥ 나는 작사가가 되기를 희망합니다.

(나)
① 나는 지혜가 있는 사람이기를 희망합니다. 지혜는 지식과는 차별적인 것이어서 오만하지 않은 자의 현명함이라 생각합니다. 지혜를 얻기

위해 지식을 습득하는 일을 지체하지 않기 위하여 많은 책을 읽고 기
본적 상식에서부터 깊이 있는 철학까지 공부하겠습니다. 그리고 아는
것으로 인해 교만하지 않기 위해 스스로에게 늘 다짐을 하며 옳은 사
람이 되기 위해 노력하겠습니다.
　② 나는 작사가가 되기를 희망합니다. 졸업 후 방송 아카데미 작사 부문
에 들어가겠습니다.

(5) 새로운 나를 위한 '나'의 각오
　① 나는 사랑 받기 위해 부족함 없는 그 이상의 사랑을 나누어줄 수 있 는
인덕 있는 사람이 되겠습니다.
　② 나는 현명한 아내가 되고 싶습니다.
　③ 나는 약속을 신중히 지키는 믿음 있는 사람이 되고 싶습니다.

(6) '나'에 대해 소개하는 글쓰기
　　내가 맨 처음 문제에 답한 대답은 '나'란 하나님의 자녀이며, 우리 부모
님의 자녀란 것이었습니다. 그 만큼 내 관계 속에 얽힌 것에 대한 서두를
꺼낼 때 '나'라고 자신 있게 답할 수 있는 내가 되었으면 한다. 모든 인간
이 그런 건 아니지만 나는 스스로의 과거를 되돌아 볼 때 후회하게 되는
것은 정의롭지 못하게 살아왔다는 데서 있다. 무엇을 얻기 위해 혈안이
되어 남의 상처 따위는 아랑곳하지 않는 내 욕심, 내 무지 때문이었다. 그
러기에 또다시 멀지 않은 미래에 나를 반성하는데 대해서 똑같은 낙담만
하지 않기 위해서고 스스로를 가다듬어야 한다는 사실이다. 내 몸가짐 마
음가짐 또한 그러하다. 나의 장점들에 빛을 발하기 위해선 녹슬어간 혹은
뭉툭한 것들을 잘 다듬어 유용한 도구로 만들어 가야만 하겠고, 타인과
함께 살아갈 내 삶에선 모난 구석들의 내적인 소양을 둥글게 잘 다듬어
따뜻한 사람이 되기를 소망해 보는 것이다.
　　나는 자신 있는 일들이 그리 많지는 않다. 대체로 처음 보는 사람들과
도 허물없이 잘 지내는 편이고 한번 사귄 사람과는 좀처럼 관계가 잘 유
지되는 편이어서 사교성엔 능한 편이라 생각한다. 하지만 사교란 어떤 정
치적 야망 혹은 사업적 측면에서 유용하게 이용되는 속된 말이란 생각이
든다. 나는 물론 사람들에게 예의바르고 친절한데는 익숙해져 있지만 아
직까지 그것이 진심에서 우러나는 것인지는 잘 모르겠다. 그래서 사람을
사귀는 데 있어서 외적인 이속을 차리기 위해 베푸는 가식이 아니라, 마

음에 공감이 가는 혹은 내면의 키를 자라게 하는 데 있어서 배울 점이 많은 사람들과 진정한 교제를 가지고 싶다.

내가 겸손하게 자랑하고 싶은 점은 바로 노래를 잘 한다는 점이다. 그런 점이 분위기를 주도하는 방법 중 하나가 되었는데 나는 사람들에게 기꺼이 딴따라가 되기를 소망한다. 우울했던 내 친구의 마음의 어줍잖은 나의 애교로9노래와 춤) 엉덩이에 털이 나는 일이 생기는 것도, 자신 없는 외모의 콤플렉스를 노래를 통해 해소하는 내 나름대로의 삶을 즐기는 방식도 내겐 자랑스러운 일이기 때문이다.

그리고 내가 좋아하는 것들은 참이슬에 알탕, 혹은 재즈 등 그다지 외골수적인 것이 아니어서 그다지 어려운 사람은 없다. 단지 흠이 있다면 소주의 참 맛을 알게 되는 일은 수많은 습득을 통해 통달의 지경에 가까워 왔으나 재즈나 혹은 내가 좋아하는 주위의 사람들 또한 많은 습득을 통해 이해하고 공감해야겠지만 나의 취약점인 게으름 때문에 깊이 없이 좋아하는 것 같아 아쉽다.

나는 지혜가 있는 사람이었으면 좋겠다. 현명한 사람이 되어서 많은 사람들에게 귀감이 될 수 있는 사람이 되고 싶고 그로 인해 자만하지 않았으면 좋겠다. 부모님을 공경하고 남편을 존중하는 그런 사람이 되고 싶다.

지혜가 있는 삶이란 이 삶에서 더 이상 바랄 나위 없는 큰 포부라 말할 수 있겠는데 지혜 있는 사람의 삶의 종결점은 뭐니뭐니해도 사랑 받기 위해 부족함이 없는 그치만 그 이상의 사랑을 나누어 줄 수 있는 인덕 있는 사람이 될 때 하늘에 내 값의 상이 커질 것이란 믿음을 잊지 않는 삶일 것이다.

(예2)

(1) 관계 속의 '나'
  ① 나는 아버지의 아들입니다.
  ② 나는 대전복음교회의 교인입니다.
  ③ 나는 한남대학교의 학생입니다.
  ④ 나는 내 여자 친구의 남자 친구입니다.
  ⑤ 나는 우리 누나의 동생입니다.
  ⑥ 나는 대전고등학교의 졸업생입니다.
  ⑦ 나는 대성중학교의 졸업생입니다.

⑧ 나는 대한민국의 국민입니다.
⑨ 나는 한남대 교수님의 제자입니다.
⑩ 나는 '수련회' 계모임의 총무입니다.

(2) '나'의 특성
　(가) ① 나는 컴퓨터를 잘 합니다.
　　② 나는 자동차 운전을 잘 합니다.
　　③ 나는 오락을 잘 합니다.
　　④ 나는 기도를 잘 합니다.
　　⑤ 나는 오래 걷는 것을 잘 합니다.

　(나) ① 나는 구기 종목의 운동을 잘 못합니다.
　　② 나는 남을 속이는 것에 자신이 없습니다.
　　③ 나는 영어를 잘 못합니다.
　　④ 나는 사람 사귀는 것에 자신이 없습니다.
　　⑤ 나는 사람을 웃기는 것에 자신이 없습니다.

(3) '나'의 기호
　(가) ① 나는 친구 만나는 것을 좋아합니다.
　　② 나는 운전하고 돌아다니는 것을 좋아합니다.
　　③ 나는 컴퓨터 게임 '포트리스2'를 좋아합니다.
　　④ 나는 술 먹는 분위기를 좋아합니다.
　　⑤ 나는 여자 친구와 영화 보는 것을 좋아합니다.

　(나) ① 나는 술을 많이 먹는 것을 싫어합니다.
　　② 나는 싸우는 것을 싫어합니다.
　　③ 나는 여자가 우는 것을 싫어합니다.
　　④ 나는 '스타크래프트'를 싫어합니다.
　　⑤ 나는 농구를 싫어합니다.

(4) '나'의 희망
　(가) ① 나는 '사고와 표현'의 학점이 잘 나오기를 희망합니다.
　　② 나는 내 여자 친구가 아내가 되기를 희망합니다.

③ 나는 부모님이 오래 사시기를 희망합니다.
④ 나는 친구들과의 우정이 영원하기를 바랍니다.
⑤ 나는 남북한이 통일되기를 바랍니다.
⑥ 나는 체중이 감량하기를 희망합니다.

(내) ① 나는 부모님께서 바라시는 대로 저녁에 일찍 들어가야겠습니다.
② 나는 친구들에게 좀더 자주 연락하여 잘 대해 주어야겠습니다.

(5) 새로운 나를 위한 '나'의 각오
① 나는 부지런한 사람이 되겠습니다.
② 나는 적극적인 사람이 되겠습니다.
③ 나는 사람을 소중히 하는 사람이 되겠습니다.

(6) '나' 소개하는 글쓰기

나는 1976년 음력 5월 26일 대전 옥계동에서 부모님의 아들로 태어났습니다. 비록 부유한 집안이나 화목한 가정에서 태어나지는 않았지만 누나와 저를 위해 맞벌이하시며 고생하시는 부모님을 사랑하고 감사한 마음으로 살아갑니다.

중학교를 기독교 학교에 다니면서 신앙을 갖게 되었고 지금은 제가 기독교인이 된 것을 하나님께 감사하며 살고 있습니다. 교회에서 지금의 여자 친구를 만났고 군대에 있는 동안 편지를 주고 받으며 친구에서 좀더 깊은 관계로 발전하여 결혼도 생각하는 관계가 되었습니다.

어려서부터 혼자 있는 시간이 많았던 저는 사람과 어울리는 것에 익숙하지 않아 처음 보는 사람과 사귀는 것을 못합니다. 그래서 주로 단체로 하는 축구, 농구, 배구 등 구기 종목의 운동을 싫어합니다. 어디를 가더라도 혼자 걷기 때문에, 그것에 익숙해져서 오래 걷는 것에는 자신이 있습니다. 군대를 수송대를 다녀온 저는 운전에는 자신이 있고 지금은 친구들의 기사 노릇을 합니다. 어려서부터 부모님께 착하게 살라고 교육받고 교회에서도 비슷한 교육을 받았기에 전 사람들에게 함부로 하는 것을 싫어하고, 특히 싸우는 것을 정말 싫어합니다. 그래서 친구들과 가족들을 저의 가장 소중한 보물로 생각합니다. 친구들과 같이 컴퓨터 게임 '포트리스 2'를 하는 것이 요즘 저의 즐거운 일들 중 하나입니다. 친구들과 술자리도 자주 하는데 술자리는 무척이나 좋아합니다. 함께 어울려 기분 좋게 한

잔 하면서 많은 얘기를 할 수 있다는 게 너무 좋습니다. 하지만 술이 지나쳐서 자신을 컨트롤하지 못하는 사람들을 보면 불쌍하다는 생각이 들어 과음하는 것을 싫어합니다. 저는 부모님께서 오래 사시고 친구들과의 우정이 영원하기를 바랍니다. 그래서 부모님께서 바라시는 대로 저녁에 일찍 들어가고 친구들과 자주 연락하면서 정성껏 대해주려 노력할 것입니다. 결국 저한테는 물질보다는 사람이 소중하기 때문에 앞으로도 사람을 소중히 여길 줄 아는 박○○이 되겠습니다.

이러한 활동을 할 때 무엇보다 중요한 것은 반드시 유도 과정을 거쳐야 한다는 것이다. 그냥 '나를 소개하는 글을 써라'식의 교수·학습 방법은 바람직하지 않다. 학습자의 생각을 충분히 끌어내고 다시 덜 중요한 것을 삭제하고 삭제하기를 거듭하여 가장 중요한 내용들만 남긴 다음 글을 쓰도록 해야 학생들이 진지하게 충실한 내용을 자연스럽고 열정을 가지고 쓸 수 있다.

3. 1. 2 관계 속의 '나' 알기

사람들은 서로 영향을 주고받으며 살아간다. 인성교육이란 바로 이러한 상호 관계를 건전하게 하여 개인과 사회의 행복을 추구하는 데 목적이 있는 것이다.

이 활동은 나에게 영향을 준 사람들을 확인하고, 나에게 긍정적인 영향을 준 사람에게는 감사하는 기회를 갖고 나에게 부정적인 영향을 준 사람은 용서하는 기회를 갖아 더 나은 인간관계를 형성하는 데 있다.

우선 다음과 같은 도표를 제시한다.

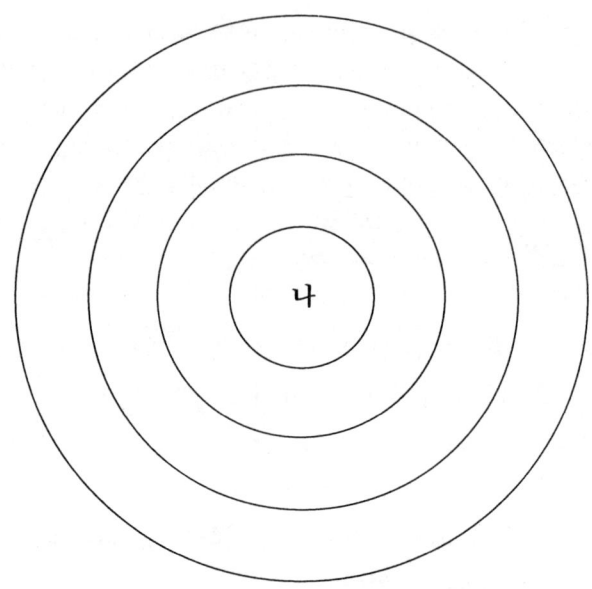

원은 '나'를 중심으로 점점 크게 겹쳐 그린다. 그리고 안쪽에서부터 나와 가까이 있는 사람을 적는다. 가령, 부모, 형제는 제일 안쪽 원에 친구, 자녀 등은 그 다음 원에 그리면 될 것이다.

그런데 사람을 적을 때 그냥 적는 것이 아니라 그 사람이 나에게 끼친 영향의 정도에 따라 또 다른 원을 크기를 달리 그린다.

다음은 이러한 활동의 예를 보인 것이다. 글쓰기는 이 활동 뒤에 멀리 있지만 가까이 하고 싶은 사람, 또는 가까이 하였는데 어떤 사건으로 멀어진 사람을 다시 가깝게 하기 위한 편지를 쓰도록 하였다.

(예1)

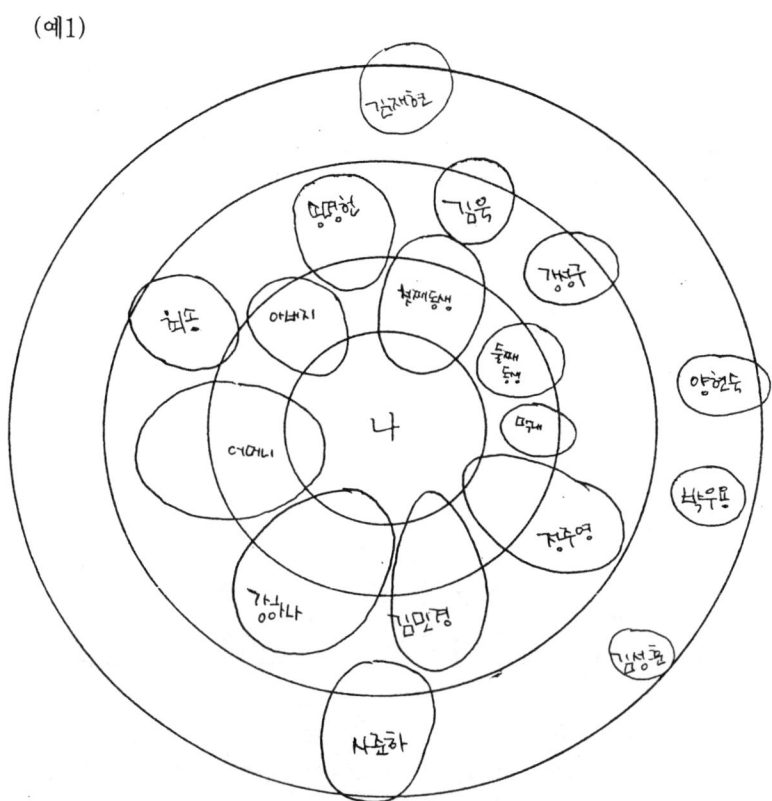

　나는 아버지가 집에 안 계신다. 물론 돌아가신 건 아니다. 아빠 회사 일이
워낙 바쁘셔서 이리저리 전근을 많이 다니시기 때문에 아빠를 볼 수 있는 시
간은 주말뿐이다. 서울에서 모두 같이 살 때가 많이 그립다. 가족끼리 여행
도 가고 외식도 하고 그러면서 많은 얘기도 하고…

　고등학교 때 아빠가 부산으로 전근 가시면서 우리 가족은 아버지는 부산
으로 다른 식구들은 대전(할머니, 할아버지가 계신 곳)으로 올 수밖에 없었
다. 그때부터 이산가족(?)이 되어버린 것이 벌써 6년째다. 물론 지금 아버
지는 청양에서 근무를 하시기 때문에 전보다는 많이 볼 수 있게 되었다. 처
음 집에 아버지가 안 계시고 어머니만 계시니까 자꾸 밖으로 나가고 그냥 마
냥 좋았다. 친구들이랑 밤새도록 놀아보기도 하고 여행도 많이 다니고… 보
수적인 아버지는 그런 짓을 절대 용납 못하시기 때문에 아버지가 없는 집이
무척 좋았다.

그러나 이제는 아니다. 한 가정의 가장인 아버지가 집에 안 계신다는 게 조금은 불안하다. 그리고 내가 그렇게 놀았을 때 아빠가 집에 계셔서 좀 잡아 주셨으면 좋았겠다라는 생각도 든다. 지금은 아버지가 빨리 대전 지사로 들어오셔서 우리 가족이 다 같이 살 수 있기를 기원한다. 온 가족이 함께 하는 저녁 식사를 꿈꾸며…

(예2)

'서영미'라는 친구가 있습니다. 제가 6학년 때 전학 가서 만난 친구입니다. 1년 동안 싸우기도 하면서 정도 들고 무척 친한 친구입니다. 그렇게 1년을 보내고 우린 같은 중학교 같은 반에 가게 되었습니다. 서로 무척 기뻐했고 초기엔 친하게 지냈습니다. 그러던 중 어느 날 점심 시간에 아주 사소한 일로 다투게 되었습니다. 학교에 자판기가 있었는데 저게 무슨 자판기인지 서로 얘기하다 다투게 됐는데, 그놈의 고집 때문에 그날은 서로 말도 안하고 지냈습니다. 다음날도 그 다음날도…

우리 반은 토요일이면 좋아하는 사람이랑 같이 앉기로 했었습니다. 매번 토요일이면 영미와 같이 앉았는데 싸운 이후로 저 먼저 딴 친구와 앉기 시작했습니다. 그 일로 인해서 점점 더 우리 사이는 멀어져 갔고, 전 다른 친구들과 친해졌습니다. 그 친구도요. 그렇게 꽤 오랜 시간이 흘렀고 미안하다며 사과했을 때는 너무 늦어버렸습니다. 중학교 3년 동안 같은 반이었습니다. 그렇지만 정말 친하게 지낸 적은 없습니다. 중학교를 마치고 고등학교에 들어갔습니다. 그 친구는 자퇴를 했고 소식이 끊겼습니다.

제가 그 친구와 친해지고 싶은 이유는 예 추억이 그리워서입니다. 그 친구가 그립고… 영미 집안은 잘 살지 못했습니다. 아버지도 안 계셨고… 얼굴에 그늘진 곳이 전혀 없는 그런 아이였고… 전 정말 좋아했습니다. 하루는 비가 오는 날, 영미 집에 가게 되었습니다. 비를 맞고 집에 가서 그날 식사였던 조개탕을 먹으라며 저한테 주었습니다. '조개탕'을 좋아하던 저는 맛있게 못먹고 하나 밖에 없는 우산을 저한테 주면서 쓰고 가라며 마중까지 해주었던 친구입니다. 지금 생각하면 왜 싸웠는지… 왜 그렇게 좋아하는 친구의 마음을 아프게 했는지 이해할 수 없습니다.

올해 8월. 그 친구와 우연히 연락이 닿아 서로 만나게 되었습니다. 중학교, 고등학교 검정고시로 합격은 했고, 지금은 내년에 유학 가기 위해 어학원에 다니고 있다고 했습니다. 처음 만난 날 그냥 웃기만 하면서 헤어졌습니다. 할 말도 없었고 … 그래도 잘 살고 있는 것 같아서 좋아 보였습니다. 지금도 연락은 하고 있지만 서로에게 미안한 감정이 있나 봅니다. 처음부터 다시 시작하기로 했습니다. 그래서 서로 연락도 자주하고 마음 속 깊은 얘기도 서로 주고받습니다. 나중에 알았습니다. 그 친구도 날 그리워하고 있었다는 걸요. 이제 더 이상 아쉬워하며 지내기보다도 서로에게 힘이 되는 친구가 되기 위해 서로 마음을 주고받고 싶습니다.

(예3)

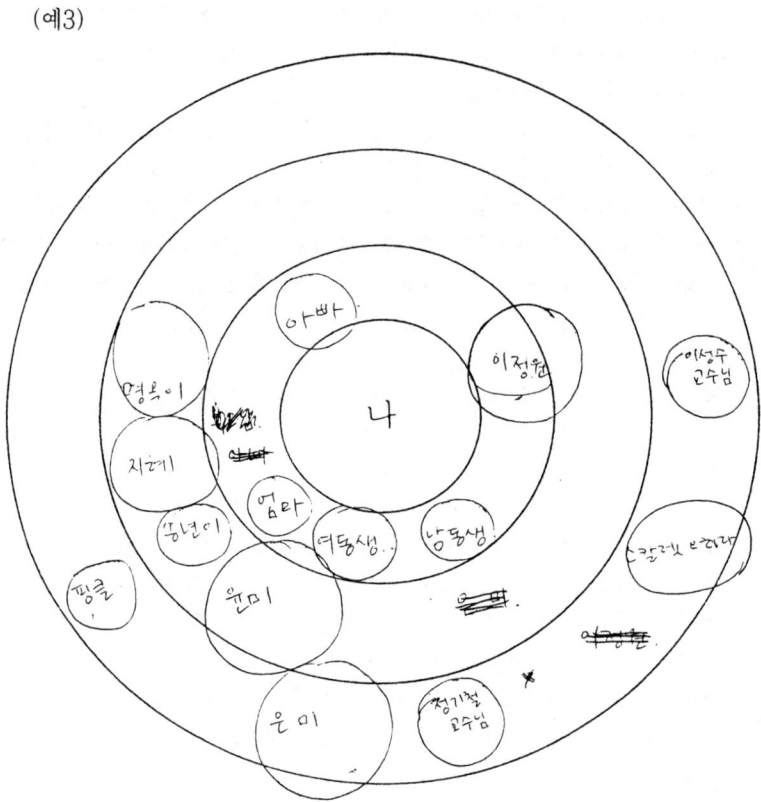

To 보고 싶은 은미

잘 지내고 있니? 며칠 전에 정숙이를 통해서 니 소식을 들었는데… 그 남
자랑 헤어졌다며… 정말 잘 되길 바랬는데. 그 나이 되도록 남자 한번 제대
로 사귀어 보지 못한 네가 사랑하는 사람을 만났다며 자랑할 때 난 정말 기
뻤어. 정말 잘 되길 바랬는데 안 좋게 되다니 내 마음이 너무 아프다. 그렇지
만 넌 꿋꿋이 잘 견디리라 믿어. 언제나 강했던 너니까. 은미야. 넌 정말 내
게 너무나 강한 아이였어. 강했다기보다는 독하다는 표현이 맞을지도 모르겠
다. 너랑 같이 재수할 땐 너의 독하고 강한 의지가 부담스러울 때도 있었어.
찔러도 피 한방울 안 나오는 애라고 생각했거든. 넌 정말 노력파야. 너랑 같
이 있을 땐 너 때문에 숨막히고 답답한 적도 있었지만 그래도 그땐 열심히
살았던 거 같아. 니가 없이 나 혼자 지내는 대전에서의 내 생활은 안일하기

그지없다. 가끔 니가 주말에 내려 올 때 널 만나면 난 항상 자극이 되고 내 자신이 너무 한심하게 생각이 돼. 넌 그렇게 니 삶에 열정적이고 충실한데 난 왜 이렇게 살고 있나 하구 말야. 네가 내 곁에 있어줬음 좋겠어. 널 자주 볼 있음 좋을 텐데. 우린 함께 있음 서로에게 더없이 좋은 친구가 될 거야. 넌 항상 날 자극시켜주고. 난 니가 항상 궁금해하며 물어왔던 이성관계에서의 대처법을 가르쳐주고. 헤헤. 내가 그쪽엔 좀 도가 트였잖니. 재수시절 땐 내가 널 좀 못살게 굴었지. 내가 직설적이다. 니가 조금만 못마땅하게 굴어도 막 화내고 그 때문에 너 운 적도 많았지. 그런데 한 2-3년 흐르니간 성격도 변하더라. 이젠 널 만나도 널 감싸주고 따뜻하게 대해줄 아량이 생긴 것 같아. 우리 지금까진 서로 진실한 우정보다는 관계속의 친구였지만 이제부터 나도 너의 정숙이 만큼이나 좋은 친구가 되고 싶어. 네가 많이 보고 싶구나. 대전 언제 오니? 너 대전에 오면 우리 그때 너랑 나랑 정숙이 셋이서 달구지에서 소주 마시며 열변을 토했던 것처럼 또 끈끈한 대화의 장을 열자꾸나. 그때 되면 내가 너 버리고 떠난 그 남자 욕 1시간 동안 해줄게. 헤헤. 너무 보고 싶어. 부디 잘 지내라.

3. 1. 3 마음 열기 - 감정 표현하기

새로운 '나'를 계획하고 그 계획을 실천에 옮기기 위해서는 우선 '나'를 버려야 한다. 잔을 비우지 않으면 새로운 술을 채울 수 없는 법이다. 특히, 잘못한 일, 미안한 감정, 슬픈 이야기 등 마음을 억누르는 감정을 그대로 간직하고 있어서는 새로운 '나'를 계획하는 일마저 불가능하다.

따라서 마음을 열고 감정, 특히 나의 양심을 짓누르는 일부터 털어놓자. "미안해", "잘못했어요", "같이 슬퍼해 주세요" 또는 '"용서해주세요"와 같은 제목으로 짧은 글을 쓰도록 하자.

이 곳에서는 "미안해"라는 제목으로 자신이 이제까지 살아오면서 미안한 감정을 가졌던 일과 그 이유를 쓰게 한 다음 역시 삭제의 원리를 적용하여 지워나간 다음 자신을 가장 불편하게 하는 일 하나만을 남겨 놓게 하고 짧은 글을 쓰도록 하였다. 대상은 가족으로 한정하였다.

(예1)
- 아버지 : 얼마전 아빠의 생일도 잊고 한참이 지난 후에야 아빠 생신이
  그때라는 걸 알았어요. 1남 3녀의 그것도 제일 큰 딸이. 그래서 얼마
  나 서운하셨겠는지… 정말로 죄송합니다.

- 어머니 : 엄마한테 모든 것이 다 죄송하지만 집안이 힘든 거 뻔히 알면
  서도 거짓말 해서 돈을 타 간 것이 제일 죄송해요. 사고 싶은 것도 많
  아도 조금은 참을 줄도 알고 참을 수도 있는데 그러지 못하고 거짓말
  로 용돈을 탄 것이 정말로 미안해요.

- 형제들 ; 동생 셋이나 있는 큰 누나인데 항상 어리광 피우고 누나나 언
  니답지 못한 행동이 너무 많아 미안 미안합니다. 옷 사면 같이 입을
  수도 있는데 무슨 심술인지 빌려 입는다고 하면 버럭 성질을 내고 정
  말 미안합니다.

(예2)
- 아버지 : 아빠를 조금은 고지식하고 나를 이해해 주지 않는다고 생각한
  적이 있었어요. 그리고서는 아빠는 옛날 사람이라고 단정지어 버리고
  말이에요. 그렇지만 이제 알았어요. 아빠가 날 이해하려고 노력하고
  있다는 것을… 이제부터라도 무언가 아빠와 생각이 다르거나 할 때는
  아무 말 안하고 혼자 단정지어 버리기 전에 아빠랑 대화를 할게요.
  정말 미안해요 아빠.

- 어머니 : 엄마 집안 일 하는 거 많이 힘들텐데 나 학교 다닌다고 집안
  일도 도와드리지 않아서 미안해요. 설거지나 청소 등은 내 손으로 할
  수 있는데 엄마가 옆에서 집안 일 하시면 그냥 멀뚱이 바라보기만 하
  고… 이제부터라도 내가 할 수 있는 건 열심히 할게요.

(예3)
- 아버지 : 지난번 아빠 라디오 고장 낸 거 실은 나야. 미안해. 담에 돈
  벌면 더 좋은 라디오 선물해 줄게

· 어머니 : 숙제한다구 청소 안한 거 실은 청소하기 싫어서 숙제 있다고 했는데. 그날 전주부터 숙제 한 개두 없었어. 미안해. 지금두 청소하는 건 싫지만 인심 쓴다 딴 3번 청소해 줄게.

· 형제 : 컴퓨터 하드 날라 간 거 정전 때문이 아니구 잘못하다가 C포멧 했거덩. 미안해 내가 윈도우 다시 설치 할게 .

(예4)
· 아버지 : 집 공사할 때 일하기 싫어서 학교 간다고 거짓말 한 거 미안해. 앞으로는 아빠 심부름 잘 할게.

· 어머니 : 할머니 저녁 안 차려드리고 친구랑 놀러 간 것, 미안해. 앞으로는 할머니 식사 꼭 챙겨드릴게.
· 언니 : 책상 서랍에 있던 언니 승차권 몰래 가져간 것, 마안해. 나중에 내가 다시 사 줄게.

3. 1. 4 다른 사람과 교감하기

마음을 열고 자신을 억누르던 감정을 표현했다면 이제 한 차원 높여서 다른 사람들과 터놓고 이야기하는 기회를 하여 본다. 어떤 내용이든 관계없다. 내 머리 속에 가장 먼저 떠오르는 사람에게 하고 싶은 그 어떠한 말이든지 하도록 한다.

이러한 활동을 통해서 다른 사람과 마음속으로 교감하게 되고 다른 사람과 다른 사람과의 관계에 대해 좀 더 객관적으로 이해하게 된다. 다라서 다른 사람을 내 안에 받아들이고 또 다른 사람에게 좀 더 가깝게 다가갈 수 있다.

그렇다고 '다른 사람과 교감하라'고 명령할 수는 없다. 다음과 같이 유도할 수 있을 것이다. 그리고 예문들은 다음과 같이 유도하여 글쓰기한 것들이다.

(유도 문제)

여기에 녹음기가 있어요. 누군가에게 전할 말이 있으면 이 녹음기에 담도록 하세요. 그러면 그 사람의 녹음기에 그대로 들릴 거예요. 자! 지금 여러분의 머리 속에 떠오르는 그 사람에게 전하고 싶은 말을 마음껏 하세요. 어떤 내용의 말도 좋습니다.

(예문1)

· 형민아! 너와 나는 너무나 가까운 오누이 사이잖아. 다른 형제들보다도 유난히 친한 것에 대해서 누나는 항상 뿌듯하단다. 요즘 네가 취업으로 인해서 쉬지도 못하고 아직 어린 나이에 사회에 나왔으니 얼마나 많은 혼란을 겪고 정신적으로나 육체적으로 힘들어한다는 거 다 알아. 하지만 넌 네가 이루려고 하는 것을 다 이루려고 하는 끈기와 용기가 있으니까 어디에서든 잘 해낼 거란 거 누나는 믿는다. 항상 최선을 다하고 특히 넌 몸이 약하니까 건강에 주의하렴. 그럼 우리 동생 파이팅.

(예문2)

·전혀 이해를 하려고 하지를 않는 동아리 선배에게(무서워서 대놓고는 말 못함)

"그렇게 남의 말, 특히 후배의 말이라고 무시하고 자신의 입장만을 내세우다가는 당신에게도 똑같이 이해하지 못하는 일이 일어날지도 모릅니다."

(예문3)

· "엄마, 아빠 사랑해요. 그 동안 혼자서 부모님 원망도 많이 했지만, 그

래도 제가 두 분을 정말로 사랑하는 거 같아요."

(예문4)
　· 나에게 가장 소중한 사람은 부모님. 물론 어머니께서 말못할 고생과 희생도 하셨지만, 왠지 소외되신 우리 아빠에게.
　"아빠는 누가 뭐라해도 내게 최고의 남자, 멋있는 분입니다. 아빠 내가 있으니 힘내세용."

(예문5)
　· 제가 녹음기에 꼭 하고 싶은 말은 "제가 잘못했습니다." 이 말 한 마디입니다. 어쩌면 제가 당신 그렇게 만들었는지도 모릅니다. 제가 조금만 더 당신을 이해했더라면, 그랬다면 당신을 죽음으로 몰지는 않았겠지요. 꼭 하고 싶은 말. 꿈에서만 볼 수 있는 당신에게 "제가 다 잘못했습니다." 라고 하고 싶습니다. 당신이 여자라는 걸, 한 가족의 어머니라기보다 여자라는 걸 왜 몰랐을까요?
　당신을 사랑합니다. 어쩌면 이제 마음으로밖에 하지 못할 말을 신이 들을 수 있을는지.

(예문6)
　· 할머니, 나하고 엄마하고 아직도 할머니 생각하면 슬퍼. 하지만 이제는 할머니가 아파했던 모습보다 나를 부르며 금방이라도 웃어줄 것만 같아. 할머니 정말 너무 사랑해. 엄마 많이 아프니까 할머니가 엄마 돌봐 줘야 해. 항상 나 지켜봐 줘.

　학습자들의 활동한 내용과 대상이 아주 다양하다. 이러한 활동을 통해 학습자들은 카타르시스를 느낄 것이다. 누구에겐가 하고 싶었지만 하지 못했던 말로 그들과 교감함으로써 커다란 해방감을 느낄 것이다.

3. 1. 5 '나' 버리기

이제는 버리고 싶은 '나'를 버리자. 그 동안 버리려고 노력했지만 잘 안되었다면 더더욱 이 기회에 버려버리자. 잘못된 습관도 좋고, 나쁜 기억도 좋고, 나를 괴롭혔던 나 속의 사람이어도 좋다.

> 여기 신기한 청소기가 있어요. 이 청소기는 무엇이든 빨아들이는 청소기로 여러분이 버리고 싶은 모든 것을 빨아들여 없어지게 합니다. 무엇을 버리고 싶으세요. 말만하세요. 모든 것을 감쪽같이 빨아들여 깨끗하게 치워줄 것입니다.

(예문1)

· 너무 바쁘고 지쳐서 손대지 못했던 일주일 방치된 내방… 으 … 빨리 빨아드려라.

(예문2)

· 가식입니다. 사람은 누구나 자신의 모습을 꾸미고 숨기려고 합니다. 저 또한 그렇고. 다른 사람 앞에서 솔직해지지 못하는 모습을 보이고 있는데. 이런 모습이 모두 가식이라고 생각합니다. 이런 가식이 없는 모습이라면 솔직해질 수 있을 것이고. 이런 솔직함이 사람 사귀는 근본이 될 것입니다.

(예문3)

· 나보다 키가 큰 사람들 모두!! 단 나와 친구이거나 친척 등 가까운 사이의 삶들은 제외시키겠다. 그 동안에 키로 인한 설움을 삭이기 위해서…

(예문4)

· 저는 저의 과거에 있었던 아픈 기억을 청소기에 빨아들이고 싶습니다. 지금은 잊고 살아야지… 하고 노력한 끝에 잊혀진 기억들이지만 가끔씩 생각나 저를 괴롭힐 순간마저 없애버리고 싶은 마음에 청소기에 넣어버려 없애버리고 싶습니다.

(예문5)

· 나는 청소기에 알 수 없는 불안감을 넣어버리고 싶다. 이유를 알 수 있다면 그 불안감에 대하여 해결책을 찾을 수 있지만 그냥 막연하게 초조하고 불안한 것을 내 정신을 흐리게 하는 것 같아서 청소기로 빨아내 버리고 싶다.

(예문6)

· 내가 갖고 있는 이기심, 탐욕, 자만심 등을 없애버리고 싶다. 그리고 슬픔과 남을 욕하는 마음들도 버리고 싶다.

(예문7)

· 제가 청소기에 빨아들이고 싶은 것은 질병입니다. 어쩌면 단순한 말일지도 모르겠습니다. 솔직히 질병이라기보다는 죽음이라는 것이 더 어울릴 듯합니다. 병으로 인해서 사랑하는 사람이 죽는다는 것은 너무 아픈 일이기 때문이죠. 병은 죽음과도 연계되어 있습니다. 소중한 누군가 곁에 없어지는 일, 그것의 근본적인 요인 중의 하나가 바로 병이기 때문입니다.

(예문8)
　· 나 자신을 이기지 못하는 나태함.
　게으름, 자격지심의 소심함,
　안경 ; 안경을 쓰지 않고도 선명하고 밝음을 볼 수 있기를,
　어리석음 ; 지혜의 샘이 부족하여 순간 순간 어리석음.
　자신감이 없는 것.

3. 1. 6 생애 곡선 그리기

생애 고선 그리기는 자기 생애 만족도 그리기라고도 한다. 이제까지 살아온 과정을 뒤돌아보고 자신의 삶에 어느 정도 만족하는지 도표로 그리고 왜 그런 도표를 그리게 되었는지 이야기를 듣는다.

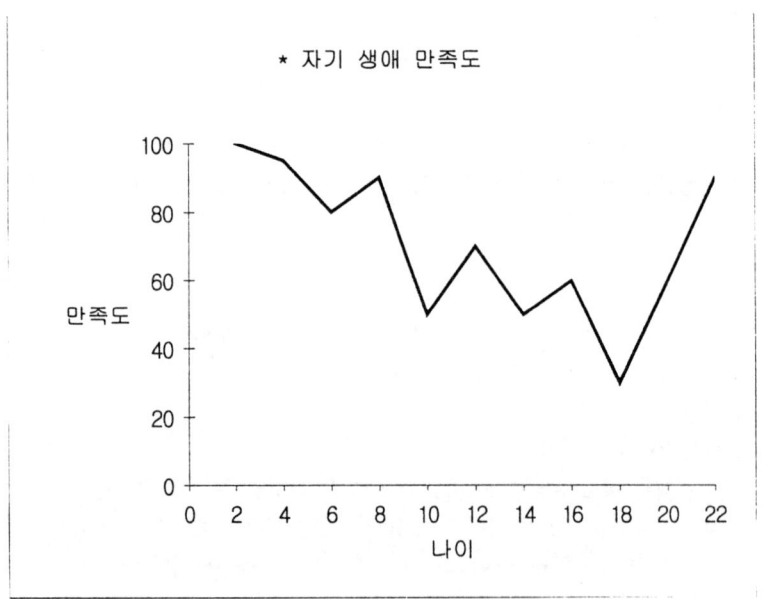

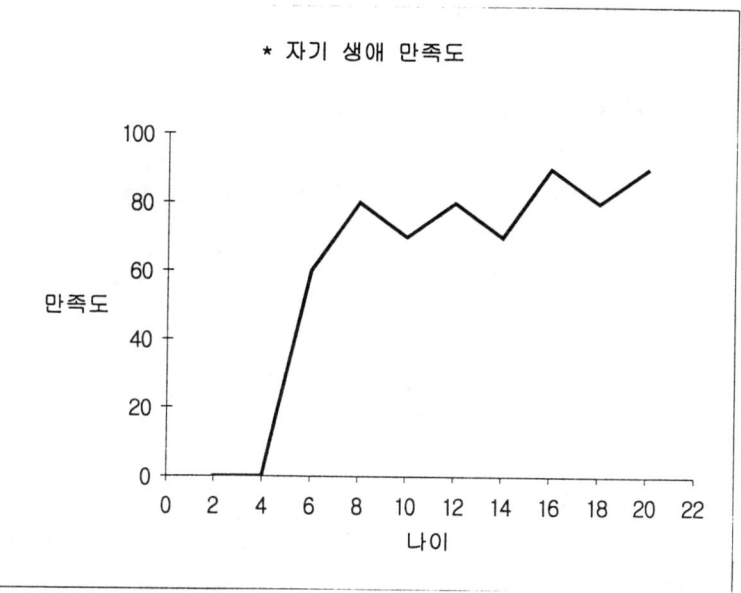

3. 1. 7 생애 마무리하기

"인간은 죽기 위해 산다"는 말이 있다. 또 "어떻게 죽느냐 하는 문제
는 어떻게 사느냐 하는 문제이다"는 말도 있다. 이런 류의 말들은 모
두 죽음의 진정한 의미를 알았을 때야 진전한 삶을 알 수 있다는 말
이다.

인간은 천으로 태어나서 천으로 죽는다고도 했다. 태어나서는 기저
귀를 차다가 죽어서는 삼베에 말린다는 말이다. 기저귀는 욕망의 상
징이요 삼베는 무상의 상징이다. 즉 이 말은 삶은 욕망이 아니라 무상
이라는 것이다.

이러한 철학적 의미를 간파했을 때 진정한 삶을 살 수 있다는 말이
다. 죽음을 준비하자. 죽음은 무상의 극치요, 버림의 극치다. 우리는
죽을 때 무슨 말을 남기고 죽을까. 미국의 9.11 테러 참사 때 죽음을

준비하던 사람들은 다음과 같은 말을 남겼다고 한다.

〔美 테러 대참사〕 **희생자들 '최후의 통화'**

"여보~ 사랑해! 살아서 만날 수만 있다면..."

마지막 가면서도 뜨거운 가족사랑 전해 다급하고 처절한 목소리 전세계를 울려

지난 11일 뉴욕 세계무역센터 붕괴 참사 현장이나 피랍 비행기에 타고 있던 희생자들은 사망 또는 실종되기 직전 사랑하는 사람들에게 휴대폰을 통해 처절한 마지막 말을 남겼다.

어떤 희생자들은 죽음을 각오한 듯 사랑한다는 말을 되뇌며 저 세상에서 만나자는 말을 남겨 이 소식을 전해들은 많은 사람들의 눈시울을 뜨겁게 만들었다.

다음은 미 언론에 보도된 희생자들의 마지막 전화통화 내용을 정리한 것이다.

◎ 여보 사랑해. 뭔가 엄청난 일이 벌어진 것 같애. 근데 나는 아마 살 수 없을 것 같애. 여보 사랑해. 아기들 잘 부탁해 . ― 보스턴 글러브 보도(지난달 세계무역센터에 있는 직장에 취직해 출근하다가 지난 11일 변을 당한 스튜어트 T 멜처(32)가 부인에게 남긴 전화)

◎ 사랑해. 월드트레이드센터에 지금 있는데 이 빌딩이 지금 뭔가에 맞은 것 같애. 내가 여기서 빠져 나갈 수 있을지 모르겠어. 여보 정말 당신을 사랑해. 살아서 당신을 다시 봤으면 좋겠어. 안녕. ― CNN 래링 킹 라이브 보도(채권거래회사 캔터 피츠제럴드의 채권브로커 케네스 밴 오켄이 부인 로리에게 실종 직전 남긴 전화메시지)

◎ (다급하고 처절한 목소리로) 제발 도와줘. 도저히 빠져나갈 수 없어…. 연기가 가득 찼어…. ― 월 스트리트 저널 보도(입주기업 중 가장 인명 피해가 큰 캔터 피츠제럴드의 로스앤젤레스 지사가 첫 테러공격을 받은 북쪽빌딩의 뉴욕지사 상황을 점검하기 위해 건 전화를 통해 비명소리와 함께 전해진

뉴욕지사 직원의 마지막 목소리)

◎ 엄마! 나 마크야. 우리 납치 당했어. 저기 세 명이 있는데 폭탄을 가졌대…. 엄마 사랑해! 사랑해! 사랑해! — CBS 보도(피츠버그에 추락한 유나이티드 에어라인 93기에 탔던 마크 빙햄이 피랍직후 어머니 앨리스 호글런에게 마지막으로 건 전화내용)

◎ 여보! 우리 비행기가 피랍됐어. 아무래도 여기 탄 사람 모두 죽을 것 같애. 나하고 다른 두 명하고 뭔가 상황을 수습해 보려고 해. 사랑해 여보! — 샌프란시스코 크로니클 보도(유나이티드 에어라인 93기에 탔던 사업가 토마스 버넷이 부인 디나에게 충돌 직전 한 전화내용)

◎ 엄마! 이 건물이 불에 휩싸였어. 벽으로 막 연기가 들어오고 있어. 도저히 숨을 쉴 수가 없어. 엄마, 사랑해. 안녕…. — 콕스 뉴스 서비스 보도(월드트레이드센터에 갇혔던 베로니크 바워(여칩28)이 어머니 대픈 바워스에게 전화를 통해 마지막으로 한 전화내용)

◎ 리즈! 나야. 댄이야. 우리 빌딩이 폭격을 당했나봐. 난 지금 78층까지 내려왔어. 난 지금 괜찮은데 아무래도 동료들이 피할 수 있도록 도와줘야 될 것 같애. 걱정말고 나중에 봐. — 보스턴 글로브 보도(월드트레이드 센터에서 일하는 대니얼 로페즈가 부인 리즈의 자동전화응답기에 실종 전 마지막으로 남긴 메시지 내용)

◎ 여보! 당신을 정말 사랑해. 사랑해. 사랑해…. 우리 딸 에미도 정말 사랑해. 그 애 좀 잘 돌봐 줘. 당신이 남은 인생에서 어떤 결정을 하든 꼭 행복해야 돼. 나는 당신이 어떤 결정을 하더라도 그 결정을 존중할거야. 그리고 그 결정이 내 마음을 평안하게 할거야. — NBC 보도(유나이티드 에어라인 93기에 타고 있던 승객 제르미글릭이 추락 직전 부인 리즈베스에게 마지막으로 한 전화내용)

우리 나라의 전통적인 삶을 마감하는 글의 형식은 크게 세 가지가 있다. 묘비명, 비문, 유서(유언)가 그것이다. 이 중에서 묘비명과 비문은 다른 사람이 쓰는 게 일반적이지만 간혹 자신의 묘비명과 비문을 남기는 사람도 있다.

학습자들에게 묘비명, 비문, 유서를 작성하게 하자. 죽음의 의미를 되새기고 상황이 허락된다면 촛불을 켜고 삶을 되돌아보고 죽음이 다가옴을 느끼게 한 다음 활동하는 것도 노릴만하다.

다음은 학습자들이 작성한 묘비명과 비문, 유서들이다.

가) 묘비명

① 그가 아는 것은 자신뿐이었으면. 그가 하는 일은 자신을 위한 일이었으며, 그가 사랑하는 것은 자신뿐이었다. 하지만 이 모든 것이 거짓이었다.

② 이○○. 그녀는 많은 사람들이 존경할 만큼의 업적은 없지만 그녀를 아는 사람들만큼은 그녀의 죽음을 안타깝게 생각할 만큼 사람들의 기억에 남아있다. 그녀의 삶은 지극히 평범하고 그녀가 살고 간 세월은 적당하였다. 그녀는 그녀의 삶에 충실하였고, 그녀가 할 수 있을 만큼의 봉사와 가정의 화목을 위해 노력하였고, 이것은 그녀의 후손이 또다시 사회에 기여할 것이다.

· 잠재워진 열정을 현실로 꺼내어 삶은 불같이,
우리들의 곁에 있을 땐 감싸주듯 산이 되어 떠난 그녀 이 ○ ○.

③ 소신대로 살되 그로 인해 남에게 해를 주지 않았고, 명확했으되 차갑지 않았으며, 많은 말을 하되 그만큼 잘 들어주었고, 그가 사랑하는 이들에게 많은 사랑을 되돌려 받고 살아간 이○○.

④ 여기 작은 소설가 조○○이 잠들다.
솔직하고 아픔이 있는 글들로 사람들을
풍요롭고 사색하게 만든 소설가.
비록 크지도 거대하지도 유명하지 않은
시대의 난쟁이 소설가 ,
눈으로 글을 쓰며 잠들다.

나) 비문

① 그는 자신을 드러내지 않은 사람이다. 아스라이 그려지는 추억의 한편에는 언제나 그가 있었고, 사람들 속에는 그가 존재자였다. 사람을 사랑하고 좋아하지만 그 마음이 표현되지 않고, 그를 아는 사람이 단 한 명이 된다하여도 그는 슬퍼하지 않을 것이다. 너무도 오랜 삶을 살아가면서도 그 밖에 몰랐지만 그것이 거짓인 줄은 아무도 몰랐을 것이다. 이제는 가는 길에 다른

사람을 위하는 마음은 접어두고, 이제는 진정 그를 위한 길을 가기 바란다. 너무도 자신을 위하였기에 아름다운 사람에게.

② 나를 아는 친구들아 …
정말 미안해 그 동안 바쁘다는 핑계로 술 한 잔 제대로 마셔보지도 못했구나. 이제 다시 만나기는 정말 힘들겠지. 그래도 나 꼭 잊어버리지 말고 기억해 주길 바란다.
다시 한번 미안해.
안녕.

③ 최○○이 죽었다. 그는 게으른 사람이었다. 남에게 싫은 소리하는 것이 귀찮아서 삼켰었고, 화나는 일이 있어도 화내는 것조차 귀찮아 화를 내지 않았다. 그는 사악하기까지 했다. 남의 고민을 잘 들어주고 자신의 잘 정리된 생각을 바탕으로 해결책까지 시원스레 제시함으로써 그 사람들로 하여금 의타심이 생기게끔 유도하는 것을 즐겼다. 뿐만 아니라 그는 사기꾼 근성이 농후하였다. 최악의, 그야말로 절망적인 상황임을 뻔히 알면서도 희망이 있는 척 행동했고, 남들도 그렇게 믿게끔 만들었다. 그는 이다지도 나쁜 사람이었다.

다) 유서

① 우선 죄송하다는 말을 해야겠군요. 저를 알고 저를 사랑하는 나의 가족들에게 죄송합니다. 자식된 도리를 다하지 못하고 이렇게 먼저 간다는 게 정말 뭐라 드릴 말이 없습니다. 그 동안 자식만을 위해 헌신해오신 부모님께 정말 사랑한다는 말과 죄송하다는 말밖에 할 수 없어요. 평소 가족들에게 애정 표현을 하지는 못했지만 정말 저에게 소중한 사람들이고 제가 사랑했습니다. 지금도 그렇구요. 항상 건강하시고 오래도록 사세요. 저는 비록 이렇게 가지만 언젠가 다시 만날 수 있을 거라 생각하고 믿습니다. 부디 건강하세요. 그리고 사랑합니다.

② 나를 위해 애써준 것을, 나라는 조그맣고 아무렇지도 않은 아이를 지금껏 사랑해 주신 것을 감사해요. 아무 것도 용서할 것도 용서받을 것도 없이… 그저 지금껏 같이 있어준 시간만큼 사랑해요.
아버지. 오랫동안 용서하지 못하고, 이해하지 못해 편지 한 장조차 하지

못했었지만 진실로 사랑해요. 우리 서로 아픈 것도 없이 살 수 있었다면 얼마나 좋았을까요. 아버지도 마음속의 미움들을 버리고 새로운 삶을 찾았으면 해요.

그리고 언니, 오빠, 동생. 아픈 것조차도 한낮 순간에 불과하다는 것을 잊지 말았으면 해. 서로가 의지할 수 있는 것은 가족밖에 없다는 걸 알았으면 좋겠어. 지금까지 일은 아무 것도 아닌 듯 잊고 웃고 행복했으면 좋겠어. 아주 많이 사랑해. 그리고 오랫동안 아프지도 않았으면 좋으면만…

할머니, 작은 아버지, 삼촌, 고모, 그리고 이모들. 그저 원망하지도 말고 싶어요. 지금까지 이만큼 오는 동안 아무 일없이 도와주신 거 정말 감사해요. 지금보다 더 행복하길 바래요. 조카들도 잘 있었으면… 이모가 아주 많이 사랑한 거 알지? 아름답게 살아. 씩씩하고 … 이모가 많이 너희들 보고 싶을 거야. 그래도 이모가 많이 사랑한 거 기억해.

자살 사이트니 뭐니 해서 그렇지 않아도 불안한데 왠 유서냐고 항변할 지도 모른다. 그러나 진정한 죽음의 의미를 아는 사람은 절대 자살을 생각하지 않는다. 그래도 불안하면 자살을 생각하는 나, 또는 다른 사람에게 자살을 포기하라는 편지를 쓰게 하는 것도 하나의 방법이다.

다음 글은 자살을 생각하는 사람들에게 읽힐 수 있는 좋은 글이다. 죽음의 의미와 진정한 삶의 가치를 알게 해주는 글이다. 이러한 글을 참고하여 자살을 포기하라는 글을 쓰도록 하는 것도 하나의 방법이다.

이시형의 세상 바꿔보기

자살 생각하는 최君에게

최군! 주소도 없이 보낸 편지를 받아들고 좀 당황했다네. 최군의 딱한 상황, 절박한 심경을 읽어 내려가면서 나 역시 가슴이 옥죄는 답답함을 느꼈다네. 열 여섯, 철부지 응석을 부리며 희망에 부풀어 있어야 할 나이. 묘한 인연이다. 나 역시 그 나이에 가난뿐인 집, 열세 식구의 가장 노릇을 했으니 말일세. 동병상련인가. 자살을 생각할 수밖에 없는 최군의 심경이 내겐 절절히 다가온다.

서둘러 붓을 들긴 했지만 무슨 말을 해야 할지 막막하다는 기분부터 고백하지 않을 수 없다. 용기를 잃지마라, 희망을… 이런 말로 위로·격려하기엔 자네가 처한 상황이 너무 절박하고, 사는 게 다 그런 거라네. 최선을 다하자. 끝까지…. 이 역시 지금의 최군에겐 설득력이 있을 것 같지는 않다.

최군, 실은 나도 최근 죽음이라는 숙제를 두고 많은 생각을 하고 있던 중일세. 얼마 전 계조모님 초상을 치르고 난 후부터 부쩍 심해진 것 같아. 1백세를 두 해 앞두고 돌아가신 우리 할매. 염을 하고 입관을 하는데 어찌나 초췌하고 마르고 작은지, 갑자기 가여운 생각에 또 한번 왈칵 울음이 치솟네. 그래도 할매는 용했다. 이 가냘픈 몸으로 한 세기를 버티고 살아왔으니 말일세. 삶이란 얼마나 소중한 것인가. 가슴이 저려왔다.

최군도 그렇겠지만 요즘 사람들에겐 이런 경험이 잘 없는 것 같다. 그래서일까, 우리 사회 자살률이 심상치 않다. 국위가 올라가니 자살도 세계 상위권에 성큼 들어섰다. 특히 청소년은 심각한 수준이다. 더구나 요즘의 신록의 계절이 상대적으로 더욱 자신을 초라하고 비참하게 만든다. 이젠 웬만한 사연이 아니면 신문에도 안 난다. 정신과 의사로서 큰 걱정일세.

왜 살아야 하느냐, 누구도 대답할 수 없는 줄 알면서 또 물어야 했던 자네 심경은 이해가 가지만 나 역시 대답은 없어. 그냥 살아야 한다는 것밖에. 살아 있으니까. 그래 봐도 어째 말장난 같다.

최군, 막심 고리키의 절규를 함께 들어보자. "삶이란 대단히 좋은 건 아니다. 지독하고 잔혹하다. 그러나 그렇다고 해도 그의 인생을 버릴 만큼 지독한 건 아니다." 이 말이 설득력이 있는 건 그의 인생역정이 험난했기 때문이다. 가난한 농촌에서 태어나 일찍 아버지를 여의고 11세에 학업을 포기, 막일로 가족의 생계를 도와야 했다. 자살 시도·결핵·혁명·투옥·망명, 그의 예명 고리키는 '고통, 어려움'이란 뜻이라고 한다. 삶은 지독하게 힘든 것, 그렇다고 해도 삶을 버려야 할 만큼 지독한 게 아니더라는 그의 절절한 체험담. 최군, 공감이 갔으면 좋겠다.

그래, 산다는 건 모순 덩어리다. 불공평한 사회, 약육강식의 무서운 경쟁, 질병, 고통… 왜 살아야 하나, 쉽고 의문이 들지 않을 수 없다. 거기에다 우리 또 얼마나 고독한가! 결국은 나 혼자다. 온 우주에 나 혼자라는 생각이 들면 섬뜩하고 무섭다. 리어왕의 말처럼 "사람은 울면서 태어난다." 그리곤 울면서 살다 울면서 죽는다.

삶이란 모순 덩어리지만 죽음에 대한 고민 해봐야 인생의 깊은 의미 알수 있어

혹독한 삶이다. 그럼 바엔 왜 살아? 최군의 항의가 들린다. 하지만 또 한편, 언젠가는 죽는데 왜 그렇게 서둘러? 이 말도 꼭 하고 싶다.

최군, 자네는 자신을 약하다고 했지만 그것만은 오해일세. 죽음이 두렵지 않다는 사람이 어찌 약한 자랴. 우리가 살면서 때론 비굴해야 하고 자존심을 죽여야 하는 치사함도, 궁극적으로는 죽음이 두려워서다. 죽음이 두렵지 않다면 무슨 일을 못해. 그 힘으로 조금만 더 버텨 보세.

최군, 깊은 바닥에서 웅크리고 앉은 자네 모습이 선하네. 빠져나갈 길 없다. 막막하고 절박한 심경이겠지. 하지만 조금만 그렇게 기다려 보자. 바닥에 앉았으니 더 이상 떨어질 일도 없다. 이제 남은 건 올라가는 것뿐이다. 조금만 기다려 보자. 인생의 승부는 몇 해, 혹은 몇 달에 나는 게 아닐세. 인생 1백년일세. 이것도 나이라고, 살다보니 인생이 참 길다는 생각을 하게 되던 걸, 왜 그렇게 조급히 서둘러 했는지, 후회도 되네.

최군, 죽음에의 고민을 앓아봐야 인생의 깊은 의미를 알게 된다. 그게 얼마나 소중한 체험인가는 조금만 살아보면 알 수 있다네. 조금만 더 기다려 주게.

어느 하늘 아래 울고 있을 최군에게. 이 절규가 빈 메아리가 안 되길 손 모아 빌겠네.

3. 1. 8 새로운 '나' 계획하기

모두 버렸으면 이제는 새로운 '나'를 계획할 때이다. 자신이 원하는 삶, 자신이 하고자 하는 일, 자신이 갖고자 하는 직업 등을 망라하여 새로운 '나'를 계획하도록 지도한다.

(1) 미래 모습 비디오 카메라로 찍기

여기에 있는 비디오 카메라는 당신의 미래 모습을 찍을 수 있는 비디오 카메라입니다. 이 비디오 카메라에 어떤 모습을 찍고 싶은지요. 이 카메라에 찍힐 20년 후의 당신 모습은 어떤 것입니까?

① 열심히 새 도안을 디자인하고 있을 것 같다. 내 꿈은 인테리어 디자이너이니까. 아마 쌍둥이 빌딩보다 더 높은 건물을 구상하는 팀의 리더가 아닐까 싶다.

② 저의 꿈은 평범하게 사는 것입니다. 주위의 아끼는 사람들 큰 일없이 모두 건강하고 저도 적당한 직장에 좋은 사람과 결혼도 하고 말입니다. 그것이 힘들다는 것을 알기 때문에 20년 후에 저는 아이들을 가르치는 직장에 회사 다니는 남편과 소파와 불빛이 있는 집에서 중학교 다니는 딸과 작은 파티를 하고 있는 모습을 담고 싶습니다.

③ 20년 후에는 우선 난 4명의 아이들과 가정을 이루고 있을 것이다. 그때 정도면 우리 아이들은 자신의 일은 스스로 할 정도로 커 있을 것이고, 남편은 열심히 자신의 역량을 과시하며 사회 일을 하고 일을 것이다. 난 30 중반까지 다니던 직장은 그만, 프리랜서로 일하고 있을 것이다.

④ 강이 보이는 커다란 창가 옆에 많은 책들이 꽂혀 있는 모습과 쓰다만 원고지, 그리고 낮잠 들어 있는 내 아이의 모습을 찍고 싶다.

⑤ 저는 20년 후에 아주 여유로운 모습을 담고 싶습니다. 고향 집에 머물러 가끔씩 글을 쓰고, 원고의 교정·교열을 보고 싶습니다. 여름날, 푸른 나무 아래에 있는 긴 나무 의자에 앉아서 책을 보고 있을 겁니다. 자동차를 타고서 고등학교쯤 다니는 아이를 학교까지 데려다 주고 오는 길에 과일을 사 들고 집으로 돌아올 겁니다.

⑥ 20년 후에 담고 싶은 모습들은 어머니를 모시고 나와 나의 사랑하는 사람과 아이들, 그리고 두 동생들의 가족들과 함께 야외로 소풍을 가서 꼬마들 재잘거리는 소리와 어머니의 흐뭇한 미소와 서로 서로 돌아보며 따뜻하게 웃음 짓는 가족들의 모습이다.

⑦ 저의 생각과 사상, 고민, 생활 등을 찍어서 20년 후의 제 자식에게 보여주고 싶습니다. 젊은 날 치열했던 그 어느 날을 자식과 함께 보면서 순수한 열정에 대해 이야기해 주고 싶습니다.

(2) 미래 이력서 쓰기

이력서를 쓰되, 지금부터 20년 정도 후에 쓰는 이력서를 쓰게 한다. 미래 이력서 쓰기를 통해 학습자들은 자신의 미래를 위해서 구체적으로 어떤 일을 계획하여야 하는지를 생각하게 될 것이다.

사 진 (4×5cm) 탈모최근 3개월	이 력 서			
	성 명	한 글	송○○	생년월일	1980년 8월 18일 (만35세)
		한 자	宋○○	주민등록번호	800818-00000

주소	우편번호 (357-900) 충남 태안군.읍 ○○리5구	전화	(0455)00000
		호출	017-000-1227

호 적 관 계	호주와의 관계	자	호주성명	송 ○ ○

년	월	일	학 력, 특 기 및 경 력	발 령 청
1993	2	10	태안 초등학교 졸업	
1996	2	10	태안 중학교 졸업	
1999	2	11	태안 여자 고등학교 졸업	
1999	3	2	대전 한남대학교 공과 대학 컴퓨터 전자통신공학부 입학	
2002	2	13	대전 한남대학교 공과대학 컴퓨터 전자 통신 공학부 졸업	
1997	6	30	워드프로세서 자격증 2급 취득	대한 상공 회의소
2000	5	20	컴퓨터 활용능력 자격증 2급 취득	대한 상공 회의소
2005	8	14	1종 보통 자동차 운전 면허증 취득	충남지방 경찰청
2010	7	10	인터넷 검색사 1급 취득	대한 상공 회의소
2011	10	2	정보처리 기능사 2급 취득	대한 상공 회의소
			위 내용은 사실과 다름 없음.	
			2015년 10월 25일	
			송 ○ ○ (인)	

사 진 (4×5cm) 탈모최근 3개월	이 력 서				
	성 명	한 글	양○○	생년월일	1980년 11월 28일 (만34세)
		한 자	粱○○	주민등록 번호	801128-00000000
주소	우편번호 (305-252) 대전 광역시 유성구 ○○동 00-1			전화	(042)544-0000
				호출	016-447-0000
호 적 관 계	호주와의 관계	장녀	호주성명		양 ○ ○

년	월	일	학 력, 특 기 및 경 력	발 령 청
1994	2	15	대구 황금 초등학교 졸업	
1997	2	7	대구 장화여자중학교 졸업	
1999	2	10	서대전 여자 고등학교 졸업	
1999	3	4	한남 대학교 입학	
2003	2	20	한남 대학교 전자 공학과 졸업	
2004	3	21	통역사 자격증 취득	
2004	5	7	외국인 회사에 입사	
2015	10	25	번역가로 활동중	
			위 내용은 사실과 다름 없음.	
			2015년 10월 25일	
			양 ○ ○ (인)	

(3) 미래의 '나'에게 편지 쓰기

미래 이력서를 쓴 다음 20년 후의 '나'에게 편지를 쓰도록 하였다. 미래의 나에게 편지를 쓰는 일은 내가 내 삶을 어떻게 설계하고 있는가를 확인할 수 있는 기회를 가져다 줄 것이다.

'앞으로 20년 후', 상상하는 것도 좋지만 이러한 형식으로 글로 쓰면 공상의 거품이 빠지고 좀 더 실제적인 '나'를 설계할 수 있을 것이다. 20년 후의 '나'에게 지금의 '나'가 편지를 쓴다는 것은 즐거운 경험이 될 것이다.

① To. 2015년의 ○혜 에게

안녕! 그 동안 잘 지냈지. 그 동안 넌 몸이 아팠잖아. 지금은 괜찮니? 넌 꿋꿋이 잘 지냈으리라 생각한다. 한남대를 졸업하고 무슨 일을 하고 있을지 너무 궁금해. 넌 그 때 생각나니? 고3 때에 많이 힘들었던 적을……아마도 지금 그 때를 떠올리기 싫을 거야. 더군다나 넌 남 모를 가슴 아픈 상처까지도 갖고 있었잖아. 내 자신에게 더 울며, 그랬던 날들 혹시 기억나니? 아마도 그 얘기를 다시 한다면 넌 더 큰 상처를 받게 되리라 생각해. 넌 어렸을 적부터 그림 그리기를 좋아했으니까 아마도 멋진 화가는 아니더라도 학과의 전공을 살려 그래픽 디자이너가 되어 있을 거라 믿어. 넌 항상 말했잖아. 컴퓨터 그래픽 디자이너가 되고 싶다고….

난 아직도 너의 그 말을 잊지 못하고 있어. 아니 난 잊지 않을 거야. ○혜야! 이렇게 너의 이름을 한없이 불러보고 싶구나. 항상 난 너의 곁에 있다는 것을 잊지 말았으면 좋겠어. 난 너의 마음속에 영원히 머물러 있다는 것도 잊지 말아죠. 나이 서른 넘어 넌 아름다운 가정을 꾸미고 살겠지. 단란하고 화목한 지붕아래에서 행복한 너의 모습이 머리 속에 그려져. 난 너가 이 세상이 끝날 때까지 행복했으면 좋겠어. 너가 행복해야 나도 이 세상을 살아가는데, 큰 힘이 되거든. 내 소원이 뭔지 알아? 너가 항상 웃음을 잃지 않고 살아가는 거야. 그리고 이 세상을 아름답게 영원히 같이 보는 거야.

너의 아이는 건강하고 밝게 자라고 있겠지. 아마도 너는 내면이 아름다운 아이로 예쁘게 키울 거라 생각한다. 그 아이도 활짝 웃는 천사겠지.

언젠가 너를 다시 만날 때, 활짝 웃는 밝은 모습으로 만나자.

몸 건강하고 항상 행복하길 바란다.

                                    - 내 마음속에 너를 그리며……-

② To. 2015년의 '양○○' 에게….

지현아, 넌 지금 번역가로 일하고 있겠지? 물론 그것이 니기 전공한 분야가 아니겠지만, 넌 행복하리라 생각한다. 왜냐하면 너가 대학에 진학하기 전에 꿈꾸었던 것이니 말이야. 니가 대학에 갓 입학했을 적에는 니가 그렇게나 가고 싶어했던 일문과에 못 가고 전혀 니가 예상도 못했던 컴퓨터 전자 통신 공학부에 들어가고서는 학기 초에는 술 마시면서 울기도 많이 했고, 또 학교를 다니지 말까 하는 생각도 많이 했는 줄 알고 있다. 하지만 너는 곧 학교를 그만두는 것만이 모든 일을 해결 할 수 있는 방법이 아니라는 것을 깨달았지....물론 그 기간이 한 학기나 걸렸지만 말이다....

그 때 만약 끝까지 잘못 된 생각을 가지고는 학교를 그만두는 사태가 벌어졌어도 지금 니가 하고 싶어하던 번역을 하고 또 니가 그렇게 꿈꿔오던 여성밴드를 만들어서 클럽에 나가서 베이스 연주를 할 수 있었을까? 물론 지금 나이에 클럽에서 공연하는 것이 쉬운 일은 아니겠지만, 팬들을 보면 힘이 솟지!

그 때 니가 바른 길로 갈 수 있도록 많이 조언해 주었던 선배들과 너의 친구들도 잊지 않았기를 바란다. 참 그 때 너희 동아리에서 가수 되겠다고 난리치던 니 친구는 결국에 라이브클럽에서 인가가 아주 많더구나. 너만큼이나 말이야. 이 편지로 하여금 지금까지 니가 걸어 온 니 길을 다시 한번 돌아보는 계기가 되었으면 한다.

그리고 후회가 없었길 바라고, 앞으로도 후회 없는 삶을 살기를 바란다.

199. 10. 25
99년 현재 ○○이가 2015년 미래 ○○이에게

ps. 결혼은 했냐? 했길 바란다....

3. 1. 9 인생나무 그리기

앞의 활동들을 다 종합하여 인생 나무 그리기를 할 수 있다. 인생 나무 그리기는 지난 날 자신의 경험을 바탕으로 가장 고쳐야 할 부분은 무엇인지 반성하고 앞으로 인생을 어떻게 살아갈 것인지 다짐하는 계기가 된다.

인생 나무 그리기의 요령은 뿌리 부분에는 자신이 지니고 있는 인생 철학을 쓰고, 몸통 부분에는 자신의 성장과정을 쓴다. 다음 가지 부분에는 자신이 그 동안 노력한 일을 쓰고 열매 부분에는 그 노력이 검은 결실을 쓰면 된다.

　이와 같은 인생 나무 그리기는 매우 보편적인 것이다. 약간의 변화를 준다면 다음과 같은 인생 나무 그리기도 가능할 것이다.

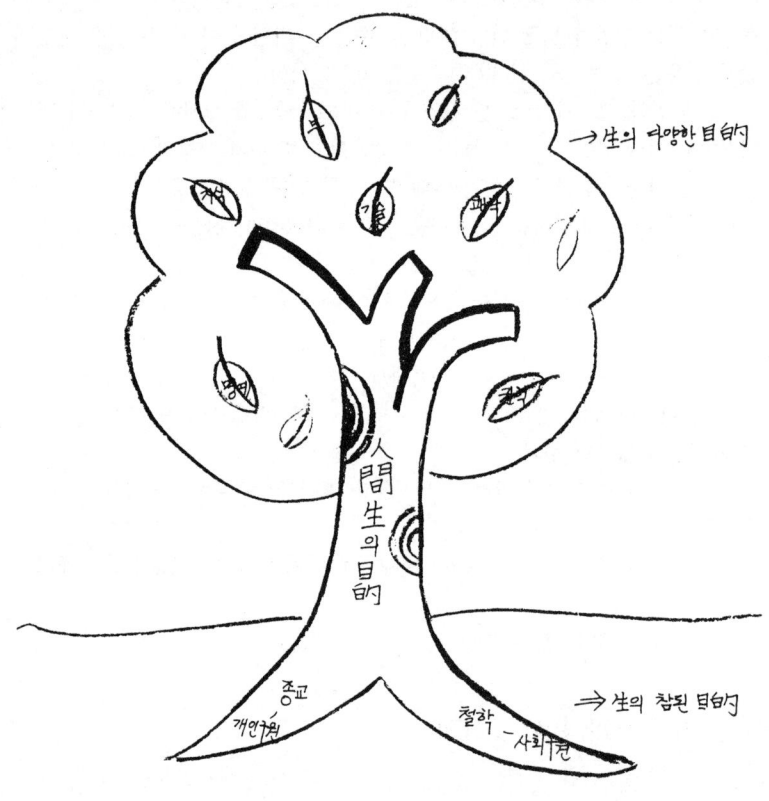

　이 밖에도 여러 가지 활동이 있다. ① 가치관 경매 ② 연상화 그리기 ③ '나' 알아 맞추기 ④ 갈등 사례 ⑤ 고민 나누기 등등 수많은 활동이 있다. 그러나 이곳에서는 생략하기로 한다.

3. 2 가족의 중요성 알기

가정은 사회의 가장 기본적인 단위이며 동시에 핵심 단위이다. 가정이 흔들리면 사회 전체가 흔들리고 가정이 바로 서면 사회 전체가 바로 선다. 그래서 예부터 가정을 지칭하거나 상징하는 말들이 많았다. 그 중 가장 마음에 드는 말이 '가정은 주유소'라는 말이다.

주유소는 새로운 에너지를 보충하는 곳이고 동시에 운행에 지친 차들이 잠시 쉬어 가는 곳이다. 즉 가정은 가정 구성원이 사회 생활에 허비한 힘을 다시 충전하는 곳이요, 사회 생활에 지친 몸과 마음을 잠시 쉴 수 있는 곳이다.

가정 구성원인 가족을 지칭하는 하는 말도 많았다. 예부터 우리 조상들은 가족간의 관계를 혈연(血緣)이라 했고 가족간의 윤리를 천륜(天倫)이라고 하였다. 가족간의 관계는 피로 맺은 관계이며 하늘이 맺어 준 관계라는 것이다. 그래서 인간이 자의적으로 그 관계를 끊을 수 없으며 가족을 버릴 수 없다고 생각해 왔다.

그러나 산업사회의 영향으로 가정이, 가족간의 관계가 깨어지고 흔들리고 있다. 부부의 3분의 1이 이혼을 하고 있고 많은 아이들이 길에 버려지고 있다. 사회 전체가 뿌리를 잃고 방황하고 있는 실정이다. 가정을, 가족간의 관계를 복원하는 일은 잠시도 미룰 수 없는 일이 되었다.

인성교육을 위해서도 가정은 바로 서야 한다. 가정에서 따뜻함을 경험한 가족은 사회를 따뜻하게 바라보고 따뜻한 사회를 건설하는 데 일조를 하기 마련이다.

3. 2. 1 내가 살고 싶은 집 그리기

'나'에서 가족으로 넘어오는 중간 단계에 내가 살고 싶은 집 그리기를 할 수 있다. 내가 살고 싶은 집은 곧 가족과 함께 살고 싶은 집일 것이기 때문에 그렇다. 내가 살고 싶은 집 그리기는 집의 외형을 그릴 수도 있고 집 내부의 구조를 그릴 수도 있다.

(1)

(2)

  그림(1)과 그림(2)는 집의 외형을 그린 것이다. 그림(1)을 그린 학습자는 주관이 뚜렷하고 자기 고집이 센 성향을 지니고 있다. 자칫 다른 사람과의 관계가 원활하지 않을 위험성도 가지고 있다. 집의 외형이 네모형으로 반듯하고 집 주변의 풀을 직선으로 그렸다. 더한 특징은 집으로 드나드는 길이 없다는 것이다. 외부와 단절된 그림이다. 다시 말하면 '나' 중심의 집을 그리고 있는 셈이다.
  반면 그림(2)를 그린 학습자는 주변에 대한 관찰력이 강하고 섬세

한 정서를 가지고 있다. 여학생일 가능성이 높다. 집 주변에 꽃과 나무를 여럿 그려 놓은 것이나 자동차, 굴뚝, 개집 등을 그려 넣고 있기 때문이다. 그리고 대문이 활짝 열려 있어서 다른 사람들과의 관계가 열려 있다는 느낌을 준다.

(3)

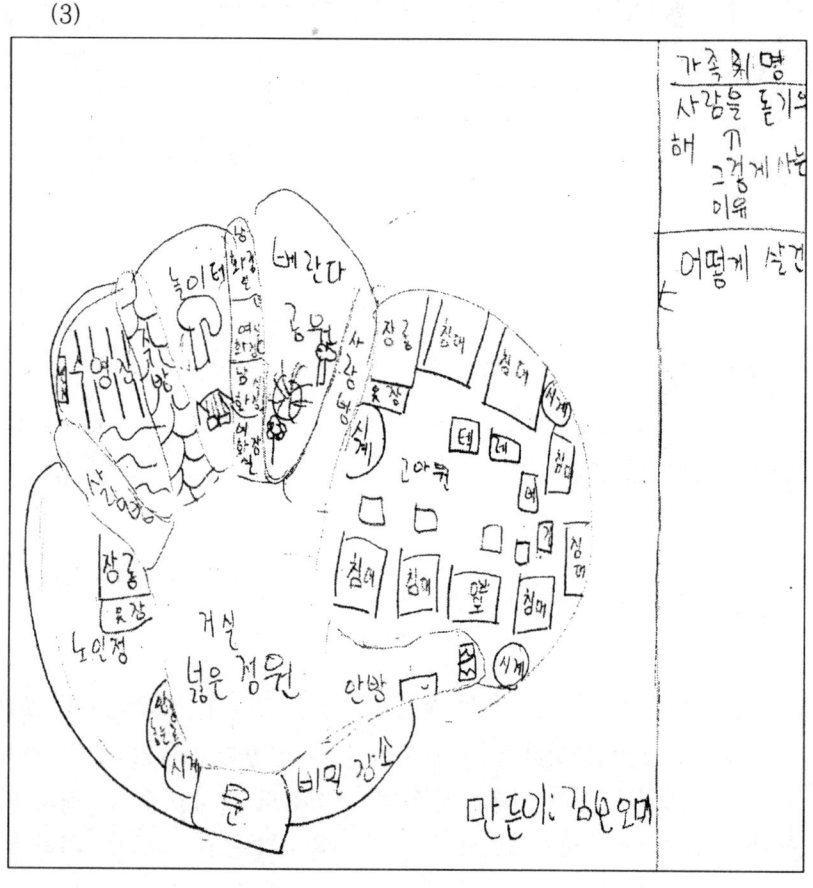

(4)

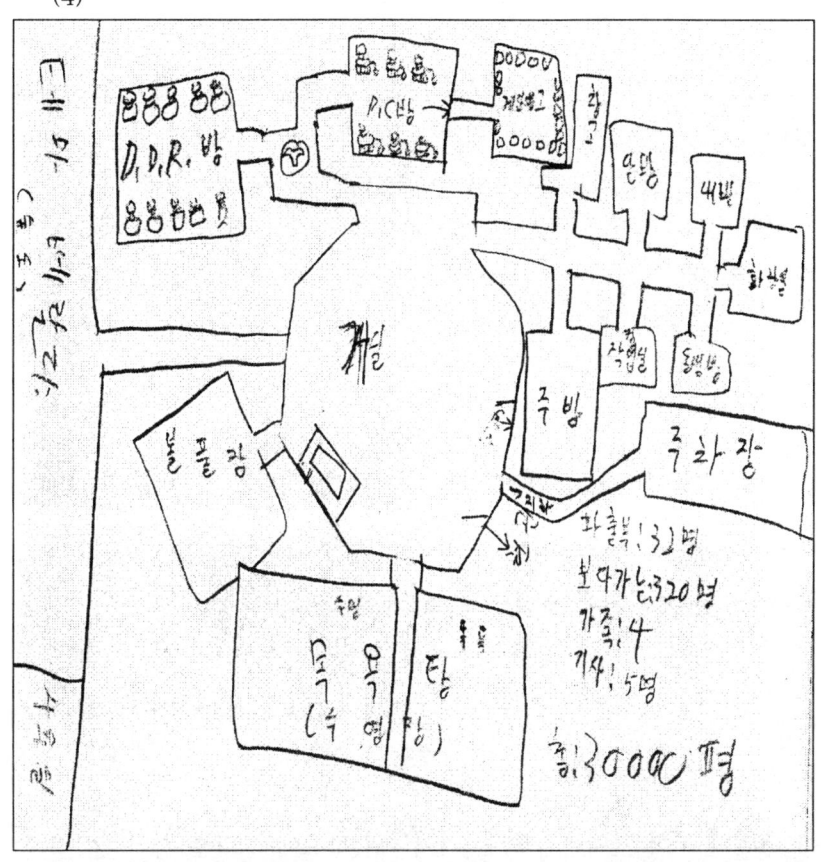

　　그림(3)과 (4)는 집의 내부 구조를 그린 그림이다. 그림(3)은 여학생이 그렸거나 여성적인 감수성을 가진 남학생이 그렸을 것이다. 여학생이 그렸을 것이라는 추론이 가능한 첫 번째 이유는 화장실이 그것도 여러 개의 화장실이 거의 가운데 그려져 있다는 것이다. 그리고 가족들의 방이 구분되어 있지 않다는 것이 두 번째 이유이다. 침대도 자세히 그렸고 미약하지만 장식을 그리려고 했다는 점도 이 그림을 여학생이 그렸을 것이라고 추측할 수 있게 한다.

반면 그림(4)는 남학생이 그렸을 것이다. 각 방들이 분산되어 있고 컴퓨터와 게임을 즐긴다는 것도 하나의 방증으로 삼을 수 있다. 파출부 32명, 보디가디 320명, 기사 5명을 둔다고 했으니 자기 과시성이 강한 남학생이다. 부모님의 방과 동생방이 거의 구석에 있는 것으로 봐서 성격이 활발하고 자기 표현력이 더 강한 학생이다.

이렇게 내가 살고 싶은 집 그리기는 학습자와 가족간의 관계, 학습자의 성격과 특질 등을 넘겨다 볼 수 있는 기회를 제공하기도 한다. 학습자의 성격과 특성을 살필 때 글보다 그림이 더욱 진솔한 내용을 이끌어 낼 수 있는 매체가 되기도 한다.

3. 2. 2 주변 약도 그리기

주변 약도 그리기는 학습자가 '나'에게서 벗어나서 집 주변에 관심을 갖고 학교와 집을 오가는 길에 대한 애착을 갖도록 하는 데 목적이 있다. 주변 약도 그리기를 가족의 중요성 알기에 넣은 이유는 인성교육을 위해서 부모와 함께 그릴 것을 요구하기 위해서이고 또 약도 주변 그리기를 인성교육의 한 활동으로 끌어올리기 위해서이다.

도시의 아이들과 농촌의 아이들에게 집에서 학교 가는 약도를 그려라 했더니 도시 아이들과 농촌 아이들의 약도에서 다른 점이 발견되었다고 한다. 도시의 아이들은 주변 건물을 그리고 '약국', '슈퍼', '백화점', '제과점' 등과 같은 간판 이름을 주로 썼는데 반해 농촌의 아이들은 '여름이면 물놀이하는 개울', '산딸기 따먹던 숲', '아빠를 도와 벼를 베던 우리 논'과 같이 대상에 대한 정서적인 표현들을 했다는 것이다.

도시 아이와 농촌 아이의 약도 중에서 어느 것이 더 인성교육에 가까운지 말하지 않아도 알 수 있으리라 여겨진다. 이 곳에서 다루는 주변 약도 그리기를 활동하는 요령은 부모와 아이가 손을 잡고 집에서 학교를 거닐면서 각 장소에서 부모와 아이가 겪었던 경험들을 이야기

하기도 하고, 그 동안 미처 관심을 갖지 못했던 장소와 사물에 대해
이야기하기도 해서 부모와 아이가 약도를 함께 그릴 수 있도록 유도
하는 것이다.

(5)

(6) 그림 3 - 15

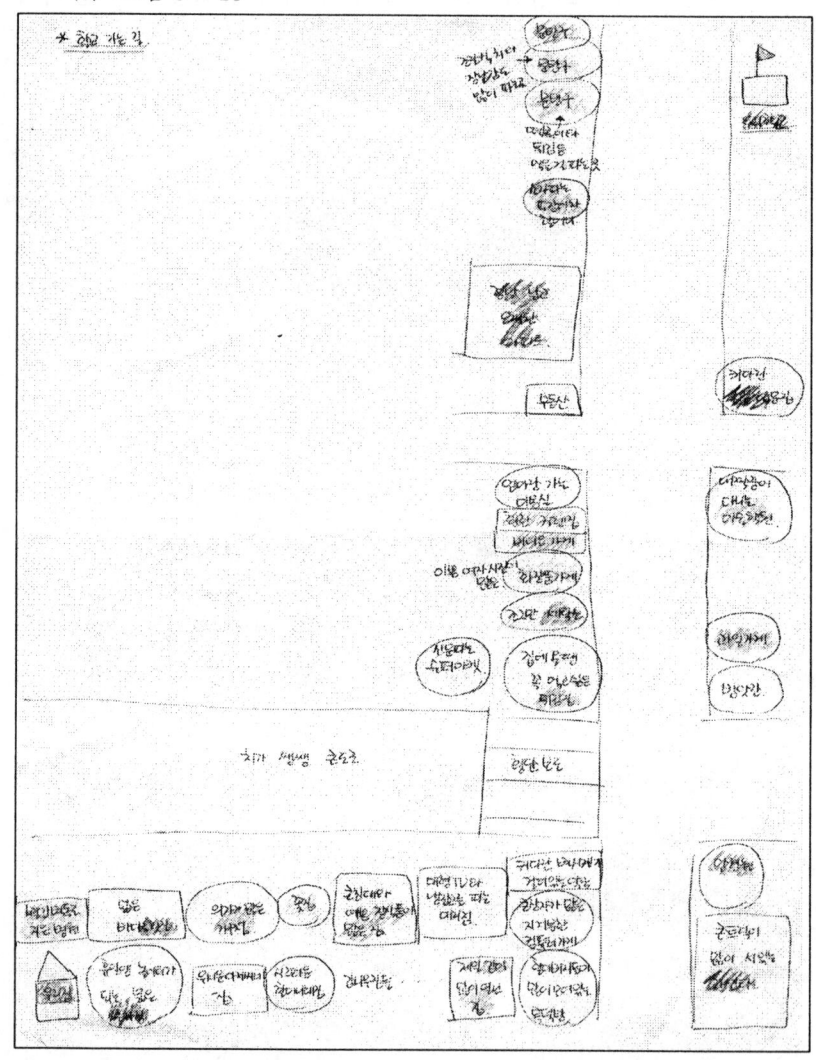

약도(5)는 학습자가 엄마의 설명을 듣고 혼자 그린 약도이고 약도
(6)은 엄마와 학습자가 함께 집에서 학교를 걷고 나서 함께 그린 약도
이다. 그래서 약도(5)는 집 중심의 약도가 되었고, 약도(6)은 집에서

학교 가는 길에 보이는 장소 중심으로 기다란 모양의 약도가 되었다.

3. 2. 3 가족 소개하기

학습자에게 가족 소개를 통해 가족에 대한 이해를 높일 수 있다. 무엇이 중요하다는 것을 알기 위해서는 우선 무엇에 대해 이해하여야 한다. 그리고 그 이해를 자신의 것으로 만들어야 한다.

다음 활동(7)은 가장 기본적인 형태의 가족 소개하기이다. 입체감과 친근감을 살리기 위해서 가운데 가족 사진을 붙이고 가족 수대로 면을 나눈 다음에 윗 란은 부모님 란으로 아래 란은 아이들 란으로 꾸민다.

(7)

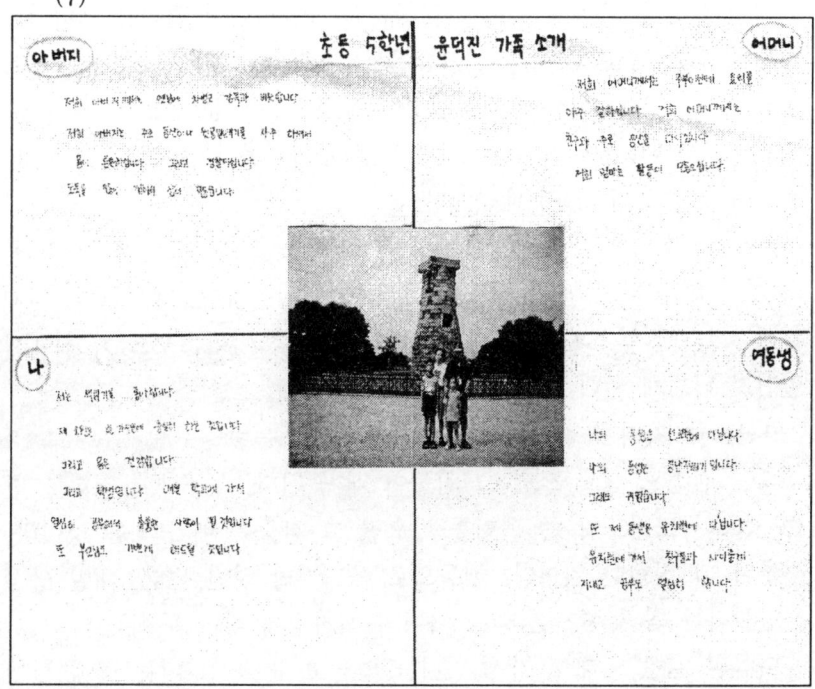

이런 방법 외에 좀 더 정서적인 방법을 택한다면 "아버지에게서 나는 냄새는", "아버지를 꽃으로 비유한다면 어떤 꽃에 비유할 수 있을까", "아버지를 색깔에 비유한다면?", "아버지를 동물에 비유한다면?" 등과 같이 질문하고 그 결과를 가지고 활동할 수 있다. 물론 어머니 동생, 형도 이와 같은 질문을 하고 그 다음 활동을 하면 된다.

3. 2. 4 가족 편지

말은 글보다 감정적이다. 말은 감정을 낳고 감정은 더 큰 감정을 낳는다. 그래서 오래 말을 하다보면 싸움이 되기가 쉽다. 가정에서도 그럴 것이다. 화가 나서 말을 하다보면 더 화가 나서 목소리가 더욱 커지고 감정이 더욱 폭발한다.

그러나 글을 쓰면 감정이 가라앉는다. 화가 나서 편지를 쓰다가도 편지를 쓰는 중간에 화가 잦아들어서 편지 쓰기를 포기하는 경우가 종종 있다. 글을 쓰면 그만큼 감정이 정화되기 때문이고 생각이 순화되기 때문이다. 왜냐하면 글은 말과 달리 자신을 스스로 대입하고 되뇌여야 표현할 수 있기 때문이다.

글로 쓰자. 아이가 옷을 아무 데나 벗어 놨을 때 말로 하다보면 화가 나고 화가 나면 아이를 혼내게 되고, 손이 올라가고 아이를 울리게 된다. 그러면 부모와 아이의 관계는 멀어지고 아이는 조금씩 집에서 떨어져 나가게 된다. 그러니 이런 쪽지 편지를 쓰자.

"나를 내 자리에 놓아주세요. - 당신의 옷 올림"

좋은 감정도 글로 쓰면 그 감동이 배가 된다. 누구에게 전화를 받는 것보다 또박또박 쓴 편지를 받으면 그 감동은 배가 되는 것이다. 누구나 다 경험한 일이다. 행동으로 옮기기만 하면 된다. 내일 당장 사랑한다는 쪽지 편지를 써서 아이의 책가방에 넣어 두자.

다음과 같은 형태로 가족 편지를 만들고 눈에 잘 띠는 곳에 걸어

둔다면 더욱 효과가 높을 것이다.

(8)

(9)

3. 2. 5 가족 달력 만들기

어느 날 아침 남편이 불쑥 "나 오늘 출장 가!" 그러면 대부분의 아내들은 화를 낼 것이다. 화를 내지는 않더라도 서운한 감정이 들 것이다. 어느 아내는 "우리 부부 맞아. 한 가족 맞냐구"할 지도 모르겠다.

그런데 아내의 서운한 감정은 당연한 것이다. 왜냐구 묻는다면 '그게 가족이니까'라고 밖에 달리 대답할 도리가 없다. 가족은 그런 것이니까. 서로 어디에 있는지 알아야 하고 언제 집에 올지 알고 싶고 무엇을 하고 있는지 알고 싶은 게 가족이니까 그렇다. 가족은 하나이기 때문에 그렇다.

가족 서로가 무엇을 할지 안다면 가족간의 의사소통은 더욱 활발해질 것이다. 인성교육을 위한 다면 부모와 자녀가 역할 바꾸기 하는 날을 계획하여 기록한다든지, 부모와 아이가 함께 하는 이벤트를 마련하는 날을 계획하고 기록하는 것도 좋다.

달력은 여러 가지가 있다. 한 해를 단위로 하는 달력도 있고 한 달 또는 두 달을 단위로 하는 달력이 있고 일주일, 이틀, 하루를 단위로 하는 달력도 있다. 인성교육을 위한 달력 만들기를 할 때에는 1년을 단위로 하는 달력과 한 달을 단위로 하는 달력을 만드는 것이 좋다. 하루를 단위로 하는 달력도 생각할 수 있는데 그것은 너무 번잡하므로 흰칠판을 사용하여 그때 그때 기록하는 것이 좋을 것이다.

1년을 단위로 하는 달력은 새해를 맞이하는 준비를 하는 전 해의 마지막 날에 만드는 것이 좋다. 보신각 종소리를 들으면서 크게 읽고 계획한 일이 모두 이루어지기를 비는 것도 또 다른 효과를 얻을 수 있어 좋다.

한 달을 단위로 하는 달력은 전 달의 마지막 날이나 1일날 저녁에 만드는 것도 좋다. 인성교육을 위한 가족 달력 만들기는 곧 그 해, 그 달의 가족 행사를 계획하는 것이 중심을 이룬다. 가령, '온 집안 식구

가 청소하는 날', '아빠와 서점가는 날', 아이들이 요리하는 날' 등을
적절히 계획하고 그것을 달력에 기록하자. 그리고 그 계획을 잘 지켰
는지도 마지막날 반성하자.

그러면 아이들이 부모를 이해하는 정도가 달라지고 계획성 있는 생
활을 할 수 있다. 또한 즐거운 날이 다가오는 기쁨으로 많은 날들을
보낼 수 있고, 가족간의 믿음도 커질 것이다.

(10)

1월	2월	3월	4월
새 해를 맞이하여 우리 가족의 다짐 말하기	우리 가족만의 겨울 여행	아빠·엄마의 결혼 기념일 (우리 집에서 가장 중요한 행사)	봄맞이 행사
5월	**6월**	**7월**	**8월**
아빠 생신	제사 (할머니)	우리 가족만의 여름 여행	엄마 생신
9월	**10월**	**11월**	**12월**
가을 맞이 (가을의 향기를 맡으러 산으로)	추석과 성묘	우리들 생일	할아버지 생신 한 해를 보내며 일 년 반성하기

(11)

가족 달력(10)은 1년을 단위로 한 달력이고 달력(11)은 한 달을 단위로 한 달력이다. 달력(11)은 약간 복잡한 감이 있다. 집안의 모든 행사와 일정을 다 기록해 놓았다. 그러나 인성교육적 효과를 높이는 가족 달력 만들기를 할면 부모와 아이가 같이 하는 가족 공동체의 행사만을 기록하는 것이 효과적이다.

3. 2. 6 가족 헌법 만들기

나라에는 헌법과 많은 법들이 있다. 지방자치단체에는 지방자치법이 있고 내규가 있고 더 세분화된 법이 있다. 가정에도 가족헌법을 제정하자. 가족들이 관계에 바탕이 되는 정신이나, 가족들이 반드시 지켜야할 사항을 법으로 만들어 보자.

가족 헌법이라고 해도 좋고 십계명이라 해도 좋고 이름이 중요한 것은 아니다. 가족 모두가 공감하는 규칙을 만들고 그에 따르는 것은 가족간의 유대와 질서를 위해서도 필요하지만 아이의 민주화 교육을 위해서 반드시 필요하다.

가족 헌법을 만들 때 유의해야 할 사항은 너무 부모의 의견에 치중되지 않도록 해야 한다는 것이다. 부모의 의견에 치중된 법은 가족 헌법이 아니라 아이를 옥죄는 올가미일 뿐이다.

가족 헌법을 만들 때는 자녀의 의견을 충분히 듣고 헌법에 반영할 필요가 있다. 어느 하나의 항목을 정할 때에도 자녀의 의견을 풍분히 토론하고 결정하여야 한다는 것을 잊어서는 안 된다.

一. 모든 가족은 평등한 권리를 갖는다.
一. 집안 일은 서로 돕는다.
一.
一.

一.
一.
一.
一.
一.
一.

3. 3 사회 바르게 보기

사회 문제는 너무 다양하고 많아서 이곳에서는 다 다룰 수가 없다.25) 이 곳에서는 신문을 활용하여 사회 바르게 보기를 어떻게 활동할 수 있는지에 대해 간단하게 살펴고자 한다.

신문에는 다양한 형태의 글과 도표, 사진, 만화들이 있다. 전문적인 글쓰기를 제외하고 일반적으로 활동할 수 있는 자료들이 있다.

3. 3. 1 독자 코너 활용하기

신문의 글을 활용하여 일반적인 글쓰기로 활용할 수 있는 것 중에서 대표적인 것이 독자 코너이다. 독자 코너는 전문가가 쓰는 글이 아니라 일반 주민이 일상생활에서 느끼는 모순을 평범하게 쓴 글이다. 따라서 학습자들도 쉽게 접근할 수 있는 글쓰기이다.

---

25) 졸저, 『논술교육과 토론』, 역락, 2001. 참고

(12)

전화로 해결될 민원
공무원 무성의로 종일 발품

2월 15일께 '앞으로 5층 이하의 건물에서는 물탱크를 거치지 않고 수돗물이 곧바로 공급된다'는 기사를 읽은 적이 있다.

그래서 내가 사는 연립주택도 가능한지 서울시 수도사업소에 문의했더니 "주소지인 강서구 수도사업소로 문의하라"고 했다. 이곳에 전화를 했으나 이번엔 "직접 와서 직급수 가능 여부에 대한 민원을 신청하라"는 것이었다.

할 수 없이 지난 3월 13일 1층 민원실로 찾아갔으나 구청에 가서 건축물관리대장을 떼어 첨부하라고 했다.

가까스로 버스를 타고 구청에 가 해당서류를 얻은 후 제출하자 관계자는 번지수만 보더니 "해당지역이 아니라서 직급수가 불가능하다"고 간단하게 답변했다.

그러면서 전화로 문의해도 될 것을 괜히 번거롭게 고생하셨다고 말하는 것 아닌가.

처음에 전화로 문의를 받은 사람이나 민원실 공무원이 제대로 상황을 파악하고 담당자들과 체계적인 연관성을 가졌더라면 하루종일 헛걸음하는 시간낭비는 없었을 텐데 하는 아쉬움이 들었다. 아직도 시민의 시간을 소중히 여기지 않는 공무원들의 무성의한 태도가 성숙한 시민사회로 나아가는 데 걸림돌이 되는 것 같아 씁쓸했다.

김규미〈서울 강서구 화곡동〉

버스기사 운전중 욕설
애들 듣고 배울까 걱정

부산에 사는 시민이다. 그날도 여느 때처럼 57번 버스를 타고 집으로 가는 길이었다. 내 앞자리에는 30대 남자와 그의 아들로 보이는 어린이가 앉아 있었다.

그런데 그날 따라 버스가 약간 과속을 하는 느낌이었다. 커브를 돌 때마다 차 안의 사람들은 중심을 못잡고 허우적거렸다. 그러다 어느 교차로에 이르렀을 때였다. 갑자기 택시 한 대가 끼어들어 버스를 가로막았다. 그러자 이를 본 버스 운전사는 차를 그 택시에 가까이 붙이면서 큰 목소리로 "×××"라고 내갈겼다. 목소리가 어찌나 큰지 버스 안에 있는 사람 모두 다 들을 수 있었다.

그때 내 앞에 앉아 있던 어린이가 "아빠, ×××가 무슨 뜻이야"하고 묻는 것이 아닌가. 아버지는 얼굴이 붉어지면서 민망한 표정으로 "그건 말야…응…강아지들이란… 말이지"라고 말했다. 뒷자리에서 듣는 나조차 민망하기 그지 없었다.

늦은 시간이라 버스 운전사도 피곤했을 것이다. 시간에 맞춰 운전하는 스트레스 또한 엄청날 것이다. 그러나 그 운전사의 지각없는 말 한마디가 어린 가슴에는 충격적인 기억으로 남을 수 있지 않을까. 승객을 대하는 기사들의 모습이 훨씬 부드러워졌다지만 공든 탑이 이렇게 쉽게 무너져서는 곤란하지 않을까 싶다.

박달권〈인터넷독자 · pdgland@yahoo.co.kr〉

신문의 독자 코너를 활용하여 학습자가 일상 생활에서 느꼈던 모순을 지적하고 그것에 대해 주장하는 글쓰기로 활동할 수 있다. 학습자가 직접 일상적인 생활에서 느끼는 모순을 소재로 하여 글쓰기를 한다는 점에서 인성교육적 효과가 크다.

(13)

중앙 만평   김회룡 <aseokim@joongang.co.kr>

(14)

스포츠카툰

만화(13)은 정치에 관련된 만화이고 만화(14)는 우리 국민의 성향에 대한 만화이다. 내용은 학습 단계와 목표에 따라 선택할 수 있다. 만화는 상징성이 크지만 한 눈에 모든 상황을 보여준다는 점에서 글쓰기 활동으로 전환하기에 비교적 쉬운 소재이다.

3. 3. 2 서로 다른 내용의 기사 활용하기

신문의 기사 중 서로 다른 내용의 기사를 같이 싣는 경우가 있다. 서로 다른 내용의 기사를 한 눈에 제시함으로써 기사를 쓰는 목적을 분명하게 하기 위해서이다. 이러한 기사를 활용하여 어떠한 사람, 어떠한 행동이 옳은지, 더 가치가 있는지를 토론하고 자신의 생각을 글로 표현할 수 있다.

(15)

기사(15)는 서로 대립하는 내용의 기사를 붙여 실은 것이다. 이러한 형태의 기사를 학습자에게 제시함으로써 인성교육의 목적을 더욱 구체화할 수 있다.

3. 3. 3 서로 반대되는 주장의 글 활용하기

신문은 가끔 서로 다른 주장을 특집 형식으로 기재한 경우가 있다. 이러한 글을 학습자에게 제시할 때는 학습자들에게 서로 다른 관점과 근거, 주장들을 경험하게 함으로써 사회를 바라보는 논리적 시각과 시각의 균형을 갖출 수 있게 한다.

이러한 활동을 통해서 나와 다른 의견을 가진 사람이 있을 수 있다는 것과 자신의 주장을 근거와 관점을 갖추어서 표현할 수 있는 능력을 기를 수 있다. 이러한 글을 제시할 때 되도록 학습자와 또래인 사람들의 글을 제시하는 것도 효과적이다.

(16)

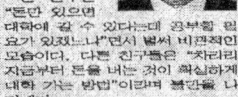
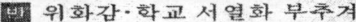

3. 3. 4 도표 활용하기

신문은 어떠한 상황을 한눈 알아보도록 하기 위해서 도표를 사용한다. 도표를 사용하면 내용에 대한 신뢰성도 높아지고 이해도도 높일 수 있기 때문이다. 학습자에게 도표를 제시할 때에는 초기에는 글과 도표가 같이 있는 형태를 제시하는 것이 좋다.

복잡한 도표를 제시한다든지 이해하기 어려운 내용의 도표, 또는 학습자의 생활과는 너무 동떨어진 도표를 제시해서는 교육적 효과를 기대할 수 없다. 학습자와 관련된 내용, 이해 수준에 맞는 도표를 제시하는 것이 좋다

(17)

청소년들 용돈절반 '탕진'

고교생 38% 체납경험
통신업체 '주고객' 판촉

회사원 河모(42)씨는 올해 중학교를 졸업하는 딸(15)의 성화에 못 이겨 얼마 전 휴대폰을 사주고 말았다.

청소년들에게 휴대폰이 '필수품'이 되다시피 하면서 부모와 자녀 사이에 휴대폰 구입을 둘러싸고 이같은 승강이가 자주 벌어지곤 한다. 그러나 정작 문제는 대다수 청소년이 용돈의 상당 부분을 휴대폰 사용료로 낼 정도로 과도한 통신료에 시달리고 있는 것이다.

'녹색소비자연대'가 최근 서울의 중·고·대학생 8백여명을 대상으로 통신소비 실태를 조사한 결과

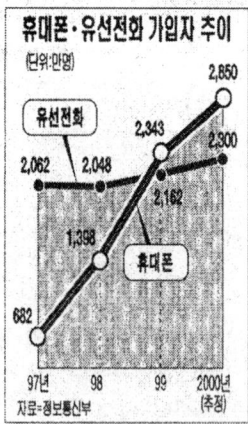

휴대폰·유선전화 가입자 추이
(단위:만명)
유선전화 2,062 2,048 2,343 2,850
휴대폰 682 1,398 2,162 2,300
97년 98 99 2000년(추정)
자료:정보통신부

응답자의 90% 이상이 한달 용돈(대학생 20만원, 중·고생 5만원)의 절반 가량을 휴대폰·호출기 등 통신료에 쏟아붓고 있는 것으로 나

타났다. 특히 휴대폰 통화료 체납 경험의 경우 고교생이 38.3%, 대학생은 29.2%로 조사됐다. 경제적 능력이 없는 10대들의 상당수가 부모 몰래 휴대폰을 사용하고 있는 것이다. 이동전화 업체들은 성인 고객이 이미 포화상태인 점을 감안, 신세대를 겨냥한 통신 서비스를 개발해 현란한 광고를 통해 청소년들을 유혹하고 있다.

서울H중 3년 李모군은 "주위에서 책값이나 학원비로 휴대폰을 사는 경우가 많다"며 "휴대폰이 없으면 '왕따' 당하는 분위기"라고 말했다. 공정거래위원회는 지난해 말 "미성년자가 부모 몰래 이동통신에 가입했다면 이유를 막론하고 무조건 지금까지 낸 요금을 모두 환불해 주어야 한다"며 이동통신 업체에 시정을 명령했다. 하지만 올들어서도 청소년들의 휴대폰 열기는 식지 않고 있다. 　　　배노필 기자
<penbae@joongang.co.kr>

3. 3. 5 생활 기사 활용하기

신문을 보다 보면 학습자들의 생활 태도, 잘못된 습관 등을 다루는 기사가 있다. 대부분 이러한 기사는 학습자의 인성교육을 위한 좋은 소재가 된다. TV에만 매달리는 아이들, 게임 중독에 걸린 아이들, 기초 질서를 지키지 않는 아이들 등등 청소년들의 일상 생활을 기사화한 글을 활용하여 인성교육을 한다면 효과가 더욱 클 것이다.

학습자가 자신들의 생활을 다룬 기사를 읽고 어른들의 시각을 점검하고 어떠한 이유에서 그것이 문제가 되는 지를 파악하고 자신들의 의견과 비교하고 좀 더 바람직한 생활 태도를 찾아간다면 그것이 바로 인성교육에서 얻고자 하는 목적을 달성하는 것이라 할 수 있을 것이다.

사회 바로 보기는 '나'를 제외한 사회 바로 보기가 아니라 '나'가 포함된 사회 바로 보기가 되어야 한다. 그래야 학습자에게 사회성을 길러 줄 수 있다. 그래야만 학습자가 건전한 사회구성원으로 생활할 수 있고 사회를 발전시키는 능력을 갖게 되는 것이다.

제4장 인성교육과 읽기 영역

　전통적으로 읽기 영역은 국어 교육의 핵심이었다. 과거에는 읽기가 곧 국어 교육이었고 그런 양상은 근대 국어 교육에서도 마찬가지였다. 국어과 영역 중 쓰기 영역과 언어 영역이 각각 작문과 문법으로 독립되기도 하였다 그러나 작문과 문법 수업은 문제집을 풀거나 읽기 영역인 국어 강독 수업의 연장이었을 뿐이다.

　최근에는 말하기 영역이 화법으로 독립하였으나 화법을 선택하는 학교는 그리 많지 않은 실정이다. 초등학교 국어 교과서는 '말하기/듣기', '읽기', '쓰기'로 나뉘어 있고 중학교 교과서는 각 단원을 영역별로 구성하였다. 그러나 평가가 주로 읽기 영역을 중심으로 이루어지기 때문에 국어 수업은 항상 읽기 영역이 핵심이 될 수밖에 없었다.

　그러나 읽기 영역에 대한 교육이 효율적으로 진행되었다고는 말할 수 없다. 교과서 중심 교육, 교사 중심 교육에서 읽기 영역은 문제 풀이식 수업이 될 수밖에 없었다. 학습자는 그저 교사가 판서하는 내용을 외우고 교사가 말하는 것이 진리라고 믿을 수밖에 없었다. 그래야 객관식 시험을 잘 볼 수밖에 없으므로 학습자는 문제 풀기 전문가가 되었다.

　학교에서고 집에서고 교과서나 참고서, 문제집이 아닌 다른 책을 읽고 있으면 '정신 나간 학생'이 되었고 체벌을 당해야 했다. 그러한 분위기는 지금도 별반 달라지지 않았다. 오히려 점점 더 편중된 읽기 독서 현상이 일어나고 있다.

굳이 여러 통계를 인용하지 않더라도 학습자들의 독서율은 점점 떨어지고 책을 읽는다 하여도 입시와 관련된 책만을 읽는 것이 현실이다. 편식(偏食)은 나쁘다는 것을 알면서도 편독(偏讀)이 나쁜 줄은 모르고 있다. 육체 건강의 중요성은 알면서도 정신 건강의 중요성은 별반 깨닫지 못하고 있다.

아마 아이가 빈혈이 난다하면 한약이다 양약이다. 병원이다 난리가 나겠지만 아이의 정신이 황폐해지는 것에 대해서는 무관심하다. 아이들의 성적과 등수 등 숫자에는 민감하면서 아이들의 영혼과 정신 세계의 중요성은 깨닫지 못하고 있다.

이제는 진정한 교육에 대한 개안(開眼)이 필요하다. 교육의 중심에는 읽기가 있음도 자각하여야 하고 교과서 중심, 교사 중심, 암기 위주 중심. 문제 풀기 중심에서 벗어난 새로운 시대의 진정한 교육에 대한 눈뜸이 필요하다.

21세기 교육의 가장 핵심은 읽기 교육이다. 21세기에 읽기 교육이 중요한 것은 I·Q를 높이고 학습 능력을 발달시키는 데 글읽기가 가장 효과적이며, E·Q 역시 글읽기를 통해 가장 효과적으로 향상시킬 수 있기 때문만은 아니다. 더더군다나 우리 교육 초기부터 지금까지, 그리고 미래 교육의 핵심 내용과 목표로 삼고 있는 인성 교육을 글읽기를 통해 이룰 수 있기 때문만도 아니다.

21세기에 읽기 교육이 더욱 강조되어야 하는 이유는 읽기가 바로 21세기의 생존 그 자체이기 때문이다. 과거 농경사회에서는 농사 지을 땅을 많이 가지고 있고 농사를 잘 짓는 사람이 잘 사는 사회였다. 산업사회에서는 높은 기술을 가지고 좋은 물건을 만드는 사람이 잘 살았다.

그러나 21세기 '고도의 지식정보화사회'에서는 풍부한 자산 과 높은 기술도 필요하지만 많은 정보를 처리하고 그 정보를 사고를 통해 자기의 것으로 만드는 사람·민족만이 살아남을 수 있는 사회가 되었다.

즉, 인터넷에 떠도는 수많은 정보를 열람하여 많은 정보를 열람하고 많은 정보 중에서 직감적으로 자기에게 필요한 정보를 취사선택하여야 하고, 다시 취사선택한 정보를 이해하고 분석한 다음, 사고력을 작동하여 자신의 정보로 만들 줄 아는 사람·민족만이 살아남을 수 있는 사회가 되었다. 뿐만 아니라 자신의 것으로 만든 정보를, 창의력을 발휘하여 표현하고 새로운 정보를 생성할 줄 아는 사람·민족만이 풍요로운 삶을 영위할 수 있다.

따라서 효율적인 읽기 교육을 위해 깊이 있는 논의가 필요하다. 새로운 사회에 맞는 교육 목표도 설정하여야 하고, 교수·학습 방법도 구안해야 하며 철저한 전략도 강구하여야 한다. 그 뿐만이 아니다. 학습자들이 다양한 글을 자율적이고 능동적으로 읽을 수 있는 태도를 갖도록 지도하여야 한다.

읽기 교육의 핵심은 어떤 글을 읽힐 것인가 하는 것과 글을 통해 무엇을 얻도록 할 것인가 이다. 즉 읽기 자료26) 선정과 학습자에게 어떠한 활동을 하게 할 것인가가 읽기 교육의 핵심이라는 것이다.

4. 1 읽기 자료 선정 기준에 대한 논의

읽기 자료는 교수·학습 방법, 읽기 전략과 같은 읽기 교육의 모든 내용과 방법을 담고 있다. 따라서 읽기 자료 선정 문제는 교수·학습 방법, 읽기 전략 등과 같은 모든 읽기 교육론보다 우선시 되어 연구되어야 한다. 특히, 아동·청소년기의 학습자들은 글을 통해 삶을 바라

---

26) 굳이 읽기 자료라고 하는 이유는 현대 사회에서 읽기 교육은 인쇄하여 제본된 '책'만을 대상으로 하지 않아야 하기 때문이다. 예를 들어 인쇄하여 제본되지 않은 인터넷 자료라든가 영화 동영상 자료 등과 같은 모든 것이 읽기의 대상이 되어야 하기 때문이다.

보고 어떻게 살 것인가를 고민하고 글 속의 삶에 많은 영향을 받고 있다는 것을 감안한다면 읽기 자료 선정의 문제는 그 중요성이 매우 크다.

그럼에도 불구하고 읽기 자료 선정 기준에 대한 논의는 아직 활발히 진행되지 않고 있다. 더군다나 글읽기에 무한정의 시간을 할애할 수 없는 아동·청소년기의 학습자에게 있어서, 또한 새로운 사회 변화에 적응하고 끊임없이 새로운 것을 창출해나가야 하는 아동·청소년기의 학습자에게는 적절한 읽기 자료 선정의 문제는 시급한 논의의 대상이 아닐 수 없다.27)

읽기 자료 선정 기준에 대한 논의는 아쉽게도 이제야 그 출발 선상에 놓여 있다. 그러나 보는 시각에 따라 아쉬움은 극복될 수 있다. 기존의 연구 결과가 많으면 장점도 있지만, 연구의 틀을 혁신할 수 없다는 단점도 갖게 마련이다. 따라서 연구 결과가 부족한 상황은 현대 사회에서 일어나고 있는 매체 변화와 사회 변화에 따른 읽기 교육의 혁신을 기할 수 있는 좋은 상황이라고 할 수 있다.

풍부한 외국의 연구 결과와, 부족하지만 우리 나라의 기존 연구들을 현대 사회의 특성에 비추어 반성적이고 창조적으로 계승·발전시키면 더욱 좋은 논의들과 효율적인 결과들을 축적할 수 있으리라 여겨진다.

기존의 읽기 자료 선정에 관한 논의를 검토하면 크게 세 가지 양상을 띠고 있다고 할 수 있다. 첫째, 읽기 자료의 내용면에 관심을 둔 논의이다.28) 그러나 이러한 논의들은 너무 추상적이거나 반공 이데올로기에 치우친 감이 있다. 둘째, 내용과 형식면을 구분하여 읽기 자

---

27) 연령별 읽기 자료는 〈부록1〉에 첨부하였으니 참고할 것.
28) 국립도서관의 '추천도서 선정 기준'과 어린이 도서 연구회에서 발간한 『아이들에게 책을 골라 줄 때』, 서울교사협의회에서 발간한 『우리 아이들에게 무슨 책을 권할까』 등이 글의 내용면에 관심을 둔 것들이다.

료 선정에 접근한 논의들이다.29) 이들의 논의는 다른 면이 있기는 하지만 표현면에서는 '어휘, 문장, 문체, 삽화' 등을 내용면에서는 '책의 종류면'을 중심으로, 그리고 기타에서는 '저자, 출판사' 문제 등을 다루고 있다. 셋째, 다양한 선정 기준을 논의한 것들이 있다.30) 이 논의는 '좋은 책'의 실제적 작업으로 '알맞은 책'의 개념을 설정하고 있다는 데 의의가 있다.

그러나 이러한 논의들은 보편적인 근거를 제시하지는 못하고 있으며, 개별적인 글 읽는 이의 읽기 수준이나 발달 단계에 따른 세부적인 이론을 세워놓지 못하고 있다는 데 아쉬움이 있다. 사실, 개별적인 읽기 수준이나 발달 단계에 다른 읽기 자료 선정에 대한 논의는 한 사람 한사람을 모두 대상으로 해야 하기 때문에 이에 대해 체계를 세우거나 이론을 정립하는 일은 그리 쉬운 일이 아니다. 그럼에도 불구하고 읽기 자료 선정에 대한 개별적이고 구체적인 이론 정립은 반드시 필요한 일이다.

이러한 의미에서 Franklin B. Walter가 제시한 '일반적인 독서 자료 선정 기준'31)은 비록 학교 교육을 위한 교과서 선정에 대한 이론이기는 하지만 우리에게 시사하는 바가 있다.

새로운 매체 변화에 따른 읽기 자료, 아동·청소년기의 학습자에 적절한 읽기 자료 선정 시에 최우선으로 고려될 사항은 '학습자 중심'이라는 것이다. 이제 읽기 교육은 '무엇을 가르칠 것인가'가 아니라 '무엇을 통해 학습자들이 자신을 변화시키는 활동을 할 수 있는가?'를 최우선시 하여야 한다는 이야기이다.

---

29) 이경식, 『새로운 독서 지도』, 집문당, 1979.
　　심경석, 〈초등학교 필독도서 선정 방향과 기준〉, 『출판문화』, 1982.
　　김완기, 『독서와 독서 감상문 교실』, 도서출판 교육관, 1983.
30) 대표적으로 독서지도연구회의 『독서지도사전』(경인문화사, 1975)이 있다.
31) Franklin B. Walter. Materials Selection Guidelines. Ed 252 - 937. 11 - 13쪽.

따라서 '좋은 책'의 개념을 버리고 학습자에게 '알맞은 책', '알맞은 읽기 자료'라는 개념을 받아들여야 할 때이다. 이제까지 '좋은 책'이란 기성 세대들이 학습자에게 그 사회의 이데올로기를 학습시키기 위한 '교과서'를 의미했다. 따라서 교과서 이외의 책을 읽는 것은 금지되어 왔고 학습자는 수동적으로 교과서를 외우고, 외운 것을 시험으로 평가받는 읽기 교육이 오랫동안 계속되어 왔다.

그러나 새로운 세대의 읽기 자료는 학습자 중심의 읽기 자료이어야 한다. 학습자가 삶을 살아가는 데 필요하고 학습자의 발달 단계에 맞아 효율적인 읽기 효과를 얻어야 할 뿐 아니라, 학습자가 능동적으로 활동하고 체험함으로써 글 속의 세계를 통해 자신을 키워나가는 읽기 교육이 되어야 한다.

그렇다면 '알맞은 글'이란 좀 더 구체적으로 어떠한 글을 의미하는가. 물론 학습자 하나하나 개별적 읽기 수준과 발달 단계에 적합한 글을 의미하는 것이지만, 범박하게 몇 가지 종목을 제시하면 다음과 같다.

첫째, 학습자의 발달 단계와 읽기 능력에 맞는 잘 '이해되는 글'이어야 한다. 학습자의 읽기 능력보다 어려운 낱말수준 이상이 사용된 글이라든지, 복잡한 문장이 많이 사용된 글, 글의 구성이 풀기 어려운 글은 학습자의 이해를 어렵게 하는 글이다. 뿐만 아니라 학습자의 발달 단계를 뛰어 넘은 글이나 학습자의 경험과 세계와는 너무 동떨어진 글도 역시 이해가 되지 않는 글이다.

따라서 '이해되는 글'은 학습자의 읽기 수준에 맞아야 하고 학습자의 경험과 학습자가 현 세계를 바라보는 시각을 충분히 고려한 글이어야 한다.

둘째, '공감이 되는 글'이다. 여기에서 공감이란 글 속의 경험과 학습자의 경험이 유사하게 맞물리면서 학습자가 글의 내용뿐만 아니라 글쓴이의 정서와 심리까지도 같이 느낄 수 있는 것을 말한다. 그래서 글을 읽는다는 것은 다름 아닌, 글쓴이와 읽는이가 같이 호흡하면서 세계를 열어 가는 일이 되어야 한다.

공감이 되지 않는 글을 강요하거나 평가의 대상으로 삼는다면, 학습자는 그 글을 외우려고 노력할 것이고 그렇다면 당연히 학습자에게 읽기 자체를 어렵게 하거나 잘못된 독서 습관을 갖게 하는 결과를 초래하게 된다.

셋째, '감동받는 글'이어야 한다. 감동이 공감의 발전적인 단계이고 나를 변화시키는 필수 요인이어서 이기도 하지만, 진정한 감동은 삶의 행복을 가져다준다. 실제적으로 아동·청소년기의 학습자는 많은 정보를 가져다 준 글이나, 지식을 한 단계 발전시킨 글보다는 감동을 가져다 준 글, 감동을 받은 문장(어구)을 오래도록 기억하는 성향을 지닌다.

이러한 사실을 역으로 이해하면 아동·청소년기의 학습자에게 감동을 주는 글을 선정하여 읽기 자료를 제시하는 일은 글읽기를 자유롭고 행복한 일로 만드는 일이며 긍정적이고 자발적인 글읽기를 유도하는 지름길이라고 생각할 수 있다.

넷째, '나를 변화시키는 글'이어야 한다. 앞에서 글읽기는 글쓴이와의 창조적인 만남을 통해서 나를 변화시키는 활동이라고 하였다. 물론 아동·청소년기의 학습자는 사회의 다방면에서 삶을 배우고 살아가는 지혜를 터득한다. 그러나 학습자의 이러한 변화를 사회에만 맡길 수는 없다. 아무리 교육의 기능이 감소되어 있다 하더라도 교육은 변함없이 아동·청소년기의 학습자에게는 세계와 삶을 향해 열려 있는 가정 안전하고 효율적인 문(門)인 것이다.

따라서 교육의 측면에서 읽기 교육은 학습자들이 세계와 삶을 향해, 또는 그에 맞게32) 살아가기 위한 모든 교과의 중심에 있어야 한다. 즉 다른 교과 영역보다 읽기 교육은 학습자가 세계와 사회 변화에 적응하기 위한 '나'를 변화시키는 필수적인 교육이고 활동이어야 한다.

---

32) 이를 '사회화'라 할 수 있다.

다섯째, '삶의 문제를 해결할 수 있는 열쇠를 제공하는 글'이어야 한다. 원래 교육이란 학습자가 삶을 살아가는 원리와 기술을 가르치는 데 그 목적이 있다. 농업이 주된 산업 활동을 이루고 있던 시대에는 소에게 풀 먹이기, 모 심을 때 못줄 잡기, 논에서 피를 구별하고 뽑는 일, 새를 쫓는 일 등이 아동·청소년기의 주된 교육 내용이었다. 산업 구조에서 뿐 아니라 자전거가 주된 교통 수단이었을 때에는 자전거 타기도 하나의 교육 내용이었다. 공산주의와 극한적인 대립을 하고 있었던 시대에는 간첩 식별 요령과 신고 절차도 교육의 내용이 되었고 그것을 교육하였다.

이렇게 거창하게 이야기하지 않더라도 인간은 태어나면서 문제점과 부딪히고 나이가 들면서 더욱 많은 문제점에 봉착하게 된다. 따라서 읽기 자료에 실릴 진리는 구체적인 삶에서 실천을 통해서 옳은 것으로 검증될 수 있는 것이어야 하고, 읽기 자료는 삶에서 부딪히게 될 문제들을 해결할 수 있는 진리와 구체적이고 효과적인 방법과 절차들을 담고 있는 것이어야 한다.

학교 교육에서, 학교 교육의 핵심적인 위치에 서 있는 읽기 교육에서 삶의 문제를 해결할 수 있는 진리와 방법·절차 등을 가르치지 않는다면 학습자는 미래의 삶에서 심각한 난관에 빠지게 되고, 성공적인 삶을 영위할 수 없다.

진리가 '보편적인 것으로 어느 시대에나 변하지 않는 것'이라는 데에는 별다른 의견이 없을 줄 안다. 그러나 그 진리가 말 그대로 '교과서적인 진리'가 되어서는 안 된다. 진리가 소중하고 진리를 학습해야 하는 이유는 당면한 삶의 문제를 해결하는 데 길잡이가 되기 때문이다. 그 진리가 사람들의 마음, 세계를 변화시키는 것이든지 아니면 실제로 삶의 문제를 해결하는 방법과 절차를 가져다주는 것이든지 사람이 살아가면서 삶의 지표로 삼을 수 있는 것이어야 한다.

진리는 영원한 보편성을 가지고 있는 것이어야 함은 두 말할 나위가 없겠지만, 진리는 또한 역사성 속에 존재하는 것이다. 이 역사성이 꼭 변화를 의미하는 것은 아니지만 진리는 시대의 변화를 수용하는 구체적인 실천과 방법을 도출할 수 있는 것이어야 한다.

현대 사회의 산업화와 그에 따른 도시화와 핵가족화는 인간의 살아가는 환경을 급격하게 변화시켰다. 특히 핵가족화는 아동·청소년의 삶에 많은 영향을 끼치고 있다. 뿐만 아니라 상업주의와 문화의 상업성은 아동·청소년의 욕망과 생활 양태를 기성 세대의 그것과는 비교도 안 되게 변화시켜 놓았다.

그리고 여성의 지위 향상은 부정적이든 긍정적이든 간에 급격한 이혼율 증가로 이어졌고 결손 가정에 따른 아동·청소년 문제는 새로운 국면으로 치닫고 있다. 현대 사회 속에서 아동·청소년은 가족 해체와 기성 세대의 무책임한 상업적 공격에 무방비 상태로 당하고 있다.

해체된 가정에서 발을 못 붙이고 방황하는 아동·청소년에게 기성 세대의 무분별한 상업적 공격은 제어할 수 없는 욕망과 행동 양식을 낳게 하고 있다. 방송을 매개체로 한 자극적인 광고와 호기심과 욕망을 억제할 수 없도록 하는 각종 상업적 이벤트는 아동·청소년에게 소유의 욕망을 끝이 없는 것으로 키우게 하고 있다.

그러나 그 물건을 소유하기 위해서, 또는 소비 문화를 즐기기 위해서 무엇을 통해 돈을 벌어야 하고 어떤 예절을 지켜야 하는지는 그 누구도 말하지 않는다. 아동·청소년이 어떤 돈으로 물건을 사고 소비를 즐기는지 어떻게 그것들을 소유하고 향유해야 하는지에 대한 고민은 그 어디에서도 찾아볼 수가 없다.

청소년보호법이 있고, 교육 환경을 지키는 관련 법규들이 있지만 그것을 지키려는 노력도, 그것들이 잘 지켜지고 있는지에 대한 관심도 보이지 않고 있다. 아동·청소년에게 팔지 못하도록 한 물건은 어디서나 쉽게 구입할 수 있고, 출입이 금지된 곳 그 어느 곳에도 아동·청소년의 모습을 쉽게 볼 수 있다.

학교에서 일정한 거리 안에는 유흥업소를 지을 수 없지만 술집, 경품 게임 방, 여관 등 청소년 유해 업소들이 줄을 지어 들어서고 있다. 아이들이 오가는 길에 벗은 여성의 사진들이 버젓이 걸려 있고, 성행위를 적나라하게 묘사한 사진들까지 아무 제재 없이 게시되고 있다. 뿐만 아니라 아동·청소년이 즐겨 보는 만화에서도 이러한 성 관련 내용이나 무자비한 폭력이 난무하고 있다.

현대사회의 급격한 산업화와 기계 문명의 발달을 가져오고, 횡횡하는 상업주의는 물질 만능 주의, 한탕주의의 팽배를 가져 왔다. 이에 따라 인간성 상실과 인간 소외 등이 사회 문제화되고 있다. 그러나 이보다 더욱 중요한 것은 현대인이 갖는 불안·초조·긴장·불만·잔인성 등이 사회라는 인간의 삶의 터전을 위협하고 있다는 것이다.

이러한 사회 환경에서 아동·청소년은 가정·사회·경제·문화적 가치에 대해 갈등을 일으키고 있으며, 점점 정신적으로 피폐해가고 있다. 그들은 사회화를 거부하고 또래 집단의 문화에 심취하고 또래 간의 의사소통과 활동에만 관심을 가지고 있다. 이들이 가지고 있는 또래 집단이 건전한 문화를 지니고 있거나 미래 발전적이나 상호 교류적이라면 문제되지 않을 것이다. 그러나 이들 또래 집단이 가지고 있는 문화가 타락적이며, 향락적이고, 폐쇄적이며, 과격한 것일 때에는 문제가 된다.

최근 아동·청소년의 문화는 우려할만할 정도로 향락적이고 폐쇄적이며 과격한 것이다. 그리고 학교와 사회의 이질성은 이를 더욱 부채질하고 있다.

과거 사회는 '가정 – 학교 – 사회'가 하나되는 교육 체계를 가지고 있었다. 가정과 학교, 사회가 하나로 이어져 아동·청소년이 가져야 할 세계관과 생활 규범들을 제시하고 학습시켰다. 가정은 대가족 속에서 삶을 살아가는 방법과 인간 관계를 몸에 익힐 수 있도록 하였다. 학교는 교과서 자체가 삶을 사는 원리와 사상을 담고 있었고, 지역 사회는 모두 친족·친지로 이루어져 있거나 공동체 의식이 강해서 하나의 삶으로 묶여 있었다. 그만큼 학교와 사회의 이질감은 찾기 어려웠다. 그러면서 학교는 교육의 중심적 역할을 다해왔다.

그러나 현대 사회는 학교와 사회의 괴리 현상을 빚고 있을 뿐만 아니라 학교가 사회의 무책임한 풍조에 의해 그 위치를 잃고 말았다. 학교는 단정한 복장과 두발, 순화된 언어사용과 모범적인 행동을 가르치고 요구하고 있다. 하지만 사회는 개성적인 복장과 혁신적인 두발, 비어·속어 등과 같은 정서법과 거리가 먼 언어사용과 도발적인 행동을 부추기거나 적어도 묵인하고 있다.

이러한 사회적인 환경 속에서 아동·청소년은 과격성과 잔인성을 보이고 있다. 과격성과 잔인성은 인간에 내재되어 있는 공격성과 일정한 관계가 있다. 인간에 내재되어 있는 공격성이 순화 단계를 거치지 못하고 외부로 표출되었을 때 인간은 조화와 화해를 모르고 과격해지고 잔인성을 띠게 된다.

맞벌이 부부의 증가로 어린아이들이 일찍부터 검증되지 않은 유아 보육 시설에 맡겨짐으로써 아이들은 또래 아이들 속에서 살아남기 위해 공격적이 된다. 따뜻한 부모의 사랑과 보살핌에서 크지 못하고 또래 아이들 속에서 자신의 영역을 확보하고 피해를 입지 않기 위해서 동물적인 공격 본능을 드러내게 되는 것이다.

'한 방울의 눈물이 있다면 전쟁은 없을 것이다'라는 말이 있다. 이때 눈물이 바로 정화 작용을 의미하고, 전쟁은 공격성을 의미한다. 즉 인간의 감정이 정화된다면 공격성은 외부로 표출되지 않고 억제되거나 제거될 수 있다는 것이다.

따라서 이제는 사회 전체의 정화 작용이 필요한 시기이다. 가정이나 학교, 사회 중 어느 한 분야에서만 고민하고 노력해서는 안 되는 일이다. 가정·학교·사회 모두가 아이의 삶을 생각하고, 바람직한 교육을 위해 고민하여 미래 사회의 모습을 제대로 그릴 수 있어야 한다.

인간은 태어나면서부터 자신을 둘러싸고 있는 환경과 교섭하는 동안 사회에 적응하기 위하여 행동 양식을 학습해 나간다. 따라서 가정과 학교에서 뿐 아니라 사회 전체에서 살아가기 위한 가치관·태도·행동 양식 등을 배우는 것이다. 이러한 점을 감안하면 교육은 사회 전체의 문제라고 할 수 있다. 그러나 현재 가정·학교·사회는 어떠한가.

얼마 전까지만 해도 '미운 일곱 살'이라는 말이 있었다. 이빨이 빠지기 시작하는 일곱 살 전후해서 아이들의 자기 주장과 고집이 세어지기 시작한다는 것을 나타내는 말이다. 그러나 최근에는 '미운 다섯 살', 또는 '미운 네 살'이라는 말이 유행이다. 아니 아이가 제 숟가락으로 밥을 먹을 때부터 이 '미운 ○ 살'은 시작된다고 한다.

이만큼 아이들은 과거에 비해 자기 주장, 자기 고집에 일찍 눈뜬다고 할 수 있다. 이렇게 아이들이 자기 주장과 자기 고집에 일찍 눈뜨는 원인에 대해서는 좀 더 세밀한 연구가 필요할 것이다. 하지만 그 원인을 표층적이나마 파악해 보면, 자녀수의 감소와 문화적인 영향에서 찾을 수 있을 것이다.

과거 대가족 사회는 '나'보다는 '우리', 나 개인의 욕망보다는 여러 형제들 사이에서 함께 지내야 하는 법칙과 아량, 양보를 배워야 했다. 형은 동생을 잘 보살펴야 하는 의무를, 동생은 형을 잘 따라야 하고 동시에 둘은 서로 나누고 화합해야 하는 삶의 법칙을 배웠다. 그러나 현대 사회는 이런 삶의 법칙을 함께 배울 형제가 없고, 부모들의 무조건적인 보호 속에서 살게 되었다.

'부모의 보호'는 예전과는 달리 맹목적인 사랑과 베풂이 되었고 그러한 가정 내의 분위기에서 아이는 자신의 욕망을 채우는 방법만을 터득하게 되었다. 한 명 또는 두 명의 자녀를 키우는 부모는 귀한 자녀들이기에 아이들이 하고자 하는 욕망을 모두 채워주는 육아 교육을 하고 있다. 거기에 물질적·경제적 풍요는 아이들이 하고자 하는 것, 갖고자 하는 것을 다 이룰 수 있도록 허용하였다. 그렇다고 아이들이 자신의 풍족함과 풍족함을 채워주는 부모의 고마움을 아는 것은 아니다. 오히려 부모의 기대와는 달리 아이는 얻고자 하는 것을 얻으면서 자신의 욕망만을 더욱 키우게 되었다.

뿐만 아니라 방송 매체의 광고, 아이 중심의 가정은 아이들에게 '나' 중심의 문화에 깊숙이 빠져들게 하였다. 아동·청소년이 상업적 소비자의 중심이 되면서 아이들의 소비 욕구를 무한대로 키워주었다. 소비 욕구의 충족은 부족함을 모르는 아이로 키웠고 경제적으로 부족함을 모르는 아이는 다른 영역에서도 자신의 욕구만을 키워나가게 되었다.

그리고 자기 주장이 강한 아이가 '똑똑한 아이'로 잘못 인식되는 사회 분위기가 아이들의 자기 주장과 고집을 더욱 확고히 다지는 결과를 초래하였다. '자기 주장'은 사회 속에서, 다른 사람과의 조화 속에서, 또는 사회의 쓰임새 속에서 이루어져야 함에도 불구하고 그런 것들을 전혀 배제한 채 자기 주장이 강한 아이를 똑똑한 아이로 인식하는 사회 분위기 역시 아이들의 문제 의식과 문제 활동을 키운 결과가 된 것이다.

더군다나 최근에는 '창의성'을 존중하고 있다. 교육의 목적이 바로 아동·청소년의 창의성을 신장시키는 데 있는 것처럼 창의성을 앞세우고 있다. 물론 현대 사회, 미래에는 창의성이 중요한 것만은 사실이다. 그러나 창의성이라는 말을 뒤집어서 생각하면 이전 시대의 논리와 윤리, 가치관에서 벗어나는 것을 의미하기도 한다. 창의성이란 기존의 생각의 틀과 관념, 생활 자세에 얽매어 있으면 발휘되지 않기 때문이다.

'창의성' 중심 교육을 강조하고 과학 발전에 궁극적인 가치를 부여하는 현대 사회는 기성 세대와의 갈등을 초래하고 전통 문화와 기존의 가치 체제를 부정하기에 이르렀다. 과거 사회는 기존 세대를 존중하고 전통과 기존 가치관을 중시하는 사회였다. 기존 세대의 삶의 방식을 그대로 따르고 전통과 기존의 가치 체계를 받아들여야 사회 생활을 유지할 수 있었다. 과거 사회에서도 기존 세대와 새로운 세대간의 갈등은 있었지만 새로운 세대가 기존 세대의 가치관 속으로 다시 돌아옴으로써 그 갈등은 해소되었다.

그러나 현대 사회는 기존 세대의 삶의 방식과 사고 체계를 따르면 뒤쳐진 인간이 되고 만다. 따라서 기존의 삶과 사유방식을 철저히 외면하고 전통을 따르지 않아야만 살아남을 수 있다는 의식이 팽배해 있다. 나이는 이제 더 이상 고려의 대상이 아니며 과거 사회에서 중시되었던 경험과 삶의 지혜는 아무런 쓸모가 없게 되었다.

어른 공경이라는 유가적 태도와 자연에서 무엇을 배워야 한다는 자세는 이미 버린 지 오래다. 동양적 가치관보다는 개발과 발전이라는 서구적 가치를 신봉한 지 오래 되었다. '퓨전문화'가 간혹 관심의 대상이 되기도 하지만 그것은 동양적인 것을 서구화하기 위한 것이지 동양적인 것의 가치를 극대화하기 위한 것이 아니다.

기존 세대를 벗어나야 살아남을 수 있기 때문에 기존의 것을 모두 버렸지만 이제는 삶을 흔들리지 않게 잡아주는 그 무엇을 잃고 헤매고 있다. 국가 · 사회적으로도 본받을 만한 그 무엇을 찾지 못하고 인간 관계는 인격적인 관계에서 물질적인 관계로 변하여 인간됨을 찾을 수가 없다. 따라서 현대인은 외롭고, 그래서 방황하고, 때로는 방황하고 그러다 방탕으로 접어들고 만다.

과거에 머물러 있으면 살아 남을 수 없기에 과감히 과거를 버렸는데 현재를 살아가기 위한 좌표는 없어지고 만 셈이다. 과거에는 가정에서 직업과 교육이 동시에 이루어졌지만 현대 사회는 직장과 학교가 명확하게 구분되면서 직업과 교육이 분리되었다. 하지만 가정이 붕괴되고 교육이 사회의 무관심에 의해 제 기능을 발휘하지 못하면서 현대인은 정서와 마음의 평안을 찾지 못하고 살아남기 위한 공격성만 극대화되고 말았다.

이러한 현상은 아동 · 청소년에게서도 마찬가지이다. 아니, 아동 ·

청소년에게서 더욱 극대화되었다고 말하는 것이 옳다. 왜냐하면 성장 기간에는 공격 행위가 거의 본능적으로 빈번하게 일어나게 된다. 그러나 사회화 과정을 통해서 인간의 본능은 공격성이 점차 순화되기 마련이다. 한 연구 결과에 의하면 성장 기간의 인격 형성은 평생 동안 지니게 되는 것이며, 이 같은 인격 형성 과정에서 공격성을 순화시켜 주지 않으면 성인이 된 후에도 관습화된다는 것이다. 따라서 성장기 간의 인격 형성을 부정적으로 잇는 공격성의 제거는 당연히 교육적으로 치료되어야 한다는 것이다.[33]

  예로부터 글읽기는 인간의 인성 교육과 정서순화, 가치관, 세계관, 사회화 교육의 핵심적인 역할을 해왔다. 물론 글을 익히기 전에는 가정과 사회의 불문율을 터득하고 주위 사람들, 특히 부모의 행동과 말에서 삶에 필요한 여러 가지를 배웠다. 그러나 글을 읽기 시작하면서 아이의 사회화 교육은 글읽기를 중심으로 이루어져 왔다.

  하지만, 요즘 아이들은 글읽기를 싫어한다. 싫어할 뿐만 아니라 글을 읽을 만한 시간적 여유를 갖지 못하고 있다. 더군다나 텔레비전·영화·만화 등 자극적인 매체들이 글읽기를 따분한 것, 귀찮은 것으로 만들고 말았다. 그럼에도 글읽기는 여전히 정서 순화와 사회화 과정에서 가장 효율적인 것으로 여겨지고 있다.

  특히 미래 사회는 특성상 인성 교육 강화를 필요로 하고 있다. 산업사회가 지니고 있던 문제점 외에도 컴퓨터가 열어 갈 미래 사회는 개인의 도덕성과 인성 교육이 절대적으로 필요한 사회이다. 컴퓨터가 열어 갈 사회는 개인적인 작업과 개인 업무 중심으로 이루어지고 모든 정보를 컴퓨터에 저장하고 관리하기 때문에 개인의 철저한 도덕성을 기반으로 발전할 수 있다. 즉 개인의 도덕성과 인성이 전제되지 않았을 때에는 사회는 커다란 혼란으로 빠질 수밖에 없다.

  이제 사회는 과거 사회에 비해 더욱 철저한 개인의 도덕성과 인성

---

33) 이상로, 성격과 행동의 지도, 중앙적성연구소, 1982. 7쪽 참조.

을 필요로 한다. 개인의 도덕성과 인성은 선택 사항이 아니라 필수 요소이자 사회의 근간이 되는 요소이다. 그만큼 한 개인의 도덕성은 사회를 지탱하는 힘이 되고 있는 것이다.

도덕성과 인성 교육은 여러 방법이 있으나 교육적으로는 글읽기만큼 효과적인 것은 없다. 글읽기를 통해 도덕성과 인성을 함양하기 위해서는 우선 글을 읽는 습관을 갖게 하여야 하고, 글 읽는 법을 효과적으로 지도하여야 하며, 글 속에 무엇을 찾아내기 위해서 자료 중심보다는 학생 중심 활동이 이루어져야 할 것이다.

뿐만 아니라 현대 사회에서 아이들, 특히 사춘기적 성향을 보이는 아이들은 모두 현대 사회가 가져온 여러 가지 병폐적인 환경에 의해 나름대로의 정신적 혼란과 질병을 가지고 있다는 것을 이해하여야 한다. 따라서 현대 사회의 읽기 지도는 '치료'의 관점에서 적극적인 이해와 활동이 이루어져야 한다.

4. 2 인성교육을 위한 읽기 자료의 내용

인성을 위해 어떤 내용의 읽기 자료를 선정해야 하느냐 하는 것을 규정하는 일은 매우 어려운 일이다. 인간의 심리는 나이와 성별, 상황에 따라 다양하기 때문에 읽기 심리 요법을 위해 글의 내용을 선정하는 일 역시 개인별 작업이 될 수밖에 없다. 단지 범박하나마 읽기 자료 선정의 규칙을 정한다면 그것은 '한국적 가치관, 올바른 가치관 형성에 기여할 수 있는 것'이어야 한다는 것이다.

'가치관'이 중요한 이유는 가치관에 따라 인간이 지니는 인생관과 세계관이 형성되고 그에 따라 인간 관계나 생활 태도 등이 결정되기 때문이다. 즉 가치관이 인간이 하나의 인격체로서 세계를 살아가는 모든 행위의 기본이 되기 때문이다. 올바른 가치관이 올바른 인생관과 세계관을 형성하게 하고 이러한 인생관과 세계관에 따라 인간의 모든 행위가 결정되기 때문이다.

올바른 가치관의 중요성은 인간은 가치관에 따라 사고 체계를 형성하게 된다는 데 있다. 인간은 생각한 것을 모두 행동에 옮기는 것은 아니다. 생각한 것을 모두 행동으로 표출할 수도 없을 뿐만 아니라 생각한 것만 행동으로 옮길 수 있는 것도 아니다. 자신의 생각에 맞기는 않지만 행동으로 옮겨야 하는 것이 인간의 삶이다.

그렇지만 자신이 표출하지 않은 행동에도, 자의가 아닌 행동을 하고 난 후에도 인간은 그것들에 대한 생각과 감정을 가지게 마련이다. 그리고 남겨진 이 생각과 감정이 인간의 행복과 불행을 결정하는 요소이다.

자신이 하고자 하는 것을 하지 못하고도 인간은 행복해야 한다. 자신의 뜻이 아닌 행동을 하고 나서도 인간은 행복해야 한다. 그러한 행동들이 외부에서 오는 압력 때문에 어쩔 수 없이 이루어진 것이라고 생각할 때는 인간은 행복할 수 없다. 따라서 읽기 심리 요법의 중심 내용의 되는 '가치관'은 통일성이 있는 것이어야 하며, 유연성을 갖추고 있어야 한다.

'통일성'이란 인간의 행위 모두를 아우를 수 있는 것이어야 한다는 것과 전통적인 것과 새로운 것의 조화를 동시에 내포한 의미이다. 즉 개인이 행한 모든 행동을 똑같은 기준으로 평가할 수 있는 '하나의 잣대'이어야 하며 그것은 곧 전통적으로 이어 온 사고 체계와 새로운 시대에 생성된 사고 체계가 하나로 조화된 가치관이어야 한다는 것이다. 이 중 어느 하나가 우월하다고 여기는 것은 사고 체계의 갈등, 즉 세대간의 갈등과 대립을 가져올 뿐이다.

우리 사회가 겪고 있는 세대간의 갈등은 전통적인 사고 체계와 새로운 시대의 사고 체계가 갈등과 대립을 반복하기 때문이다. 다시 말하면 기성 세대의 가치관과 신세대의 가치관이 서로 부딪치기 때문에 일어나는 것이 세대간의 갈등이라고 할 수 있다.

　그렇다고 '조화(調和)'라는 것이 기성 세대의 가치관과 신세대의 가치관이 중간 지점에서 만나는 것을 의미하는 것은 아니다. 지정한 조화란 서로가 서로를 이해하는 가운데 이루어지는 것이다. 그래야 만이 진정한 가치관이 형성될 수 있으며 두 세대가 지니지 못한 새로운 가치관이 형성될 수 있다. 그래서 진정한 조화란 '½ + ½ = 1'의 형식이 아니라 '1 + 1 = 3'의 형식을 갖는 것이다.

　'유연성'이란 탄력적인 가치관을 의미한다. 탄력적인 가치관을 가진 사람만이 자기와 다른 의견·주장을 가진 사람을 대화로써 설득하고 그러한 과정에서 다른 사람의 가치관을 받아들여 새로운 가치관을 세울 수 있다. 뿐만 아니라 탄력적인 가치관을 가진 사람은 자신이 가지고 있는 가치관에 오류와 잘못을 발견하고 그것을 수정할 수 있는 능력을 가질 수 있다.

　현대 사회는 전통적 관습과 새로운 사고가 어울리지 못하고 혼돈의 상태에 있으며, 다양한 사조의 유입으로 전체의 힘을 잃고 개인주의적인 성향이 짙어지고 있다. 따라서 읽기 심리 요법을 위한 자료의 내용은 가치관 '통일성'과 '유연성'을 담고 있어야 한다. 그래야 전통과 새로운 사고가 하나될 수 있고, 개인적 성향들이 전체가 되어 오롯한 한 민족의 문화를 이루어낼 수 있다.

　하나의 민족이 하나의 가치관, 하나의 사고 체계를 가져야 되는 것은 아니다. 그리고 그럴 수도 없다. 그러나 하나의 민족은 전체를 묶을 하나의 문화가 필요하다. 문화란 바로 그 민족의 삶을 의미하는 것이기 때문에 그 민족이 일상 생활을 하면서 하나로 묶일 수 있는 그 무엇이 필요하다. 개인은 전체의 질서 속에 있을 때 온전한 삶을 이룰 수 있다. 외국에 나갔을 때 문화적인 차이 때문에 불편을 겪거나 곤란한 일을 당하곤 하는데 이는 민족의 문화적 차이 때문에 발생하는 것이다.

따라서 인간 개인은 개인적인 가치관, 개인적인 문화만으로는 살 수 없다. 개인의 자율과 개성이 최대한 보장받으면서 전체의 문화, 전체의 보편적인 가치관을 지니고 있어야 개인의 삶은 영위되고, 개인은 행복해질 수 있다.

통일성과 유연성을 갖춘 가치관을 갖기 위해서 우선 세계(대상)를 객관적인 눈으로 관찰할 수 있도록 하여야 하고, 그 다음 이성적인 사고에 의해 자신을 제어하거나 행동할 수 있도록 하여야 하고, 자기의 심리나 감정을 객관적으로 성찰하고 실현할 수 있는 능력과 태도를 유지할 수 있도록 하여야 한다.

이것이 바로 심리 요법을 위한 읽기 자료가 지녀야 할 내용 종목이다. 위의 내용 종목을 하나로 요약한다면 '나를 객관화하는 내용 또는 방법'이라 할 수 있다. 올바른 가치관을 교육하기 위해서는 항상 나를 내게서 떠나보내는 작업이 필요하다. 나를 내 안에 가두어 놓은 것이 아니라, 나를 다른 사람에게 '이입'하는 것이 중요하다. 이것을 객관화의 기본 활동이라고 할 수 있는데 사실 많은 사람은 이입이 아닌 '대입'을 하는 경우가 많다.

'이입'과 '대입'은 그 의미가 다르다. 이입은 상대방과 모든 것에서 하나가 되는 것이고 대입은 상황에 젖어보는 것을 뜻한다. 따라서 이입은 상대방이 처한 절박한 상황에서 그가 가지고 있는 생각과 감정을 일치시키는 것이 가능하지만 대입은 짐작은 가능할 뿐 일치는 이루지 못한다.

'객관화'에는 이입과 대입이 있다. 읽기 심리 요법에서 중시하는 객관화란 바로 이입과 대입을 의미하는 것으로서 대입보다는 이입이 고차원적인 것이며 대입은 이성만 가지고도 가능하나 이입은 정서적인 일치까지 이루어야 가능하다.

읽기 심리 요법이 다른 요법이나 치료 방법보다 더욱 효과적인 이유는 바로 글 속의 등장인물에 이입과 대입, 즉 자신을 객관화하는 것이 용이하기 때문이다. 등장인물에 이입과 대입이 용이하다는 것은 그만큼 자신의 세계를 넓히는 것이고 자신의 세계를 넓힘으로 해서 세계에 대한 이해를 높이고 자기인지에 따라 가치관을 변화시키고 정립할 수 있다는 것을 말한다.

따라서 읽기 교육을 위한 글 선정은 등장 인물이 나오는 문학 작품과 위인전 중심으로 이루어진다. 문학 작품과 위인전에는 삶을 살아가는 사람들의 고난과 극복, 갈등과 화해, 불행과 행복, 슬픔과 기쁨이 있다. 글을 읽음으로써 등장 인물의 삶의 태도와 정서, 생각을 읽어내고 대입과 이입을 통해 그것을 자신의 것으로 만들어 갈 수 있다. 이것이 바로 가치관의 확대이며 이입과 대입을 통해 올바른 가치관을 정립할 수 있는 것이다.

4. 3 인성교육을 위한 주제별 읽기 자료

글읽기는 현대 사회를 살아가기 위한 지식과 정보를 획득하기 위해서만 필요한 것이 아니다. 전통적으로 글읽기를 통해 '나' 스스로 삶을 이해하고 삶을 살아가는 방법과 지혜를 익혔다. 뿐만 아니라 글읽기를 통해 정서순화·도덕성 함양 등 다른 사람들과 어울려 행복하게 살아가는 방식을 깨달았다.

읽기 심리 요법을 위해서 어떤 글을 읽어야 하는가 하는 것이 중요한 질문이 될 것이다. 그러나 아쉽게도 이에 대한 연구와 논의는 거의 전무하다. 하지만 인간의 성장 발달 단계에 따라 글을 선별하여 읽힐 필요가 있다. 특히 성장 속도가 빠른 아동·청소년에게는 치료의 개념에 의해 아이의 성향에 맞는, 심리 요법 목적의 글을 선정하고 읽히는 일이 무엇보다 중요하다.

4. 3. 1 자아탐색과 자아실현

아동·청소년은 신체 발달에 따라 일정한 정신적 발달 단계를 거치며 성장한다. 아이가 사물을 잡는 근육이 발달하고 나아가, 기거나 걷기 시작하면서부터 자신에 대한 존재를 느끼기 시작한다. 6개월 이전의 아이는 거울 속에 비친 자기 모습을 자기 것이라고 느끼지 못한다. 그러나 한 살이 넘어서면 거울 속의 모습이 자기 것이라는 것을 깨닫기 시작한다.

이 때부터 아이에게는 자기 자신에 대한 인식과 인식을 통해 자신을 지켜나가고 독립하기 위한 행동 성향을 보인다. 우리 옛말에 '제 손으로 숟가락을 쥐면서부터 고집이 생긴다'는 말이 있다. 이는 신체 발달이 정신 발달, 자기인지 발달과 밀접한 관련이 있다는 것을 의미하며, 숟가락을 쥘 때부터 자신의 존재를 깨닫고 독립하기 위한 생존 전략을 세우고 있다는 것을 알 수 있다.

아이가 유치원에 들어가면 이러한 성향은 더욱 강해진다. 자아를 깨닫고 자기만의 세계를 더욱 견고히 쌓아간다. 따라서 이 시기에서부터 자아의 개념을 인식하게 하고, 삶을 살아가기 위한 자아 탐색과 자기를 실현할 수 있는 능력을 신장시키도록 지도하여야 한다.

사실, 인생을 살아가는 것은 '나'이다. '삶은 서로 도우면서 살아가야 한다'는 말이 있음에도 불구하고 여전히 삶은 '나'가 살아가는 것이다. 다른 사람의 도움을 흔쾌히 받아들이는 것도 '나'의 문제이며, 어떤 사람에게 어떠한 도움을 청하느냐 하는 것도 결국 '나'의 선택이다. 세계를 바라보는 것도 '나'의 눈이요, 세상을 감싸 안는 것도 '나'의 가슴이다.

따라서 '나'가 누구인가를 탐색하고 '나'가 누구인가를 찾아 이루는 성찰의 과정은 우리가 삶을 살아가는 데 가장 중요한 것이다. 그러나 요즘 아이들은 핵가족과 적은 자녀수로 인해 '나'를 중심으로 삶을 탐색하고 성찰하는 과정과 시간이 절대 부족하다. 부모의 과보호가 주된 이유이며 사회 환경이 각박해지고 살벌해진 것도 또 하나의 이유이다.

이 두 가지 이유 중 무엇이 먼저인가 하는 것을 따지는 일은 불가능하며 동시에 불필요하다. 부모의 입장에서는 사회 환경 탓으로 돌릴지 몰라도 사실, 아이의 기본적인 활동은 가정에서 이루어지는 것을 감안하면 부모의 과보호와 지나친 사랑·간섭이 주된 원인이라고 할 것이다.

아이들은 부모의 과보호와 지나친 사랑, 간섭에 젖어 자기 스스로 생각하고 자신의 삶의 주인공이 자신이라는 것을 깨닫지 못한다. '마마 보이', '파파 걸'이라는 말이 한 때 유행했듯이 자신의 삶을 엄마나 아빠에게 의지하고 간섭 당하는 아이가 의외로 많다. 이러한 현상이 문제가 되는 것은 자신의 삶을 살아가는 데 심각한 문제가 생긴다는 점도 있지만, 이러한 아이들이 보통 사춘기에 접어들면서 부모에 대한 반발과 반항을 심각할 정도로 표출한다는 것이다.

어렸을 때부터 자신의 삶을 자신의 것으로 깨닫고 자신의 삶을 사는 훈련을 거치지 않았기 때문에 어느 순간 한꺼번에 갈등과 반발이 터지면서 극렬하게 반항하게 되는 것이다. 한편으로는 삶에 자신이 없고, 매사에 기운이 없으며, 모든 일에 흥미를 갖지 못하는 현상을 보이기도 한다.

삶은 스스로 계획하고, 스스로 개척하며, 스스로 극복하는 것이다. 이러한 자세가 갖추어졌을 때 다른 사람과 도움을 주고받으면서 건전하고 아름다운 사회·세상을 이룩할 수 있는 것이다.

자아 탐색, 자아 성찰에 도움이 될 수 있는 글의 내용은 무엇일까.

① 삶의 본질이 무엇인가 깨달음을 주는 내용
② 생명은 가치 있는 것이고 귀중한 것이라는 것을 가르쳐주는 내용

③ 자신의 존재를 가치 있고 귀중한 것이라는 것을 가르쳐 주는 내용
④ 자신이 옳다고 생각하는 것을 포기하지 않고 이루어내는 내용
⑤ 자신에게 주어진 어려운 환경과 장애를 극복하는 내용
⑥ 자신에게 주어진 과제를 스스로 해결하는 내용
⑦ 삶과 세상에 대해 끊임없이 도전하고 개척해 나가는 내용
⑧ 주체성과 자주성을 함양할 수 있는 내요
⑨ 진정한 사랑과 행복을 느낄 수 있는 내용
⑩ 카타르시스의 원리에 의해 자신보다 어려운 사람의 슬픈 이야기를 담은
  내용

위와 같은 내용의 글을 선정하기 어려울 때에는 '위인전', '또래 아이들의 글 모음집', '성장 동화, 성장 소설'이라고 이름 붙여진 글들을 선정하면 된다. 글을 선정할 때 중요한 것은 이러한 글읽기를 통해 생각만 변하는 것이 아니라 행동의 변화를 가져올 수 있어야 한다는 것이다.

아이의 행동 변화를 원한다면 가정에서 부모의 역할도 중요하고 다음 장에서 배울 질문 제시의 기법도 알아두고 글읽기 후 활동을 구체적으로 계획하여야 한다.

4. 3. 2 가족과의 올바른 관계

가족이란 '나'에 있어서 가장 가깝고 가장 중요한 관계를 가진 사람들이다. 다른 인간 관계를 '인륜(人倫)'이라 한다면 가족과의 관계는 '천륜(天倫)'이다. 즉 하늘이 맺어준 뗄 수 없는 관계이다. 그러나 최근에는 가족과의 관계를 허무는 사건들이 늘어나고 있다. 재산을 노리고 부모를 살해하는 청소년, 보험금을 타내기 위해 아들의 손가락을 자르는 비정한 아버지, 역시 보험금을 노리고 남편을 죽이는 부인, 부인을 죽이는 남편이 늘고 있다.

이러한 친족간의 살인이 우리 나라에서 일어나는 살인 사건의 8%

를 차지하고 있으며 해마다 그 비중이 늘고 있다는 것은 실로 안타까
운 일이다.

가정은 사회의 가장 기본이 되는 집단이다. 가정은 사회 생활의 어
려움을 해소하는 공간이어야 하고, 삶을 살아 갈 에너지를 충전하는
곳이어야 한다. 그러나 물질 만능주의 사회 풍토, 맞벌이 부부의 증가
로 인한 가정·가족의 해체가 심각한 사회 문제로 대두하고 있다.

그러나 가족과 가정은 영원히 삶의 안식처이고 사회 생활에서 얻은
상처를 치료하는 공간이 되어야 한다. 따라서 가족간의 관계를 회복하
고 가정 안에서 사랑과 평안을 느낄 수 있는 특별한 조치가 필요하다.

가족간의 관계를 회복하고 사랑과 평안을 느낄 수 있는 글은 다음
내용들을 담고 있어야 한다.

① 가족간의 사랑을 느낄 수 있는 내용
② 행복한 가족을 구성하는 내용
③ 가족간에 서로 소중함을 느끼게 하는 내용
④ 가족이 협심하여 어려운 일을 극복하는 내용
⑤ 가족간의 희생을 다룬 내용
⑥ 형제·자매간의 갈등을 슬기롭게 해결하는 내용
⑦ 할아버지나 할머니의 세계를 이해하고 소중히 하는 내용
⑧ 가족을 그리워하고 기리는 내용

4. 3. 3 친구와 우정 쌓기

아동·청소년에게 친구는 매우 중요하다. 아동·청소년은 또래 집
단을 통해 삶을 배우고 세상을 보는 법을 배운다. 일반적으로 초등학
교에 들어가면서부터 아동은 학교 사회에 적응하는 법을 고민 속에서
배우고 많은 친구들과 접하면서 또래 집단의 중요성을 느끼고 그 세
계에 몰입하는 경향을 갖는다.

또래 집단을 중시하는 경향은 가정을 이루고 사회적으로 안정된 위치를 갖는 성인 시기에 다시 일어난다. 그러나 아동·청소년 시기의 또래 집단이 갖는 비중과 성인 시기의 그것과는 상당한 거리가 있다.

즉, 성인 시기에는 안정된 생활을 이루면서 지난 과거에 대한 회상과 사회적 의도에 의해 친구를 다시 찾게 되지만, 아동·청소년 시기의 친구는 삶의 전부라고 해도 과언이 아니다. 아동·청소년 시기의 또래 집단은 삶의 모습이고 방향이고 기준이다.

따라서 아동·청소년 시기에는 친구와의 관계, 또래 집단 속에서의 원만한 역할 행동이 매우 중요하다. 뿐만 아니라 성인이 되어 다시 친구를 찾는 시기에도 아동·청소년 시기에 경함하고 구축했던 친구와 또래 집단과의 관계가 영향을 미친다. 즉, 일반적으로 아동·청소년 시기에 원만하지 못한 친구·또래 집단과의 관계를 경험한 사람은 성인이 되어서도 영향을 미쳐 원만한 관계를 갖지 못하는 것이다.

친구, 또래 집단과 우정을 나누기 위해 읽어야 할 자료들은 다음과 같은 내용을 담고 있어야 한다.

① 진정한 우정에 대한 내용
② 우정의 소중함을 깨닫게 하는 내용
③ 서로 우정을 나누는 내용
④ 친구간에 서로를 존중하고 소중히 생각하는 내용
⑤ 특수한 장애·어려움을 겪는 친구를 도와주는 내용
⑥ 친구간의 갈등을 슬기롭게 해결하고 관계를 회복하는 내용
⑦ 계층이 다른 아이들과 이해하고 화해하는 내용
⑧ 서로가 취향이나 성격, 자라온 배경이 다르다는 것을 이해하는 내용
⑨ 나를 괴롭히는 친구를 이해하고 감싸는 내용
⑩ 친구간에 서로 다투다가 피해를 보는 내용
⑪ 집단 따돌림을 당하는 친구의 이야기와 그를 해결하는 내용

이 외에도 또래 집단의 아이들이 쓴 글을 통해 또래의 입장에서 서

로를 이해하고 우정을 키워나갈 수 있다.

4. 3. 4 이웃과 사랑 나누기

'멀리 사는 사촌보다 가까이 사는 이웃이 낫다'라는 속담이 있다. 속담이 말하는 것처럼 이웃은 우리의 실질적인 생활의 동반자이다. 매일 부딪치는 것도 이웃이고, 생활 공간의 문제로 갈등을 빚고 또 힘을 모아 해결해 나가는 것도 이웃이다. 생활 중에 아쉬운 것, 필요한 것을 쉽게 빌릴 수 있는 것도 이웃이고 급한 일이 생겼을 때 부탁을 할 수 있는 것도 이웃이다.

이처럼 이웃은 우리 삶의 일부분이다. 따라서 이웃과 원만한 관계를 유지하는 방법을 터득하고 사랑을 나누는 마음을 갖는 것도 우리 삶에서 중요한 요소이다.

그리고 이웃의 개념을 더 큰 사회 집단, 국가, 세계 속으로 확장하는 것도 중요하다. 미래 사회는 국가의 경계가 없어지는 '국제시대', '세계화 시대'이다. 우리가 알고 있는 사람 중에는 이웃을 위해 봉사와 헌신의 삶을 살다간 사람들이 있다. 그리고 우리는 그런 사람들을 통해 세상은 살만한 곳, 사랑은 아름답다는 것을 깨닫는다.

이웃과의 관계를 원만하게 하기 위해서, 이웃과 진정으로 사랑을 나누고 그 속에서 '나'의 삶을 풍부하게 하기 위해서 읽는 글은 다음과 같은 내용이어야 한다.

① 이웃의 소중함과 귀중함을 깨닫게 하는 내용
② 서로 이해하며 이웃과 더불어 사는 내용
③ 새로 이사 온 이웃과 원만한 관계를 맺어 가는 내용
④ 농촌과 도시, 사는 지역이 다른 이웃의 삶을 소개하여 이해를 높이는 내용
⑤ 상류층과 하류층, 서로 계층이 다른 이웃을 이해하고 더불어 사는 내용
⑥ 가난하고 힘없는 사람들의 고통스러운 삶을 다룬 내용

⑦ 힘을 모아 불의와 항거하는 이웃 사람들의 삶을 다룬 내용
⑧ 주변에 누가 사는지 돌아보게 하는 내용
⑨ 나·가족에게 특별한 사랑을 베푸는 내용
⑩ 사회를 위해 봉사하는 삶을 살아가는 내용
⑪ 여러 사람이 힘을 모아 어려움을 이겨나가는 내용
⑫ 장애인들과 소년 소녀 가장들의 생활을 다룬 내용

4. 3. 5 성(性)에 대해 이해하기

성은 삶의 중요한 요소 중에 하나이며 신체 발달과 아주 밀접한 관계에 있다. 인간의 성장은 성 기능의 성장이라 할 수 있고 인간이 늙는다는 것은 성 기능이 감소·소멸된다는 것을 의미한다. 그러므로 아동·청소년에게 있어서 신체의 성장이 활발하다는 것은 성 기능이 눈에 띄게 발달하고 활발해진다는 것을 의미한다.

요즘 아이들은 과거의 아이들에 비해 신체 발달이 두드러지게 빠르다. 이 말은 요즘 아이들에게 있어 성의 문제가 과거에 비해 일찍부터 문제된다는 말과 같다.

요즘 아이들은 활발한 신체 발달로 인해 초등학교 5·6학년의 여학생의 경우 가슴이 현저하게 발달하고, 첫 생리의 시기도 빨라지고 있다. 남학생의 경우에도 변성기가 빨라지고 첫 몽정을 경험하는 시기도 빨라지고 있다.

이러한 현상은 요즘 아이들이 과거의 아이들에 비해 이른 시기부터 성에 대한 관심과 고민을 겪고 있다는 것을 알 수 있게 한다. 뿐만 아니라 성에 개방적인 사회 분위기와 성을 상품화하는 상업주의 만연으로 성에 대한 호기심을 자극하고 왜곡된 성 개념을 갖게 한다.

학교 주변에 무분별하게 들어서는 여관과 유흥업소, 등·하교 길에 어지럽게 붙어있는 반라에 가까운 포스터와 광고물들. 그리고 방송 매체나 영화의 시청률 경쟁과 사업성에 따른 벗기 경쟁 등이 아이들

에게 성에 대한 혼란을 가중시키고 있다.

그러나 성에 대해 올바르게 이해할 수 있는 기회는 그리 많지 않다. 학교에서 이루어지는 성교육은 빈약한 데다가 형식적인 행사에 그칠 뿐이다. 가정이나 사회에서도 아이들에게 올바른 성 의식을 가르치는 데에는 인색하기만 하다.

급기야는 학교 가는 길에 화장실에서 아이를 낳는 여학생, 학교 복도에서 유산을 경험하는 여학생이 생기고 말았다. 어른들은 아이들에게 올바른 성을 가르치기보다는 원조 교제를 벌이고 불법 비디오를 팔고 룸싸롱이나 단란주점에서 미성년자를 찾는 일이 비일비재하다.

성은 세 가지 요소를 갖추었을 때 아름답고 건전할 수 있다. '사랑, 쾌락, 생명'이 그것이다. 사랑이 없는 성, 쾌락이 없는 성은 성이 아니다. 서로의 사랑 속에서 서로가 서로를 즐겁고 귀중한 존재로 느낄 수 있어야 한다. 뿐만 아니라 성에는 생명을 내포하고 있어야 한다. 위 여학생들의 경우 자신의 건강한 생명은 물론 아이의 기본적인 생명까지도 지키지 못했다. 그리고 상대 남학생은 생명에 대한 그 어떠한 책임도 다하지 못한 것이다.

성이 인생에 중요한 요소임에도 불구하고 안타깝게 올바른 성교육에 대한 자료는 빈약하기 그지없다. 많은 읽기 자료 중에서도 성에 대해 올바르게 인식할 수 있는 글은 그리 많지 않다.

성을 올바르게 이해하기 위해서는 다음 내용들을 담고 있어야 한다.

① 생명의 탄생 과정을 담은 내용
② 신체 발달과 성 기능의 발달을 담은 내용
③ 여성과 남성의 신체 구조를 담은 내용
④ 임신과 출산의 과정을 담은 내용
⑤ 성의 진정한 의미를 다룬 내용
⑥ 여성과 남성의 역할에 대한 내용
⑦ 성폭행, 성희롱이 상대에게 정신적·육체적 피해를 주는 내용

⑧ 성은 사랑과 책임이 필요하다는 내용
⑨ 낙태가 생명과 건강에 미치는 영향을 담은 내용

4. 3. 6 사회 문제 비판적으로 끌어안기

인간의 물질에 대한 욕망과 더욱 편한 생활을 영위하려는 욕심이 많은 사회 문제를 일으키고 있다. 전쟁, 환경오염, 생태계 파괴 등 산업사회와 물질 문명이 가져온 심각한 사회 문제는 해결의 기미가 보이지 않고 있다. 여기에 우리 민족이 특수하게 겪고 있는 분단의 아픔, 세계 1위의 고아 수출국, 집단 괴롭힘, 만연한 부정부패 등 우리 사회는 수많은 사회 모순을 안고 있다.

그러나 이러한 사회 문제에 대해 외면하거나 등한시 할 수는 없다. 사회는 바로 우리가 살아가는 울타리요, 삶의 터전이기 때문이다. 따라서 우리가 어떠한 사회를 만들어 가느냐 하는 것은 우리의 삶을 어떻게 가꾸어 나갈 것인가와 동일한 문제이다.

개인적으로도, 개인이 갖는 사회에 대한 인식과 사회 문제를 바라보는 시각이 개인의 삶을 결정한다. 사회는 개인과 개인들이 모여서 이루기 때문에 인간이 갖는 '사회성'은 곧 사회의 문제이자, 개인의 문제라고 할 수 있다.

교육적으로 학생들에게 사회에 대한 올바른 시각과 사회를 바라보는 건전한 시각, 그리고 사회 문제를 비판적으로 이해하면서도 감싸 안는 태도를 길러 줄 필요가 있다. 그리고 사회 문제를 '나'의 문제로 받아들여 적극적이고 합리적으로 사회 문제를 해결하는 자세를 갖추게 할 필요가 있다.

인간의 삶은 한 시대에서 그치는 것이 아니다. 다음 세대들이 살아갈 터전도 바로 지금 우리가 살고 있는 사회의 연장선상에 있다. 따라서 사회를 보는 안목은 현재에 머물지 않고 미래로 열려 있어야 한다.

이러한 시각에서 사회 문제를 비판적으로 이해하고 따뜻하게 감싸 안을 수 있는 읽기 자료들은 다음과 같은 항목·내용을 담고 있어야 한다.

① 사회와 개인의 유기적인 관계를 깨닫게 하는 내용
② 지구와 자연의 아름다움과 소중함을 담아 내는 내용
③ 기계문명과 물질문명을 비판적으로 이해할 수 있는 내용
④ 환경오염과 생태계 파괴의 심각성을 알리는 내용
⑤ 현재의 이익을 위한 개발이 미래에 얼마만큼 피해를 주는가 알리는 내용
⑥ 과학이 인간의 삶을 이롭게 하지만 그 폐해도 크다는 사실을 알리는 내용
⑦ 핵전쟁의 위험성을 알리는 내용
⑧ 동물과 식물을 아끼고 지켜야 됨을 깨닫게 하는 내용
⑨ 분단의 아픔을 알리고 통일의 필요성을 알리는 내용
⑩ 농촌 문제의 심각성을 알리는 내용
⑪ 부정부패 등 사회의 부조리를 알리고 경각심을 일깨우는 내용
⑫ 해외 입양아 문제를 다룬 내용
⑬ 집단 괴롭힘의 심각성을 깨닫게 하는 내용

4. 3. 7 국가, 민족, 우리 문화를 지키는 마음

국가와 민족은 세계화 시대에 세계인으로 성장하기 위한 디딤돌이다. 진정한 세계화는 바로 '한국적'인 것이다. 국가와 민족이 없이는 세계화도 이룰 수 없다. 국가와 민족은 '나'를 지켜주는 최후의 보루이자 궁극적인 삶의 단위이고, 삶의 배경이다.

힘없는 국민과 민족은 세계 어디에서도 제대로 대접받을 수 없다. 그것은 우리 민족이 핍박받고 가난했던 시절을 떠올리면 금방 알 수 있다. 국가를 잃었을 때 얼마나 많은 민족이 핍박을 받으며 목숨을 잃고 젊음을 빼앗겼던가? 그리고 우리 민족이 가난했던 시절 얼마나 많은 젊은이들이 해외에서 눈물을 뿌려야 했던가?

지금은 세계 어느 나라에 가서도 우리 민족이 대접을 받는다고 한다. 그것은 바로 개인의 힘이 아니라 국가와 민족의 힘이 있었기에 가능한 일이다. 우리 민족은 몇 해전 I.M.F라는 금융 위기, 경제 위기를 겪었다. 그 때 보여준 우리 국민의 금 모으기 운동, 다이아몬드 모으기 운동 등이 세계인에게 강력한 이미지로 남겨졌다고 한다. 그리고 우리 국민의 이러한 운동을 보면서 세계의 경제학자들은 한국은 곧 경제 위기에서 벗어날 수 있을 것이라고 진단하였다.

개인이 우수해도 국가와 민족의 뒷받침이 없다면 불안한 삶을 살 수 밖에 없다. 개인의 재산이 아무리 많아도 그래서 외국에 나아가 살더라도 국가와 민족이 없다면 편안한 삶을 영위할 수 없다.

요즘 청소년들의 국가와 민족에 대한 의식이 희박해지고 있다는 우려의 목소리가 높아가고 있다. 실제로 어느 연구 기관에서 한국에 전쟁이 나면 어떻게 할 것인가 하는 질문에 전쟁에 참여하여 국가를 구하겠다고 응답한 청소년이 반도 안 된다는 것을 발표한 적이 있다. 실로 안타까운 일이다.

우리의 국가와 민족은 우리 선조들이 목숨을 바쳐 지켜낸 것이다. 그리고 우리의 선조들은 찬란한 문화 유산을 꽃 피어왔다. 이러한 우리 국가와 민족에 대해 자긍심을 가지고 국가와 민족, 우리의 문화 유산을 지키고 가꾸어 나가는 것은 모두 우리의 몫이다.

이러한 의식을 높이기 위해서 읽기 자료는 다음과 같은 내용을 담고 있어야 한다.

① 우리 민족의 연원과 뿌리에 대한 이해를 높이는 내용
② 국가·민족을 지키기 위해 목숨을 바친 선열들의 삶을 다룬 내용
③ 국토의 소중함과 이를 지키려는 노력이 담긴 내용
④ 국가와 민족에 대해 긍지를 갖게 하는 내용
⑤ 국가와 민족의 역사에 대한 이해를 높이는 내용
⑥ 재외 동포들을 이해하고 그들을 끌어안을 수 있게 하는 내용

⑦ 분단의 고통을 겪고 있는 사람들과 통일의 필연성을 알리는 내용
⑧ 민족이 겪은 고통과 그것을 슬기롭게 이겨낸 조상들에 대한 내용
⑨ 유형·무형 문화재의 가치와 귀중함을 일깨우는 내용
⑩ 우리 민족의 세시 풍속과 전통 문화를 알게 하는 내용
⑪ 세시 풍속 등 우리 전통 풍속에 대한 이해를 높이는 내용
⑫ 우리 생활 속에 깃들어 있는 조상들의 지혜를 깨닫게 하는 내용

4. 3. 8 삶을 위한 지혜 쌓기

아이들은 성장하면서 더욱 어려운 삶의 문제에 부딪치게 된다. 아이가 성장한다는 것은, 아이가 자란다는 것은 곧 더 많은 문제와 어려움에 부딪친다는 것을 의미한다. 이 때 삶에 대한 깊은 천착과 삶의 어려움을 이겨낼 용기와 지혜가 있다면 그 어려움을 물리치고 올바르게 행복한 삶을 영위할 수 있지만 그렇지 못하다면 실패한 삶을 살게 될 것이다.

더욱 큰 문제는 삶의 어려움을 이겨낼 용기와 지혜가 없는 사람은 삶을 포기하거나 주위 사람들의 삶에 심각한 위협을 가하게 된다는 것이다. 우리 주변에서 각종 범죄를 저지른 사람들을 보면 삶에 대해 잘못된 생각을 가지고 있고 삶의 어려움에 용감히 맞설 수 있는 용기와 지혜를 갖추지 못한 사람이 많다는 것을 알 수 있다.

삶은 삶에서 겪게 될 어려움을 이겨냈을 때 아름답고 가치 있는 것이다. 그리고 자신의 삶에 대해 애착을 가진 사람은 다른 사람의 삶을 존중하고 서로 협력할 줄 알게 된다. 그러나 자신과 자신의 삶에 대해 애착이 없는 사람은 다른 사람의 삶을 가치 있는 것으로 인식하지 못한다.

결국 개인의 삶에 대한 인식과 삶을 살아가는 태도는 개인의 차원에서 그치는 것이 아니라 공동의 삶을 형성하고 가꾸어 나가는 사회 전체 차원에서 바라보고 가꾸어 나갈 필요가 있는 것이다.

진정한 삶은 서로가 서로를 이해하고 서로에게 희생하는 자세가 갖추어졌을 때 이루어질 수 있다. 선과 악을 분명하게 구분할 수 있는 안목과 삶을 바라보는 따뜻한 시선이 있어야 하고, 그를 통해 참되고 진실한 마음을 길러야 한다. 뿐만 아니라, 생각에서 멈추지 않고 근면과 성실로 생각을 실천에 옮기는 태도도 필요하다.

사회 구성원의 삶과 자신의 삶은 서로 다른 것이면서도 평등하다는 진리도 알아야 하고, 사회 구성원과 사회를 향해 마음도 열 줄 알아야 한다. 삶의 진리는 자연 속에 깃들어 있다는 혜안도 필수적이고, 삶에 대해 항상 희망을 갖는 것도 하는 바람직한 일이다.

앞의 항들에서 살핀 여러 요소들도 결국은 삶과 밀접한 내용들이다. 진정한 삶을 영위하기 위해 '나'에 대해서도 알아야 하고 가족과 친구, 이웃을 아끼고 사랑하는 마음도 있어야 하며, 국가와 민족, 사회의 문제점을 이해하고 그들을 따뜻하게 감싸안는 자세도 필요한 것이다.

진정한 삶을 이해하고 영위하기 위해, 자라는 아이들에게 삶에 대한 희망과 용기, 지혜를 주기 위해서는 다음과 같은 내용을 담고 있어야 한다.

① 삶, 삶의 본질에 대해 깊은 이해를 주는 내용
② 삶에서 부딪치는 문제들을 해결하는 지혜와 슬기로운 생각을 갖게 하는 내용
③ 성장 발달에 대해 올바르게 이해할 수 있는 내용
④ 삶의 어려운 문제를 혼자 해결해 나가는 내용
⑤ 근면과 성실을 몸에 익힐 수 있는 내용
⑥ 냉정한 비판력과 따뜻한 마음, 정서를 갖게 하는 내용
⑦ 사회와 사회 구성원을 향해 마음을 열도록 하는 내용
⑧ 봉사와 희생을 주요 덕목으로 하는 내용
⑨ 모든 삶은 다르나 다 가치 있고 평등하다는 사실을 일깨워주는 내용
⑩ 어른과 아이의 세계가 서로 공존할 수 있음을 보여주는 내용

⑪ 고통을 참아내는 의지와 인내를 북돋는 내용
⑫ 삶에 대해 희망을 잃지 않게 하는 내용
⑬ 창조적인 생각을 갖게 하는 내용
⑭ 항상 명랑하고 친절한 마음과 자세를 갖게 하는 내용
⑮ 삶의 문제를 공동의 것으로 인식하고 서로 도와가는 내용

4. 4 질문 제시의 기법과 발문의 유형

다른 교과에서도 마찬가지이지만 읽기 지도에서도 무엇을 질문하느냐, 어떻게 질문하느냐에 따라 학생들의 반응이 달라지고, 학생들의 반응은 글을 이해하는 수준과 밀접한 관련이 있다. 즉 교사가 무엇을 어떻게 질문하느냐에 따라 학생들의 글에 대한 인지과정에 커다란 차이가 있다. 따라서 읽기를 효율적으로 진행하기 위해서는 무엇을, 어떻게 질문할 것인가에 대해 고민하고 좀 더 구체적인 질문을 구안하여야 할 것이다.

'무엇을, 어떻게' 질문하느냐 하는 질문 내용과 방법을 묶어서 '질문 제시의 기법'이라 하고, 문장으로 기술된 질문을 '발문'이라고 한다.

우리 나라 수업 현장에서는 다양한 질문의 기법이 활용되지 않고 교과서의 '학습 활동'을 중심으로 한 질문들로 과제로 제시하거나 생략하는 등 질문의 활용이 적극적으로 이루어지지 않고 있는 실정이다.

우리 나라 수업 현장에서 질문이 이루어지지 않는 이유는 대략 네 가지 이유로 밝혀지고 있다.34)

첫째, 역사적으로 질문을 환영하지 않는 우리 사회의 전통적인 풍토에 있다. 특히 어린이가 어른에게, 학생이 교사에게 질문하는 것은

---

34) 변홍규·김규순, '교사의 질문 활용 실태와 개선에 관한 연구', 「교육논총 제12집」, 전북대학교 대학원. 1992. 참조.
변홍규, 「능률적인 질문의 기법」, 선명출판사, 1990. 참조.

어른이나 교사에 대한 거부로까지 받아들여지고 있다. 사회가 많은 변화를 겪었음에도 불구하고 학교 현장에서는 이러한 현상이 좀처럼 줄어들지 않고 있다. 학생도 교사에게 질문하는 것을 꺼리지만 교사 역시 질문 받는 것이 익숙하지 않아서 학생의 질문 요점을 잘 파악하지 못한다.

들째, 교사가 질문을 이용하지만 그것은 학생이 이전에 학습한 지식이나 정보를 회상할 수 있는지를 확인하는 도구로만 치우쳐 이용하는 수업 현장에도 이유가 있다. 이는 교사나 학생 모두 학습의 목적을 대학 입시에 두기 때문에 일어나는 현상이다. 즉 질문의 기본 목적이 이루어지지 않고 지식 전달과 습득에만 목적이 있기 때문이다.

셋째, 질문을 수업의 도구보다는 심판이나 처벌을 위한 도구로 오용하는 경향이다. 학생이 짧은 시간에 더 많은 정보를 더 빨리 외우고, 더 빨리 대답할 수록 학업 성적이 우수하고 대학 입시 경쟁에서 유리한 고지를 점령함으로 이에 대비하기 위해 질문 후 즉시적 대답을 요구하고 책망 위주로 평가하기 때문이다. 따라서 질문은 학생들의 창의적인 사고를 발달시키지 못하고 질문 자체를 싫어하고, 대답을 머뭇거리게 만들며, 안정된 수업 분위기를 깨친다.

넷째, 질문 활용은 교사만의 전유물로 받아들이고 있으며, 학생이 능동적으로 질문해야 한다는 점에 대해서는 무관심하거나 심지어 부정적으로 대하는 실정과 관련된다. 이러한 현상 역시 대학 입시에 따른 지식 주입 위주의 교육 환경에서 기인한다.

뿐만 아니라 충분하지 못한 수업 시간이 원인이 되기도 한다. 학생들이 창의적인 질문을 하고 토론을 거쳐 이해와 정리의 과정을 거치기에는 현재 우리 나라의 국어 수업 시수는 턱없이 부족하기만 하다. 따라서 학생들은 질문할 기회가 없으며, 교사는 활동 중심, 창의력 중심의 질문을 할 시간적 여유를 갖지 못한다.

위와 같은 이유로 우리 나라 학교 현장에서 질문은 활발히 진행되지 못하며, 아예 생략해버리기도 한다. 이러한 현상은 학생의 창의적 사고 발달에도 방해가 될 뿐 아니라, 무엇보다도 새로운 정보를 학생이 자주적으로 채득할 수 있는 기회를 원천적으로 박탈하는 결과를 빚고 있다.

4. 4. 1 질문의 기능과 종류

질문은 학생이 학습해야 할 내용 요소와 학습 방향을 제시하는 교수의 단서가 되고, 질문을 받는 학생의 입장에서 보면 그것은 특정 행위의 안내자료로, 또는 특정 방향으로 그의 사고나 행동을 인도하는 기능을 한다고 한다.[35]

즉 질문은 수업을 진행하는 동안 학습의 중요한 단서가 되고 자극이 된다는 것이다. 이렇게 볼 때 질문에는 다양한 차원과 종류가 있음을 예측하게 한다. 실재로 Huggings[36]에 의하면 질문에는 다음과 같은 6개 차원이 있으며, 효과적인 질문이 되기 위해서는 이러한 차원을 뚜렷이 구별해야 한다는 것이다.

1. 기능수준 – 이 차원의 질문은 특정 정보를 인지적 또는 정의적 영역의 여러 수준에서 처리하라는 요구에 따른 분류이다. 인지적인 이해단계의 처리를 요구하는 질문이면 적어도 그 정보에 관해 자기 용어로 말할 수 있고, 정의적으로 반응단계의 처리가 요구되면 그 정보를 더 알려고 노력함으로써 목표가 달성되는 예와 같다.
2. 초점수준 – 질문이 특정 정보나 상황에 대해 학생의 주의가 집중되도록 하는 반응을(수렴적) 요구하는가, 주의가 확대되게 하는 반응을(확산적) 요구하는가에 따른 분류이다. 다분히 고정된 정답에 관해 정확한 답을 요

---

35) Wilen, W. W. Questioming skills, for teachers(4thed). Washington, D . C. : Natidnal Education Association. 1991.
36) huggings(1989). (변홍규, 「질문 제시의 기법」, 교육과학사, 1996. 14 - 15 쪽. 재인용.

구하는 질문은 수렴적인 것이며, 개인적인 사고에 따라 여러 가지 답을 제시하도록 요구하 는 질문은 확산적인 것이다.

3. 역동적 수준 – 질문의 개방성과 폐쇄성과 관련된 차원의 분류이다. 가령, "작년에 우리 나라 대통령이 미국을 방문했는가?"의 경우, 여기에 대해 일단 "그렇다" 또는 "아니다"의 반응이 끝나면, 추가적인 반응이 불필요하다. 따라서 이것은 폐쇄적 질문이다. 그러나 "신대륙의 발견이 왜 구라파 사람들의 주의를 끌었는가?" 의 경우에는, 정답은 없지만 반응이 여러 방향으로 나타날 수 있기 때문에 개방적 질문이다.

4. 곤란도 수준 – 질문이 학생에게 복잡한지 또는 도전적 인지의 수준에 따라 결정된 분류차원이다. "금년도 우리 나라에서 발생한 가장 큰 교통사고는 어느 것인가?" 의 질문은 의문사나 전제가 하나이고 쉬운데 반해, "강연자는 무엇에 관해 말했고, 어떻게 표현하였는가?" 란 질문은 의문사나 전제가 2개이고 복잡하여 앞의 질문에 비하면 어려운 질문이다.

5. 관심도 수준 – 질문사항이 학생에게 감정적으로 어느 정도의 열의와 관여, 또는 호기심을 불러일으키는지에 관련된 분류이다. 학생 개인에게 도전적이고 탐구적이며 개인적 기호에 맞는 질문이면 반응할 힘과 관여도가 크겠지만, 그렇지 않으면 거기에 대한 노력과 관여가 약화되기 마련이다.

6. 실현성 수준 – 꼭 같은 질문이지만, 학생이 그것을 처리할 수 있는 능력이 있고, 필요한 자원과 시간의 여유가 있으며 또 사회적 규범이 격리적이면 학생의 반응 노력은 향상될 것이지만, 그렇지 못할 경우 그 노력은 약화될 수밖에 없다. 이렇듯 학생의 배경이나 여건 등의 조건에 의해 질문의 처리가 달라지는데 따른 분류이다.

그리고 질문의 종류에는 '인지적 상 · 하위 질문', '핵심 질문과 과정 처리 질문', '암기 질문과 토의 질문', '의도적 질문과 우연적 질문' 등이 있다.

인지적 질문이란 인지적 사고나 능력을 발달시키는 질문이다. 우리 나라의 학교 교육에서는 인지적 사고 능력을 발달시키는 데 집중되어 있지만, 사실 학생의 감정이나 관심, 태도, 또는 가치 등 정의적 사고도 중시되어야 한다. 핵심 질문이란 '수업에서 지향하는 사고 경험에

단서를 주고, 그 사고를 인도하는 질문'을 말하고 처리 과정 질문이란
'교사의 핵심 질문에 대한 학생의 첫 반응을 보완하고 개선하는 질문'
을 말한다. 암기 질문은 '글에 담겨있는 사실적인 정보 등을 잘 외우
고 있나를 확인하는 질문'이며, 토의 질문은 '글에 대한 학생의 생각을
자유롭게 표현할 수 있는 창조가 이루어지는 질문'을 말한다. 우리 나
라의 경우 아직도 암기 질문이 주도적으로 사용하고 있다. 하지만 점
차 토의 질문으로 질문의 형태가 바뀌어야 할 것이다. 의도적 질문은
'교사가 단원 학습의 중간이나 후에 학습한 내용을 잘 이해하고 있는
지를 평가하는, 계산된 질문이고, 우연적 질문이란 '전혀 의도하지 않
았으나 교사와 학생 간 수업 진행 중에 촉발되는 질문'을 말한다.

4. 4. 2 질문 제시의 기술

질문은 수업 진행의 구조, 즉 '계획 – 과정 – 평가'의 각 단계에서
활용될 수 있다. 수업 전에도 이전 시간에 배웠던 내용 중에서 이번
차시에 배울 내용과 관련이 있는 내용을 환기할 목적의 질문이 있고,
수업 진행 중 학생들의 상상력이나 글을 이해하는 데 꼭 필요한 개념
들을 질문할 수 있다.

그리고 교사의 질문 제시 기술이 학생들의 성적이나 학업성취에 영
향을 미친다는 연구들이 활발하게 진행되고 있다. 특히 Gall[37]은 사
범대 학생들을 대상으로 질문제시의 기법을 훈련하였더니, 학생의 동
기를 유발시키는 데 상당한 효과를 보았으며, 주의 집중을 강화할 수
있었고, 정보를 깊이 처리하고 교수·학습 내용의 숙달 방법을 학습
할 수 있었으며, 연습의 기회를 증대시켜 주는 등의 장점을 발견했다.
Wilen과 Clegg[38]는 과정 – 산출 방법에 의한 연구 결과들을 종

---

37) Gall, M.Synthesis of research on teachers' questioning. Educational
    Leadership, November, 40 - 47, 1984.

합적으로 분석한 문헌들을 고찰한 결과, 교사들은 학생의 고사성적의 향상에 뚜렷하게 공헌한 능률적인 질문 제시들을 다음과 같이 요약하고 있다.

1) 질문을 명백히 진술한다.
2) 기본적으로 교과관련 질문을 제시한다.
3) 초등학교 상황에서는 하위-인지수준 질문을 제시한다. 특히 사회경제적 지위가 낮은 가정의 학생에게 하위-인지수준 질문을 자주 제시한다.
4) 초등학교 중급 학년부터 중등학교 학생에게는 상위-인지수준 질문을 많이 제시한다.
5) 초등학교에서는 사회경제적 지위가 낮은 가정 출신의 학생에게는 원칙적으로 큰소리 치면서 답하려는 행동을 허락하고, 그 지위가 높은 가정의 학생에게는 큰소리 치는 것을 억제한다.
6) 질문 제시 후 교사는 3-5초 기다려 준 다음 학생의 반응을 요구한다. 상위-인지수준 질문을 했을 때 더욱 그렇게 한다.
7) 학생이 제시된 질문 하나 하나마다 어떤 형태로든지 반응하도록 격려한다.
8) 반응을 희망하는 학생과 희망하지 않는 학생에게 균형 있게 반응을 요구한다.
9) 학생에게서 정답반응의 비율이 높게 나오도록 유도하고, 부정확한 응답에 대해서는 바르게 답하도록 도와준다.
10) 교사질문에 대한 학생들의 반응을 신중하게 과정 처리한다. 그리하여 그들이 생각들을 명료히 하고, 관점을 정당화하며, 사고를 확장하도록 도와준다.
11) 학생의 응답반응이 정확할 때는 그것을 인정해 주고 칭찬해주되, 구체적으로 그리고 변별적으로 칭찬한다.

이러한 질문 세시가 학생들에게 감정·태도·관심·가치 등, 학생의 정의적 발달에 영향을 미치는가? 여기에 대한 대답은 매우 긍정적

38) Wilen, W .W.,& Clegg, Jr. A. A. Effective question and questioning : A research review. theory and Practice in Social Education. Spring. 1986. 153 - 161.
(변홍규, 앞의 책, 42 - 43쪽)

이다. 다양한 질문 제시 행위가 학생들에게 인지 과정에 대해 풍부한 인식을 하도록 할 수 있음이 확인되었다. 즉 학생들은 인지 과정을 더 좋아하며, 더 이용하려 하고, 더 가치 있다는 태도를 보인다.

4. 4. 3 질문 생성 전략과 발문의 유형

질문은 교사가 학생들에게 하는 것만을 의미하거나 또는 학생이 교사에게 질문하는 것을 권장해야 한다는 것을 강조하기 위한 것이 아니다. 진정한 질문은 글을 읽는 학생이 글을 읽으면서 스스로 다양한 질문을 할 때 완결된다.

학생이 글을 읽으면서 글 또는 자신에게 다양한 질문을 할 때에만 진정한 읽기의 목적을 달성할 수 있다. 즉, 자발적이고 능동적인 읽기를 수행함으로써 평생동안 읽기를 진행하는 인재를 육성할 수 있고, 읽기의 진정한 재미를 느끼며 읽기를 수행할 수 있다.39)

그렇다면 글을 읽으면서 실재적으로 어떠한 질문들을 생성해야 하는가? 학생들이 쉽게 접하는 시와 소설을 통해 질문 생성의 전략들을 살펴보기로 한다.40)

(1) 시 읽기를 위한 질문

전통적으로 시는 글쓴이가 작중 화자를 통해 읽는 사람에게 감정과 정서를 중심으로 압축된 언어와 상징으로 자신의 세계를 표현하는 글이다. 뿐만 아니라 시의 풍부한 세계는 읽기 기술을 계발하는 좋은 자료가 된다.

---

39) 진정한 글읽기의 학생 스스로 글의 내용을 상상하고 가치를 부여하는 것이며, 자신이 상상한 내용을 글을 읽으면서 수정하고 전복하는 것이 읽기의 재미라는 것을 상기할 필요가 있다.

40) 이 때 질문의 순서는 일정한 것이 아니다. 글의 난이도, 학생의 읽기 수준, 학습 목표 등에 의해 순서는 조정될 수 있음을 밝힌다.

따라서 시 읽기를 통해 수행되는 질문은 다음과 같은 것들이 있다.

① 시적 화자는 누구인가.
② 읽는 사람은 누구로 가정되어 있는가.
③ 소재는 무엇인가.
④ 주제에 관해서 무엇을 말하고 있는가.
⑤ 시의 중심생각은 무엇인가.
⑥ 아름다운 표현에는 어떤 것이 있나.
⑦ 비유나 상징을 이해할 수 있는가.
⑧ 이 시에서 어떠한 리듬을 느낄 수 있는가
⑨ 이 시를 읽으면서 머리 속에 떠오른 그림은 무엇인가.
⑩ 시인의 생각을 공감할 수 있는가.

(2) 소설 읽기를 위한 질문

소설은 시와 달리 자아와 세계의 대립을 등장 인물을 등장시키거나 글쓴이가 개입하면서 해소하고, 강화하는 글이다. 따라서 소설에는 사건의 배경이 있고, 대립하는 사건이 있고, 사건을 수행하는 등장 인물이 있다.

따라서 소설 읽기를 통해 수행되는 질문은 이야기 요소에 의해 다음과 같이 진행할 수 있다.

(1) 등장 인물
  ① 주인공은 누구인가
  ② 주인공과 대립하거나 주인공을 돕는 인물은 누구인가
  ③ 주인공(또는 등장인물)의 성격은 어떠한가. 그 근거는 무엇인가.

(2) 사 건
  ① 주인공은 어떤 일을 이루려고 하는가
  ② 글에서 가장 중요한 사건은 무엇인가.
  ③ 사건의 실제 출발은 어디에서부터 인가.
  ④ 사건의 절정 부분은 어디인가.

⑤ 사건은 무엇을 통해 전환되는가.
⑥ 주인공(또는 등장인물)은 어떤 장애에 부딪치는가
⑦ 주인공(또는 등장인물)은 어떻게 장애를 극복하는가

(3) 배 경
① 공간적·시간적 배경은 어디이고 언제인가.
② 배경이 사건이나 주제에 어떠한 역할을 하는가.
③ 배경이 바뀌는 부분은 어디이고 무엇을 위한 것인가.

(4) 주 제
① 글쓴이는 이 글을 왜 썼다고 생각하는가.
② 주제를 결정적으로 드러내는 부분은 어디인가.
③ 주제를 드러내기 위해 글쓴이가 의도적으로 장치한 것은 무엇인가
④ 글을 읽고 나서 달라진 생각은 무엇인가.

4. 4. 4 발문의 유형과 내용

질문은 문장의 형태를 띠게 된다. 이렇게 질문을 문장 형태로 다듬은 문장, 혹은 문장 형태로 제시하는 질문을 '발문'이라 한다.

이러한 발문은 발문의 목적에 따라 다시 유형 분류할 수 있다. ① 내용을 잘 이해하였는가? ② 창의력과 상상력을 발휘하면서 읽었는가? ③ 글을 읽고 배운 점이 있다면 무엇인가? ④ 글을 읽고 알게 된 사실은 무엇인가, 또는 글을 읽기 위해 무엇을 더 알아야 하는가? ⑤ 어휘력과 문장력은 높아졌는가? ⑥ '나'와 관련하여 읽었는가? 등이 목적에 따른 발문의 유형이라 할 것이다.

이러한 발문들은 일반적으로 글을 읽고 난 후에 이루어지는 것들이다. 그러나 글을 읽는 도중에 사용할 수 있는 발문들도 작성할 필요가 있다. 그리고, 글을 읽고 난 후 다양한 감상 표현과 연계 할 수도 있다.

인성교육을 위한 발문의 유형과 내용은 ③ 글을 일고 배운 점이 있다면 무엇인가?와 ⑥ '나'와 관련하여 읽었는가? 일 것이다. ③을 '도

덕성 측면'의 발문이라 할 수 있고 ⑥을 '나 정체성 살리기' 발문이라
한다.

그러나, 인성교육을 위해 이 두 발문만을 대상으로 활동하여서는
안 된다. 이 두 발문보다 먼저 ① 내용 이해력을 높이는 발문을 제시
하고 내용 이해력을 높이는 활동을 하여야한다. 글의 내용을 이해하
지 못하고서는 인성교육을 위한 활동을 할 수 없으며 한다 하여도 목
표에 도달할 수 없고 효율적인 교육을 이룰 수 없다.

뿐만 아라 ② 상상력과 창의력을 높이는 발문과 활동도 필요하다.
상상이 없으면 읽기 교육은 흥미를 갖을 수 없고 상상의 힘을 발휘하
지 못하면 인성교육을 이룰 수 없다. 이미 2장에서 논의하였지만 새
로운 세기의 교육, 인성교육을 위해서는 상상력을 개발하는 교육에서
부터 출발하여야 한다.

본 장의 목적상 글 한 편을 대상으로 인성교육을 위한 발문은 어떠
한 것이 있는지를 살펴 보고 발문을 통해 학습자들에게 어떤 활동을
요구해야 하는지를 생각해 보자.

[예 문]

박쥐와 족제비

박쥐 한 마리가 족제비한테 붙잡혔습니다. 족제비가 잡아먹으려 하
자, 박쥐는 제발 살려 달라고 빌었습니다. 족제비는
"원래 나는 모든 새들의 천적이므로 새인 박쥐를 살려 줄 수 없다."
고 말하였습니다. 그러자 박쥐는 말하기를
"아, 그래요? 그런데 저는 절대로 새가 아닙니다. 이것 보세요. 꼬리
가 달려 있지 않습니까? 저는 쥐입니다."
"그래? 어디 보자. 그렇군. 너는 쥐로구나."
족제비는 박쥐가 쥐라는 것을 확인하고 살려 주었습니다. 얼마 후에
박쥐는 다른 족제비한테 또 잡혔습니다. 박쥐는 지난번처럼 살려 달라
고 빌었습니다. 그러나 족제비는 단호하게 말했습니다.

> "안돼! 나는 쥐란 놈은 절대로 살려 보내지 않아!"
> 이번에는 박쥐가 이렇게 말하는 것이었습니다.
> "그래요? 그런데 저는 쥐가 아닙니다. 이것 보세요. 날개가 달려 있
> 지 않습니까? 저는 새입니다."
> "그래? 정말 그렇구나."
> 족제비는 박쥐가 새라는 것을 확인하곤 살려 주었습니다.

(1) 도덕성을 함양하는 발문

글을 읽고 나서 글을 통해 어떠한 교훈을 얻었는가 하는 질문 유형은 오래 전부터 사용되었던 것이다. 글을 읽고 난 후 무엇을 배웠는가 하는 문제는 새로운 글읽기 지도에서도 여전히 유효하다.

왜냐하면 글읽기는 '사회화' 과정에서 제일 일반적이고 효과 있는 방법이기 때문이다. 즉, 글을 통해 사회에서 필요한 인물, 사회를 살아가기 위한 기본적인 질서와 덕목을 배양하는 것은 과거나 지금이나 중요한 일이라는 것이다.

도덕성의 측면에서 글읽기를 지도할 때에는 '글을 읽고 나서, 글을 읽기 전에 가졌던 생각과 달라진 점은 무엇인가'라는 것과 '글을 읽고 나서 새롭게 얻은 삶의 진리는 무엇인가?'를 주도적으로 다음과 같은 질문을 제시할 수 있다.

① 박쥐처럼 눈앞의 이익에만 매달려야 하는가?
② 거짓말이 필요하다고 생각하는가? 어느 때 필요할까?
③ 나에게 이익이 되는 일이 양심에 꺼려지는 일이라면 어떻게 할까?
④ 양심이란 어떤 것일까?
⑤ 양심은 꼭 지켜야 할까? 아니라면 그 경우를 말해 보자.
⑥ 내 마음에 들지 않아도 마구 행동하여도 될까?
⑦ 살아남기 위해서 한 거짓말은 용서될 수 있다고 생각하나?

(2) '나' 정체성 살리는 발문

'나' 정체성 살리기는 인성교육을 위해 가장 강조되는 사항이다. 글을 통해 지식과 정보를 습득하고 사회성을 기르는 것도 중요한 의미를 갖는다. 그러나 가장 좋은 글은 '나'를 변화시키는 글'이다. 인생을 끊임없이 나를 변화시켜나가는 과정이다. 그러므로 인생에서 행복한 삶을 영위하기 위해서는 항상 나를 바람직한 방향으로 변화시켜 나가야 한다.

선진국 국민들이 글을 많이 읽고 교육적으로 글읽기를 권장하는 이유도 바로 여기에 있다. 끊임없는 글읽기를 통해서만이 새로운 사회를 살아갈 수 있는 지식과 정보를 획득하여야 하기도 하지만, 이러한 목적의 글읽기는 능동적이고 자발적인, 글읽기의 참 즐거움을 깨닫지 못하는 사람으로 만들고 있는 것이다.

일생 동안 글읽기의 참 즐거움 속에서 글을 읽기 위해서는 '나'를 변화시키는 글읽기여야 한다. '나'를 변화시키는 글읽기에서 중요한 점은 '비판적 읽기'와 '질문 제시의 순서'이다.

가령, 위 예문을 토대로 비판적 질문을 구성하여 보자.

① 족제비가 박쥐의 거짓말을 진짜로 몰랐던 것일까?
② 족제비가 박쥐를 죽이려는 이유가 타당한가?
③ 박쥐의 행동에 대해 긍정적인가? 부정적인가?
④ 박쥐는 슬기로운가, 거짓말쟁이인가? 그 이유를 설명해 보라.

①은 글의 내용을 비판적으로 읽은 것이다. 족제비가 상황에 따라 말을 바꾸는 박쥐의 말에서 아무런 문제를 발견하지 못했을까? 하는 것이 핵심이다. ②는 글의 중심 사건, 글을 지탱하는 구조에 대한 비판적 읽기이다. 이 글은 족제비가 박쥐를 죽이려고 하면서 발단이 된 것이다. 즉 족제비가 박쥐를 죽이려하는 것이 이 글의 출발점이자, 글 전체의 핵심 구조이다. 따라서 ②는 이 글의 존재 자체에 대한 질문이

라고 할 수 있다. ③은 박쥐의 행동에 대한 긍정·부정의 평가이다. 일반적으로 이 글은 박쥐의 이중성을 비판하고 박쥐처럼 행동하지 않는 것을 교훈으로 삼을 것을 권장하는 글이다. 적어도 이제까지 이러한 목적으로 이 글을 읽었다. 그러나 박쥐의 행동이 정말 잘못되었을까 하는 물음을 던질 수 있고, 그 질문은 충분히 가치 있는 것이다 ④는 ③과 관련을 맺으면서 이 글에 대한 구체적인 평가를 요구하는 질문이다. 가령, 이 글의 제목을 새롭게 붙인다면 '박쥐의 이중성'이 어울릴까? 아니면 '박쥐의 슬기로움'이 어울릴까?

이러한 질문에는 정답이 있을 수 없다. 하지만 이러한 질문들이 글읽기의 지평을 넓히고 세상을 올바르게 이해하고 동시에 자신의 삶을 자신의 것으로 만들기 위해서 반드시 필요한 질문이다.

'나'의 정체성을 확립하는 글읽기에서 또 하나 중요한 것은 관련 질문들을 제시하는 순서이다. 물론 위 ㈎ ~ ㈒까지의 질문 내용들이 모두 '나'의 정체성 확립하는 글읽기의 바탕이 되는 것이다. 이 곳에서는 핵심적인 질문만으로 질문 제시의 순서를 알아보자.

질문 제시의 순서를 간략하게 살피면 '글 중심의 질문 → '나' 주변의 생활 대입 → '나'의 생활·생각 대입 → 삶의 문제 생각'으로 살필 수 있다. 위 예문을 대상으로 질문의 순서를 정리해 보자.

① 족제비처럼 어리석은 사람은 어떤 사람인가?
  또는, 족제비처럼 너그러운 사람은 어떤 사람인가?
② 박쥐처럼 슬기로운 사람은 어떤 사람인가?
  또는, 박쥐처럼 간사한 사람은 어떤 사람인가?
③ 실제로 이와 같은 경우를 당한 적이 있는가?
④ 주위에서 박쥐와 같은 행동을 하는 사람을 본 적이 있나?
  또는, 주위에서 족제비처럼 행동한 사람을 본 적이 있는가?
⑤ 내가 박쥐같은 행동을 한 적이 있는가?
  또는, 내가 족제비처럼 행동을 한 적이 있는가?
⑥ 나는 나보다 약한 친구를 보면 어떻게 하나?

⑦ 약한 사람은 강한 사람을 만나면 어떤 마음일까?

　또는, 강한 사람은 약한 사람을 보면 어떻게 해야 하나?

⑧ 진정으로 강한 사람은 어떤 사람인가?

⑨ 여러분은 어떤 사람이 되고 싶은가?

①과 ②는 '글 중심'의 질문이다. 물론 앞의 모든 질문들이 '나 정체성 살리기' 질문의 바탕이 된다. 왜냐하면 '나' 정체성 살리기를 위한 질문은 내용의 이해나 상상력 · 창의력 발휘를 근간으로 이루어지기 때문이다. 이렇게 근간이 되는 질문을 생략한다면 ①과 ②의 질문이 핵심이 되는 질문이라 할 것이다.

③과 ④는 '나'를 글의 내용에 대입하기 전에 '나' 주변을 글의 내용과 대입하여 글 속의 이야기를 '나'의 이야기로 끌어오기 위한 하나의 전략이다. 따라서 ①과 ②가 글 중심 글읽기의 마지막 단계라면 ③과 ④는 이를 받아 '나' 중심 글읽기로 전환하는 기능을 한다.

이러한 전략이 필요한 이유는 일반적으로 글 속에 '나'를 바로 대입하는 일을 부담스러워하기 때문이다. 그러므로 '나'의 주변에서 '나'의 문제로 유도하는 전략이 필요하다.

⑤와 ⑥은 글에 '나'를 대입한 형태이다. 글 속의 등장인물이 벌인 행동, 생각 등을 '나'의 문제로 대입하여 글 속의 세계를 객관적인 세계가 아닌, 주관적인 세계로 만드는 것이다. 이를 통해 글 속의 세계가 내가 살아가는 세계로 환치되고 환치를 통해 '나'의 세계가 확대되는 것이다.

⑦ · ⑧ · ⑨는 추상적이고 포괄적이지만 글의 세계를 통해 '나'의 세계를 확대해 나가는 질문이다. 이것을 '교훈적 글읽기'라고 주장하여도 무방하다. 그러나 용어보다 중요한 것은 글읽기를 통해 '나'의 세계를 확충하고 '나'의 삶을 끊임없이 변화시키는 일이 진정한 글읽기라는 것이다.

다시 한번 강조한다면 위의 두 발문만으로 수업을 진행해서는 안 된다. 위의 두 발문이 인성교육을 효과적으로 수행할 수 있는 발문이고 활동임에는 틀림없지만, 인성교육을 전면에 내세우게 되면 오히려 학습자들의 흥미와 관심을 끌지 못할 뿐아니라 효율적인 효과를 얻을 수 없다.

인성교육을 위한 발문을 제시하기에 앞서 내용 이해력을 높여 글을 정확하게 이해할 수 있도록 하여야 하고 상상력과 창의력을 자극하여 함양하고 어휘력과 관련 지식을 넓히는 발문과 활동도 학습 단계와 목표에 맞게 적절하게 제시하여야 한다.

4. 5 인성교육과 읽기 심리 요법

글읽기를 통한 치료 요법은 우리 나라에서는 아직 그 관심의 정도와 결과에 의한 이론 정립이 미미한 상태이나 동·서양에서 오래 전부터 관심의 대상이 되어 왔다. 최근에는 글읽기 이외에 음악·미술·색깔·향기 요법(치료) 등이 새로운 관심을 끌고 있다. 이는 약물에 의한 치료가 부작용 등 심각한 후유증을 가져오는 데다가 완치의 자신감이 없고 시일이 많이 소요된다는 약점을 가지고 있기 때문이다.

뿐만 아니라 최근에는 '정신병'에 대한 인식이 달라지고 있는 것도 이러한 요법들이 관심을 끄는 이유이다. 즉 과거에는 '정신병'이라면 심각한 질병으로 인식하여 일상인들과는 관련이 없는 것으로 취급되었다. 그러나 현대 사회가 지니고 있는 병리 현상 때문에 '정신병'의 개념이 달라지고 있다. 현대인들이 일상 생활에서 겪는 수많은 스트레스와 긴장에 의한 불면증·우울증 등과 같은 것도 정신과적인 치료를 구하고 있다.

그만큼 현대인은 경쟁적인 분위기 속에서 과도한 업무와 불확실한 미래로 인해 삶의 고달픔과 정신적 각박함에서 살고 있다 하겠다. 특히 성장 단계에 있는 아동과 사춘기를 겪고 있는 청소년은 끊임없는 갈등과 고민 속에서 살고 있다.

교육 사회학자들에 의하면 모든 아동·청소년은 정신병적인 현상에 시달리고 있다고 한다. 병적인 사춘기는 모든 아동·청소년이 반드시 겪고 지나야만 하는 성장의 과정이다. 사춘기는 모든 아동이 겪어야할 시기로 이 시기를 건너뛰는 성장은 있을 수 없다 한다. 정도가 강약이 있을 뿐이지 생략은 있을 수 없다는 이야기이다. 그렇다면 모든 아동·청소년은 광범위한 의미에서 정신병을 앓고 있는 셈이다.

읽기 심리 요법은 '독서요법(bibliotheraphy)'으로 소개되었다. 이는 '도서(book, biblion)'와 '치료(treatment of disease)'의 복합어로, '의학과 정신의학에서 도서를 병 치료의 자료로 활용하는 방법'을 의미한다. 이것을 다시 표현하면 '병을 치료하기 위해 글읽기를 활용하거나 문제되는 성격·태도 등을 건전한 방향으로 유도하기 위해 글읽기를 치료 방법으로 하는 모든 활동'이라고 정리할 수 있다.

치료를 위해 글읽기를 사용한 것은 오래 전부터 있어왔으나, 과거의 독서 요법은 다분히 소극적인 면이 있었다. 가령, 장기 환자들의 고통을 덜어주기 위해서라든지, 혹은 입원 혼자들에게 사회에 복귀할 수 있도록 정보를 제공한다든지, 환자가 앓고 있는 병에 대해 알려주고자 할 때 등 적극적인 요법으로서 사용되었다기보다는 보조 수단으로 사용되었다.

하지만 인간이 앓고 있는 '만병의 근원은 마음에 있다'든지, 현대 사회에서 정신적·심리적 고통을 받고 있는 사람이 일반화되면서 글읽기를 통한 심리 요법이 새로운 관심 대상이 되었다. 특히 글읽기를 통한 요법이 가지고 있는 장점, 즉 다른 사람이나 약물에 의존하지 않고 글을 읽음으로써 스스로의 자기인지에 의해 바람직한 마음 자세나 태도 변화를 이룰 수 있다는 점 때문에 효과적인 요법으로 대두되고 있다.

그러나 불행하게도 우리 나라에는 아직 그렇다할 연구 결과가 나오
질 못하고 있다. 우리 나라도 산업구조가 바뀌고 문화지체(cultural
lag)현상이 심각하게 진행되고 있음을 감안한다면 글읽기를 통한 심
리 요법에 많은 관심을 가져야 할 때라고 생각한다. 무엇보다도 우리
의 교육 현장이 붕괴되고 가정의 해체가 심각한 속도로 진행되는 현
대 사회의 실정을 감안한다면 더욱 많은 관심이 필요한 때라고 여겨
진다.

4. 5. 1 읽기 심리 요법의 특성과 효과

현대 사회의 변화는 그 속도와 다양성을 예측할 수 없다. 인류의
역사상 이러한 속도와 다양성을 지닌 변화를 겪은 시대는 없었다. 따
라서 인류의 역사 속에서 현대 사회가 어떠한 변화를 겪을 것이며 그
속도와 양상을 밝혀낼 실마리를 찾을 수 없고, 현대 사회가 가져야 할
사상이나 규범, 가치 등을 탐색할 수 없다.

산업 사회에서부터 심각한 문제로 떠오른 문화 지체 현상은 이제
현대인의 생활 곳곳에서 일어나고 있다. 물질 문명이 앞서고 정신 문
화가 그 뒤를 힘겹게 좇아가던 현상마저도 이제는 중단되었다. 정신
문화는 물질 문명을 좇아가길 포기한 '문화 공동화(空洞化)'가 현대
사회의 모습이다.

후기 상업 사회의 문화 징표로 여겨졌던 '포스트 모더니즘'도 현대
사회를 규정 짓지는 못한다. 그렇다고 컴퓨터 가상 공간이 이룩한 '사
이버 문화'도 현대 사회를 온전히 규정할 수 있는 것도 아니다. 문화
공동화 현상에 우왕좌왕하던 현대 사회는 '인간 복제'가 가져온 충격
을 받아들이지 못하고 가치관뿐만이 아니라 인간 존재에 대한 근원적
인 의식마저도 무너뜨리고 말았다.

따라서 현대 사회가 지향해야 할 교육은 과거의 지식 위주의 교육에서 벗어난 인간 교육, 가치관 교육 중심의 교육이라 할 것이다. 그렇다고 지식 교육이 전혀 필요가 없는 것은 아니다. 오히려 미래 사회는 고도의 전문화된 지식이 필요한 사회가 될 것이다. 과거 농경 사회나 산업 사회에 필요했던 지식에 비하여 미래 사회에서 필요로 하는 지식은 매두 고도화된 전문 지식일 것이다. '생명공학'·'우주공학' 등 현재까지 인류가 축적해 온 지식보다 더 많은 양의 질 좋은 지식이 필요할 것이다. 그리고 이러한 고도의 지식만이 현대 사회가 지니고 있는 문제들을 해결할 수가 있다.

그러나 이러한 고도의 전문화된 지식도 인간이 지니고 활용하는 것이고, 아무리 고도화된 지식 사회도 인간이 살아가는 사회임에는 분명하다. 고도화된 전문 지식도 인간이 인간답게 살기 위해 필요한 것이지 그 이상의 목표는 있을 수 없다. 그렇다면 이제까지 지식 교육에 가려 펼치지 못했던 인간 교육, 가치관 교육이 교육의 핵심 부분에 위치해야 할 것이다.

사실 교육이 생겨난 이래 인간 교육, 가치관 교육은 항상 교육의 관심사였다. 그러나 서구의 산업사회가 밀려오면서 지식 교육이 인간 교육·가치관 교육보다 더욱 중시되어 실시되었다. 이러한 현상은 후기 산업 사회, 서비스(3차) 산업 사회로 사회 구조가 바뀌면서도 계속되었다.

사회 구조가 변하고 인간 교육의 필요성이 강조되었지만 교육은 그러한 필요성에 눈을 돌리지 못했다. 사회 변화에 교육이 유연하게 대처하지 못했고 아이들의 의식과 문화 변화에 교육이 제대로 적응하지 못했다. 사회는 변하고 그에 따라 아이들의 의식과 생활 양태는 급속도로 바뀌고 있는데 교육은 지식 교육이라는 해묵은 교육 목표와 정책을 버리지 못했다.

그렇다고 미래 사회가 원하는 고도의 전문화된 지식 교육도 성공적으로 이루지 못하고 있다. 고도의 전문화된 지식 교육을 위해서는 기초 학문을 견고하게 다지는 교육 방식이 필요한 데도 불구하고 겉으로 들어 난 교육적 성과에 급급하여 기초 학문을 교육하는 데에도 심각한 문제점을 노출하고 있다. 그저 과거 교육의 형태를 답습하여 많은 과목을 늘어놓고 과거의 지식을 하향식으로 학생들에게 주입하는 교육이 계속되고 있다.

전문화된 고도의 지식 교육 실패, 인간 교육의 부재로 인해 '학교 무용론(無用論)'이 대두되고 있다. 이제 교육은 교육 자체의 존재 가치를 확립해야 하는 중요한 시점에 서 있다. '어떻게' 교육을 할 것 인가도 중요하고 다양한 전략과 교수 · 학습 방법을 계속 구안해야 하지만 그보다 먼저 '무엇을' 교육할 것인가를 심각하게 논의하여야 한다.

심각한 논의의 중심에는 인간 교육, 즉 가치관 교육이 있어야 한다. 왜 가치관 교육이 중요하고 현 시점에서 가장 필요한 교육인가 하는 것은 이미 앞에서 밝힌 바가 있다. 가치관이란 '개인의 학습을 통해 내면화되어 개인의 사회적 활동에 영향을 주는, 보다 심층에 속하는 심리적 또는 내적 행동 성향'41)이라 할 수 있다. 따라서 가치관이란 인간의 심리 · 정서 · 감정 · 사상과 행동 성향의 밑바탕이라 할 수 있다. 심각한 문제 행동을 보이는 아동 · 청소년의 성향을 살펴보면 지적 · 신체적 교육의 부족보다는 정의적 영역에 속하는 가치관 교육의 부족에서 오는 결함이 더 큰 것으로 나타나고 있다.42)

인간 교육 · 인성 교육을 위해 현 교육 제도에서 가장 효과적으로 채택할 수 있는 것이 바로 읽기 교육이다. 좀 더 세분화하자면 '읽기 심리 요법'이라 할 수 있다.

---

41) 박용환 〈태도와 가치관의 본질〉, (정원식 편, 『情義의 교육』), 배영사, 1969. 27 - 28쪽.
42) 서울소년원, 『비행청소년의 가치관 변화에 관한 시험 연구』, 서울소년원, 19 75. 1 - 2쪽.

읽기 심리 요법의 특성은 첫째, 문자를 해독할 수 있는 모든 사람을 대상으로 한다. 특히 교육적으로 인생관과 가치관을 형성하는 시기인 아동과 심리적 갈등을 겪고 있는 사춘기 청소년은 읽기 심리 요법의 중요한 대상이 된다. 둘째, 심리 요법의 내용을 가진 글을 자료로 하며, 그에 따라 학업 증진의 효과를 볼 수 있으며 약리적·생리적 거부 반응이나 부작용이 없다. 셋째, 글이라 자료를 통하여 받아들여지는 자기인지에 따라 과정과 결과가 이루어진다는 것이다.

大神貞男은 읽기 심리 요법의 특징을 다음과 같이 밝혔다.[43]

① 학습이나 습득이 비교적 단기간이고 접근하기 쉬운 치료기술이며 전통적인 심리 요법에 비해 치료 기간이 짧고 효과가 높다.
② 행동 문제아나 비행 소년의 치료나 지도 방법으로 매우 좋다.
③ 문제 행동에 대한 치료적 효과는 일반 비전문가에게도 현저하다.
④ 문학작품을 읽는 것이 곧 치료이므로 저항감도 없고 흥미 본위로 독서를 계속 하다 보면 자기도 모르는 사이에 치료가 이루어진다.
⑤ 생활지도 기술로서 비행의 예방 대책, 정조 교육, 학업 곤란아 등의 문제아 지도나 성교육 등에도 효과적이며 폭넓은 적용이 기대된다.

이뿐만 아니라 토마스 무어는 문제 성향을 가지고 있는 문제아 지도에 글읽기를 통한 요법이 매우 효과적이라 하며, 그 효과를 크게 두 가지로 나누어 살피고 있다.[44]

① 아동이 현재 처하고 있는 자신의 문제와 아주 비슷한 시련을 겪고 있는 주인공의 이야기를 읽으면 그 주인공의 정서에 동화되거나 자기 자신의 정서를 정화한다. 이러한 과정에서 그는 마침내 자신의 억압된 생활로부터 배출구를 찾아 어느 정도의 심리적인 구원을 얻게 된다.
② 아동은 행위와 이상과 각오를 지배하는 일반적인 원리를 끌어들여 그것에

---

43) 大神貞男,『讀書療法 -その基礎と實際』, 東京, 文教書院, 1973. 23쪽.
44) Thomas V. Moore, The Nature and Treatment of Mental Disorders. 2Nd ed. (New York : Grune, 1962), 268 - 269쪽.

따라 스스로가 당면하고 있는 어려움을 건전한 견지에서 다시 보고 생각
하게 됨으로써 자기 자신이 더욱 합리적으로 행동하게끔 된다.

이러한 의견들을 종합하여 읽기 심리 요법이 지니고 있는 효과를
정리하면 다음과 같다.

① 학습이나 치료의 기간이 짧다.
② 접근하기 쉬운 기술이어서 비전문가가 수행하기에 용이하다.
③ 그럼에도 불구하고 효과가 매우 높다.
④ 문제아뿐만 아니라 발달 단계에 있는 아동·청소년의 올바른 가치관 정립
   에도 효과적이다.
⑤ 문제 심리나 행동을 미연에 방지할 수 있다.
⑥ 정조 교육·성교육·진로교육 등 적용 범위가 매우 넓다.
⑦ 저항감이 적고 약리적 부작용을 염려할 필요가 없다.
⑧ 자신도 모르는 사이에 문제 심리나 행동을 제거할 수 있다.
⑨ 자기 스스로 정서를 순화하고 올바른 가치관을 정립할 수 있다.
⑩ 주인공과 일치를 통해 자신이 겪는 시련에 대해 극복의 용기를 가질 수
   있다.
⑪ 인물의 성격과 그에 따른 결과 파악을 통해 건전한 성격을 형성 할 수 있다.
⑫ 내재된 문제성까지 제거할 수 있다.

이러한 일반적인 효과 외의 효과도 얻을 수 있다.

⑬ 글을 읽는 재미를 느껴 학습 태도가 크게 좋아진다.
⑭ 정서 안정과 준법성이 향상된다.
⑮ 글 속에서 사회를 간접 경험함으로써 사회성이 높아진다.
⑯ 인간관계, 특히 가족 구성원간의 관계가 크게 개선된다.
⑰ 슬픈 이야기, 어려움을 겪는 사람들의 이야기를 통해 자기 자신을 긍정적
   으로 바라볼 수 있다. (긍정적인 인생관 정립)

4. 5. 2 읽기 심리 요법의 기본 원리

글읽기를 통한 심리 요법은 '나'를 객관화 - 나를 글 속의 등장 인물에게 대입하고 이입하며 그를 통해 나를 성찰하고 실현하는 것 -를 바탕으로 한다. 이를 조금 더 구체적으로 살펴보면 다음과 같은 그림으로 나타낼 수 있을 것이다.45)

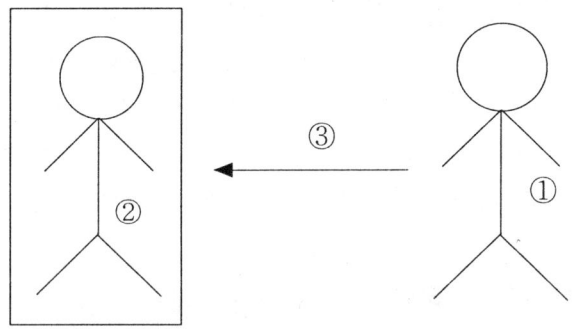

이러한 글읽기를 통한 심리 요법의 기본 원리를 阪本一郎은 '동일화의 원리', '카타르시스의 원리', '통찰의 원리'로 정리하였다.46)

(1) 동일화(identitication)의 원리

동일화란 글 속의 인물과 나를 일치시키는 과정 또는 일치되는 것을 의미한다. 동일화는 나와 일정한 관련이 있을 때 일어나는 것이 일반적이다. 즉 등장 인물이 '나와 같은 점'이 있거나 등장 인물에게 '내가 배우고 싶은 점'이 있을 때 일어난다.

---

45) ①은 실체의 '나' ②는 거울에 비친 '나' ③은 거울에 비친 모습을 '나'라고 인식하는 '나'이다. 진정한 '나'는 대상(나 포함)을 인식하는 ③의 '나'이다. '인식'은 '성찰'이라는 말로도 표현할 수 있고, '나'를 대상화하기 위해서, 또는 대상을 인식하기 위해서는 대입과 이입이 필요하다.
46) 阪本一郎, 『現代の讀書心理學』, 東京, 金る書房, 1968. 237쪽.

따라서 동일화는 '나'의 경험과 밀접한 연관이 있다. 등장 인물이 처한 상황이나 겪고 있는 사건이 내가 과거에 경험했던 상황·사건과 유사했을 때 동일화는 더욱 빠르고 쉽게 나타난다. 그러므로 '나'가 '지금' 겪고 있는 일상 생활과 유사한 생활을 내용으로 하는 글을 읽었을 대 동일화는 견고하게 이루어지고 읽기의 효과는 증대될 수 있다. 이러한 이유로 동일화는 읽기 심리 요법에서 가장 우선적으로 일어나야 한다.

상황과 사건에 대한 동일화가 이루어졌을 때 '나'는 등장 인물의 성격·감정과 정서·행동·태도·세계관을 이상적이 아닌 현실적인 것으로 받아들이고 등장 인물과 같이 어려운 상황을 극복하고 사건을 해결하는 능력을 갖게 되는 것이다. 비록 그러한 능력이 현실 세계에서 그대로 적용되지 못하더라도 '나'의 내재된 힘이 되는 것이다.

(2) 카타르시스(catharsis)의 원리

카타르시스는 가정 정화 기능, 즉 내면에 자리 잡고 있는 욕구 불만이나 심리적 갈등을 언어나 행동에 의해 표출하여 충동적인 감정이나 소극적인 감정을 발산시키는 기능을 한다. 내재된 슬픔을 눈물로 표출함으로써 슬픔을 정화하거나 억제된 행동을 글 속의 인물이 하는 것을 읽음으로써 대리 만족을 얻는 것 등이 이에 해당한다.

특히 읽기 심리 요법에서는 등장 인물의 감정·성격·사고·태도 등에 대한 감상을 말이나 글로 표현하게 함으로 해서 '나'의 충동적인 감정이나 억제된 행동을 발산하게 한다. 이를 '감상의 고백'이라 하기도 한다. 이러한 등장 인물에 대한 감상 고백은 간접적인 것이기 때문에 아무런 사회적인 갈등이나 나 스스로의 저항을 받지 않는다.

이 뿐만 아니라 등장 인물에 감정·성격·사고·태도 등에 느낌을 말이나 글로 쓰는 과정에서 의식적인 억제나 억압이 점차 약해져서 간접적인 표현 형태에서 직접적인 표현 형태로 바뀌어 간다. 즉 등장 인물의 문제 행동이나 심리에 대한 표현이 나 스스로의 문제 행동이나 심리의 표현으로 이어지고 이러한 과정을 통해 자신의 문제 행동이나 심리를 자연스럽게 교정할 수 있다.

(3) 통찰(insight)의 원리

동일화에서 발현하여 카타르시스로 이어진 다음에는 자신에 대한 통찰에 이르게 된다. 동일화가 등장 인물에 나를 대입하고 이입하는 것이라면 카타르시스는 일체를 통해 얻어진 감정과 행동의 간접적인 표현으로 순화의 과정을 거치게 되고 그럼으로 해서 자기 자신을 조금 더 구체적이고 객관적으로 바라보게 되는 것이다.

통찰이란 자기 자신이나 자신이 안고 있는 모든 문제에 대하여 객관적으로 인식하는 것을 의미한다. 이러한 통찰은 동일화와 카타르시스를 거치지 않고는 이루어질 수 없다. 가령, 글 속의 등장 인물이 지금의 나와 같다는 생각을 하고, 그가 겪고 있는 슬픔이 내 슬픔이 되어 실컷 울고 나니까, 정신이 맑아지고 새로운 내가 보이거나 또는 새로이 나갈 길이 보인다는 것과 같은 과정을 거치게 되는 것이다.

따라서 읽기 심리 요법에서 말하는 통찰이란 카타르시스를 동반한 감정적 통찰을 의미한다. 그러므로 읽기를 통한 심리 요법을 성공적으로 달성하기 위해서는 등장 인물의 감정까지도 충실하게 그려낸 글을 선정하는 것이 효과적이다. 가령, 읽기 심리 요법을 위해서는 문학 작품과 위인전을 중심으로 글을 선정하여야 한다고 하였는데, 이 때 글 속의 등장 인물이 마치 신화 속의 인물처럼 뛰어난 배경이나 능력을 가지고 고난을 극복하는 내용의 글보다는 인간적인 감정을 가지고 어려움 속에서 좌절하고 슬퍼하고 성공을 기뻐하고 환호하는 감정적인 요소를 충분히 살린 글이어야 한다는 것이다.

인간은 이성보다는 감정이 앞선다. '인간은 감정의 동물'이라는 것을 상기한다면 심리 요법의 대상자에게 이성적으로 판단하고 행동할 것을 기대하기에 앞서 감정에 충실하고 감정의 순화를 통해 자기 자신을 더 깊게 이해할 수 있도록 하여야 한다.

제5장 인성교육과 문학 영역

문학은 근본적으로 인간화를 추구한다. 문학은 사람들의 삶을 드러내는 활동이며, 문학은 삶을 살아가는 사람을 드러내는 일이다. 즉 문학은 삶이 무엇인지 삶을 어떻게 살아야 하는지에 대한 물음을 작품 속의 인물을 통해 보여주고 체험하도록 제시하는 행위이다.

> 문학이 가치 있는 체험의 세계라는 본질은, 더불어 사는 삶의 인간다움을 문학에서 터득하게 해 준다. 문학을 통해 사람은 자신의 독자성을 추구하고 남의 독자성을 용잡할 수 있으며, 상대적인 태도를 지니게 되고, 남을 사랑할 수 있으며, 독립성과 책임을 지님과 동시에 남에게 그런 가치를 고무하게 되고, 자유를 추구하고, 편견과 간섭 그리고 강요를 피할 수 있게 된다는 것도 연구 보고된 바 있다.47)

문학은 언제나 인간다운 인간을 추구하고 삶다운 삶을 추구한다. 문학의 고민은 어떻게 하면 인간다운 삶을 살 수 있을까?, 무엇이 인간다운 삶일까?에 대한 고민이다. 문학 속의 갈등은 서로 다른 삶에 대한 가치관에 의한 것이고 갈등의 해결은 작자 나름대로 파악한 삶과 인간다운 인간에 대한 통찰이다.

따라서 문학을 통해 인간다운 삶을 추구하고 문학을 통해 인간다운 인간을 고민하는 것이다. 그래서 문학 작품을 읽는다는 것은 작자의 삶에 대한 가치관을 읽어내고 작자와 독자가 삶에 대한 창의적인 대

---

47) 김대행, 앞의 책, 역락, 2000. 116쪽.

화를 하고 그 대화를 바탕으로 새로운 삶을 추구하고 형성해 나가는 일이다.

문학 영역을 이야기하기에 앞서 고전문학을 이야기하지 않을 수 없다. 그 동안 국어교육에서 고전문학은 서자 취급을 당했다. 현대 문학 작품을 수업할 때에도 별반 다를 것은 없었지만 특히 고전 문학 작품을 수업할 때에는 철저히 교사 중심이 되었다. 학생들도 고전 문학 시간에는 수업 시간에는 철저히 벙어리가 되었다.

문학 영역에서 고전문학을 이야기해야 하는 이유는 문학, 나아가 인문학의 존재와 앞으로 나아갈 길을 계획하는 중심에 고전문학이 있기 때문이다.

본 장에서는 이러한 문제를 먼저 풀면서 고전문학, 그 중에서도 시조와 가사문학을 중심으로 인성교육과 고전문학을 접목하여 논의하도록 하겠다.

5. 1 고전 문학과 국어교육

5. 1. 1 인문학의 위기와 고전 문학 교육

'인문학의 위기'는 하루아침에 생겨난 것이 아니다. 경제 성장이 국가의 최우선 정책이 되면서부터 인문학의 위기는 이미 예고되었다. 거기다, I · M · F를 거치면서 '돈'이 인간의 생명까지도 좌우하자 인문학에 대한 애정과 관심은 사라지고 경제 논리가 정치 · 사회 · 문화를 휩쓸고 있다.48) 그뿐이 아니다. '컴퓨터'라는 문명의 이기는 전통

---

48) 각 서점이나 언론 매체에서 발표하는 베스트셀러 목록을 살펴 보면 경제 · 경영에 관한 서적이나 컴퓨터 관련 서적 등 직업 · 직장에 관한 서적들이 강세를 보이고 있다.

적으로 교육의 매체가 되었던 책과 펜에게서 학생들을 격리시키며 인문학의 위기를 촉진하였다.

인문학의 위기는 정신 세계의 위기를 의미하고 정신 세계의 위기는 인성의 위기를 의미한다. 우리가 인성교육을 논의하는데 문학을 거론하고 인문학을 입에 올리는 이유가 여기에 있다. 특히, 고전문학은 우리 조상들이 삶과 역사 속에서 끊임없이 재해석하면서 검증된 삶의 원형을 보여주고 있기에 국어교육적 의의와 인성교육적 가치가 크다.

그러나 교육 현장에서 고전 문학은 교사나 학습자에게 골칫거리로 취급당하고 있다. 고전 문학이 교사와 학습자들에게 외면 당하는 이유 중에 하나는 고전 문학 자체가 지니고 있는 특성도 작용하고 있다. 한창훈의 논의처럼 고전 문학 작품을 학습하기 위해서는 현대 문학 작품을 학습할 때와는 달리 "㉮ 텍스트에 관한 書誌的 이해·판단 ㉯ 텍스트 언어의 해독 ㉰ 갈래적 관습·장치·특성의 이해 ㉱ 작품과 관련된 사회적·문화적 요인, 환경 및 작자에 관한 이해" 등과 같은 별도의 과정을 겪어야만 한다.49) 실제로 학습자는 고전 문학 작품을 해독하는 데에서부터 상당한 어려움을 겪고 있는 것이 사실이다.

그러나 과연 고전 문학이 학교 현장에서 학습자의 흥미를 유발하지 못하고, 학습자로 하여금 고전 문학은 어렵고 딱딱하다는 생각을 갖게 하는 요인이 바로 고전 문학이 지니고 있는 여건 때문만은 아닐 것이다. 오히려 고전 문학의 위기는 학습자의 학습 수준과 인지 발달 과정상의 특성을 충분히 고려하지 못한 '학습 목표'와 '학습 내용' 설정, 그리고 고전 문학 작품 선정과 고전 문학 작품을 다루는 교수·학습 방법에 문제가 있다고 생각된다.

이제, 고전 문학 교육의 학습 목표, 학습 내용 및 활동, 교과서 체제 및 제도, 교수·학습 방법 등 교육 외·내적인 문제에 대해 전반적

---

49) 한창훈, 「언어와 예술로서의 고전 문학과 교육」, 『문학교육학』, 태학사, 1999, 143쪽.

으로 고민해야 할 때가 되었다. 물론 고전 문학 교육에 대해 이제까지 고민하지 않은 것은 아니다. '무엇을', '어떻게' 가르칠 것인가, 또는 '평가 방법'에 대한 논의는 최근 들어 지속적으로 이루어지고 있다.

그럼에도 불구하고 학교 수업 현장에서 고전 문학에 대한 인식은 그다지 개선되지 않고 있다. 그 이유는 무엇인가? 간단히 진단할 수 없으나, '연구자 – 교사 – 학습자' 간의 관계가 유기적으로 이루어지지 못하고 있는 것도 하나의 중요한 요인이라 할 수 있다.

연구자는 일선 학교의 학습 상황을 충분히 고려하지 않고 있다. 따라서 연구자의 연구물이 학교 교육 현장의 교사들에게 새로운 교육 내용과 교수·학습 방법을 제시해 주지 못하고 있다. 교사는 교사대로 고전 문학 사유 방식의 근간이 되는 동양 철학이나 문학적 표현 양식에 대해 재교육의 기회를 갖지 못하고 있다.

뿐만 아니라, 학습자의 학습 동기 유발 방안이나 다양한 교수·학습 방법을 새롭게 창안할 수 있는 기회를 갖지 못하거나 정보를 원활히 제공받지 못하고 있다. 이 틈에서 학습자는 고전 문학을 단지 '현실 생활과 동떨어진 것', '접근하기 어려운 것', '쉽게 이해할 수 없는 딱딱한 것'으로 인식하고 있다.

인문학의 위기를 극복하기 위해서, 고전 문학을 학교 교육에서 효율적으로 진행하기 위해서는 그동안 이루어졌던 고전 문학 교육에 대한 깊은 반성이 전제되어야 한다. 특히 고전 문학 교육이 학교 교육 현장에서 환영받지 못했던 이유 중에서 학습자의 수준과 취향을 고려하지 못했던 점과, 학습자 활동 중심의 수업이 아니라 교사의 지식 전달 위주의 수업 진행이 이루어졌던 점은 하루 속히 수정하거나 새로운 방안을 강구하여야 할 문제이다.

5. 1. 2 고전 문학 교육에 대한 반성

학교 교육 현장에서 고전 문학이 제대로 교육 목표를 달성하고 있는가를 근원적으로 살펴 보기 위해 우선 조동일의 논의에 귀 기울 필요가 있다. 조동일은 "언문일치의 표현으로 전환되면서 새로운 글쓰기 방식이 요청될 때 서구적 문학관과 엘리트 의식을 가진 문학인들이 전통을 부정하는 바탕 위에서 미문(美文) 위주의 작문법을 심었다"고 주장하였다.50)

조동일의 주장을 '고전 문학 교육과 언어 문화 전수 및 창달'이라는 개념으로 끌어 들여 해석하면, 우선 두 가지 의미를 발견할 수 있다. 첫째, 역사 진행의 과정 안에서 이루어져야 할 문화 전수가 일제 침략이라는 역사 상황 때문에 단절되었다는 것이고, 둘째, 현재 고전 문학 교육의 출발이 민족의 전통과 역사, 통합된 사회 구조 안에서 논의되지 못하고 서구적 문학관을 가진 문학인들에 의해 무시되었다는 것이다.

결국 고전 문학이 민족 공동체의 자산 형성 과정과 내용에서 제외되었고, 그 결과 고전 문학 교육이 정신적·문화적 자산을 풍성하게 하는 실천과 행위가 되지 못했다는 것이다. 그리고 더욱 문제가 되는 것은 해방 후 출발한 현대 교육에서 학습자 중심의 교육이 강조되지 못하고 이와 동시에 활동 중심의 교수·학습이 진행되지 못한 점이다.

그 동안 학교에서 실시되었던 고전 문학 교육의 몇 가지 문제점을 지적하면, 첫째 고전 문학 작품에 대한 접근법이 고답적이었고, 해석의 방법이 복잡했다. 둘째 학습자의 상상력 표현과 창의적 활동을 허락하지 않았다. 셋째 교수·학습 내용이 현실 생활과 거리감이 있었다. 넷째, 고전 문학 교육을 위한 독창적인 수업 모형이 개발되지 않았다 라고 정리할 수 있다.

좀 더 구체적으로 말한다면 고전 문학 작품에 대해 생소한 느낌을

---

50) 조동일, 「작문의 난관과 과제」, 『국문학 이해의 길잡이』, 집문당, 1999. 253쪽.

가지고 있는 학습자들에게 고전 문학을 친숙한 것으로 인식시키지 못하고, 역사와 전통을 내세워 근엄한 자세로 수업에 임할 것을 강요하거나 자구(字句) 풀이와 뜻 암기에 치중한 수업을 진행하였다. 그러면서도 작품의 여러 해석 방법을 소개하여 학습자에게 혼란을 가져다 주었다. 이런 교육 환경에서 학습자들은 고전문학을 '어렵고 혼란스러운 것'으로 인식하게 되었다.

이러한 현상은 앞에서 말한 바와 같이, 고전 문학은 현대 문학이나 다른 영역과는 달리 독특한 별도의 과정을 거쳐야 함에도 불구하고 '설명하기 → 시범 보이기 → 질문하기 → 활동하기'와 같은 일반적인 모형을 고전 문학 교육에 그대로 적용하고 있는 것과 밀접한 연관이 있다. 즉, 작품 해독, 갈래의 형식·내용 특성 및 연원, 작품과 관련된 사회·문화 요인, 대표 작가와 작품, 국문학의 특질 안에서 이루어야 할 종합적 이해 등51) 고전 문학 교육을 위한 별도의 과정을 일반적인 모형에 적용하려는 데에 문제가 있다.

교수·학습의 방법도 고전문학을 학습자에게 친숙하게 하는 데에는 실패하고 말았다. 고전문학의 특성을 잘못 이해하여 암기식 수업을 진행하다보니 자연히 설명 위주의 교사 중심 수업이 되었고, 교사가 자구 풀이나 글의 내용 구조를 칠판에 판서하면 학습자들은 그것을 받아 적고 외우는 정체되고 수동적인 수업 형태가 계속 유지되었다.

그러다 보니 고전문학의 수업 내용은 자연히 현실의 언어생활과는 동떨어진 것이 되고 말았다. 개별 고전문학 작품의 학습 목적을 어디에 주느냐에 다르겠지만, 교육 현장에서 이루어지는 고전문학 학습을 통해 학습자들이 그것을 실재 생활에서 되새김하고 활용할 수 있는

51) 중학교 국어 교육 과정에 나타난 '時調' 관련 학습 목표이다. 주5)에 밝힌 바와 같이 현행 중학교 국어 교과서에 가사 작품이 포함되어 있지 않아 동시대 시가 문학의 한 축을 이루었던 時調의 학습 목표를 참고하였다. 중학생에게 이러한 학습 목표 설정이 적절한 것인지, 관련 단원과의 긴밀성 여부에 관한 것도 문제가 되나 본고의 논의 내용과 거리가 있어 언급하지 않는다.

것이 없다. 작품을 통해 배우는 '삶'이나 '앎', 구성·구조의 형식, 그리고 표현의 방식도 학습자가 살고 있는 현실 —또는 현실을 살고 있는 학습자 —에 아무런 도움이 되지 못하고 있다.

고전문학은 민족의 역사와 전통 속에서 정제되고 선택된 규범적인 내용과 형식을 갖추었음에도 불구하고 그 정제성과 규범성에 너무 경도되어 학습자에게 전달되다보니 고전문학은 이미 화석화(化石化)된 것으로 받아들여지게 된 것이다.

고전 문학이 우리의 국어교육에서 화석이 되어버렸다는 것은 우리의 전통적인 인성교육의 소멸과 전통 문화 전승의 단절을 의하는 것이다. 다시 말한다면 현대 사회에서 겪고 있는 인성의 부재는 바로 고전문학의 위기에서 온 것이라는 논의가 가능하다는 것이다.

5. 1. 3 고전문학의 인성교육적 당위성

교육의 본질은 무엇일까? 서양에서는 자전거를 타는 일이 그 시대의 삶을 영위하는 데 꼭 필요한 일이라면 자전거 타는 법을 가르치는 것이 교육의 기본 목적이라고 하였다. 그러나 자전거 타는 법을 학생들에게 가르치는 것은 일종의 기능 교육에 해당한다. 그렇다면 기능을 가르치는 것이 교육이 본질이고 전부일 수 있을까?

교육의 본질적인 기능은 학습자에게 역사의 진행 과정 속에 축적된 문화 전통을 전수하여 학습자가 사회 구성원으로서 삶을 영위하는 데 불편함이 없으며 동시에 학습자가 새로운 문화를 창달하는 데 도움을 주고자 하는 것이다. 그럼으로 때로는 현실 세계에서, 그리고 기능적·물질적 쓸모가 없는 것처럼 보이는 것이라 하더라도 학습자의 세계를 바라보는 시각을 변화·확대시키고 정신적인 풍요와 삶의 행복을 가져다주는 것이라면 그 역시 교육의 내용으로 삼아야 한다.

현대 사회가 눈앞에 보이는 물질과 기능을 중심으로 가치 척도의 기준을 삼는다 하여도 물질과 기능만으로는 인간의 행복한 삶을 생성하거나 유지할 수는 없다. 사회가 아무리 변해도 인간이 살아가는 삶이기에 변하지 않는 그 무엇이 있다. 그것이 바로 현재적인 삶, 물질과 기능의 바탕이 되고 인간의 존재 방식과 가치를 유지시켜 주는 정신 세계와 문화이다.

이러한 정신은 '국어 생활을 바르게 하고, 국어와 민족의 언어 문화에 대한 이해와 관심을 가지게 한다.'52)는 국어과 교육 목표에도 스며 있다. 이 때 '국어'는 지식의 개념에 국한되지 않고 일상적인 언어 생활을 포함하고 있으며, '민족'은 현재적인 개념뿐만 아니라 역사적인 개념도 포함하고 있다. 즉, 역사 전개 과정에서 민족이 가꾸어 온 문화를 이해하고 그 이해를 바탕으로 새로운 문화를 창달할 수 있도록 하는 것이 국어과 교육 목표의 한 부분을 차지하고 있는 것이다.

위에 제시한 국어과 교육 목표를 분석하면 국어 교육이 지향하고 있는 내용과 태도를 파악 할 수 있다.

첫째, '국어 생활을 바르게 하고'에서는 국어 교육의 목적이 일상적인 언어 생활을 바르게 하는 데 있음을 나타낸 것이다. 이는 국어 교육이 지향하는 것이 지식이나 이해에 머무는 것이 아니라 표현, 즉 일상적인 언어 생활을 올바르고 풍성하게 해주는 데 있음을 보여주고 있다.

둘째, '언어'를 중심으로 교육이 이루어져야 함을 나타내고 있다. 미술이나 그림 등과 같은 다른 예술 영역이 아닌 '언어'를 매개체로 한 결과물들을 대상으로 한다는 것을 명시하고 있다. '언어'를 매개체로 한 결과물들은 다른 매개체들에 비해 포괄적이면서도 구체적이라는 점에서 과거나 현재의 교육에서 중심이 되어왔다. 그 이유의 핵심에는 언어가 모든 문화적 요소를 모두 포함하고 있기 때문일 것이다. 바로 이러한 점 때문에 국어를 '도구과목'이라고 하는 것이다.

---

52) 교육부 고시 제1992-11호, 44쪽.

셋째, '이해와 관심을 가지게 한다'에서는 국어 교육의 목표가 수업 시간에 완성되는 것이 아니라 학습자가 언어 생활, 언어 문화에 관심을 가지고 꾸준히 학습할 수 있는 동인을 마련해 준다는 태도가 들어 있다. 국어 교육에 대한 이러한 태도 변화는 상당히 바람직한 것이다. 이러한 태도 변화는 교육과 학습자에 대한 올바른 인식 변화를 바탕으로 이루어진 것이다. 즉 교육을 학교 교실에서 완성되는 것이 아니라 평생을 통해 추구해야 할 것으로 규정하고 있으며, 학습자를 지식 전달의 대상이 아니라 새로운 문화 창달의 주체자로 인식한 결과이다.

결과적으로 개정한 국어과 학습 목표는 교육의 장을 학교 교실에서 일상 생활로 확대하였으며, 교육 기간을 평생으로 확장하였다. 뿐만 아니라 학습자를 수동적이고 피동적인 개체로 인식하지 않고 자발적이고 창의적인 개체로 인식하고 있다. 따라서 학습자는 평생동안 일상 생활의 언어사용에 관심을 가지며 새로운 언어 문화 창달에 자발적으로 참여하는 개체임을 확인한 것이다.

그러나 이러한 국어 교육의 목표가 교육 현장에서 제대로 수행되기 위해서는 '문화'에 대한 개념 규정과 '언어' – 이 곳에서는 고어(古語) –, 또는 '언어 문화'의 교육적 필요성을 논의하여야 할 것이다.

우선, '문화'를 한 마디로 정의하기에는 어려움이 있지만 '삶의 총체'라는 말로 대신할 수 있다. 문화의 정의가 이렇게 포괄적일 수밖에 없는 이유는 삶의 어느 한 모습이 문화일 수 없고, 문화의 속성상 역사와 전통 속에서 추상적인 관념의 형태로 존재하기 때문이다[53].

따라서 '문화'란 현재적이거나 개인, 또는 소집단에 의해 형성되는 것이 아니다. 가령, 현재 컴퓨터 공간에서 이루어지고 있는 '채팅'은 진정한 의미에서의 문화가 아니다. 진정한 문화란 역사의 진행 과정

---

53) 유형(有形) 문화재라 하더라도 눈으로 보는 물질적 형태가 그 문화재의 모든 것은 될 수 없다. 유형 문화재를 중요하게 보존하는 것은 그 유형 문화재 내면에 담겨져 있는 정신, 또는 정신 활동 때문이다.

안에서 이루어지고 축적되며, 구성원 개개인과 소집단 사이가 아닌 모든 사회 구성원이 참여한 사회 구조 속에서 생성되고 전달되는 것이다. 즉, 문화란 민족의 역사를 벗어나서는 생성되지 않으며, 문화 생성은 어느 한 개인이나 특정한 사조에 의해 제한 받지 않는다. 문화란 사회 구성원 공동의 자산이며, 사회 구성원의 정신적·물질적 자산을 더욱 풍성하게 하는 역사적 실천이자 행위이고 결과이다. 따라서 문화는 그 사회 구성원의 대상(세계)에 대한 인식과 사유 방식에 지대한 영향을 미치는 것이어야 한다.

다음으로 '언어'를 교육할 필요가 있는가에 대한 논의가 필요하다. 이러한 논의의 출발점에 서서 언어 교육을 언어사용 능력을 향상시키는 도구로만 인식하는 태도를 버려야 한다. 언어란 일상 생활에의 의사 소통의 매개로만 역할하는 것이 아니다. 언어란 의사 소통의 매개 이상의 가치를 지닌다. 언어란 그 언어를 사용하는 사회구성원(언중)이 지니고 있는 문화의 총체이다. 언어란 사회 구성원의 삶을 표현하는 도구로서만 기능하는 것이 아니라 사회 구성원의 삶을 조직하고 표현의 원리를 결정하는 방식으로도 기능한다. 뿐만 아니라 사회 구성원의 대상에 대한 인식을 결정하고 삶을 이끌어 나가는 역할을 한다.

따라서 언어를 교육한다는 것은 일상 생활의 언어사용을 풍성하게 할 뿐 아니라 그 언어를 사용하는 사회 구성원의 대상에 대한 인식 태도와 함께 삶의 질을 결정하는 요인이 되는 것이다. 즉 "교육을 통해 언어를 경험한다는 것은 객관적으로 존재하는 의미의 구조에 적응하는 것만이 아니라 그것을 수용하여 성장의 내용으로 삼으며 또한 그것으로 인하여 스스로 성장할 수 있게 함을 생산하는 것"이다.[54)]

그러나 교육 현장에서 언어 교육은 제대로 수행되지 않고 있다. 단적으로 국어교육에서 고어에 대한 교육은 수행된 적이 없다. 고어 교육을

---

54) 언어 교육에 대한 의의는, 이돈희 「언어적 경험의 교육」,(『교육적 경험의 이해』, 교육과학사. 1993.)을 참고할 수 있다.

통해 고어의 생성 원리와 고어, 또는 고어의 생성 원리에 담겨져 있는 민족의 정신 세계와 민족이 가지고 있는 표현 방식에 대한 학습은 이루어지지 않고 있다. 이러한 상황에서 학습자에게 삶의 방식을 전수하는 것은 불가능하며, 더욱이 새로운 문화 창달을 기대할 수 없다.

이러한 논의를 바탕으로 고전문학의 교육적 당위성을 논할 수 있을 것이다.

> 일반적으로 볼 때, 고전문학은 두 가지의 교육적 속성을 갖는 것으로 이해된다. 하나는 오랜 시간을 걸쳐 전승해 오는 동안 끊임없이 향유되고 재해석되어 현재에도 일정한 정서적 영향력을 갖는 속성이다. 이는 고전문학이 심미적 가치를 계속 유지하면서 향유자의 삶의 체험을 확대하는 현재적 실체임을 말한다. 이는 '문학'에 중점을 둔 것으로 문학 교육의 목표로서의 의미를 갖는데, 학습자가 작품을 통하여 인간의 보편적인 삶에 대한 체험을 확대하고 자아를 실현하는 데 보탬이 된다고 보기 때문이다. 다른 하나는 '고전'에 중심을 둔 것으로, 당대의 삶의 모습을 담지하는 자료로서 문화의 원형을 보여준다는 사실이다. 이는 고전문학 교육이 역사적 사실에 기반하여 이루어져야 하며, 따라서 작품이 하나의 교육 자료로 기능한다는 것을 말해준다.[55]

고전문학을 '문학'과 '고전'으로 나누어 교육적 속성을 살핀 것이다. 우선 '문학'을 '삶의 체험을 확대하는 현재적 실체'로, 그리고 '고전'을 '문화의 원형을 담고 있으며 이를 보여주는 작용태'로 정의하고 있다. 이를 '고전문학'의 속성 안으로 통합하면 '문화의 원형을 담고 있어 학습자에게 삶의 체험을 확대하는 실체로서의 속성을 담고 있는 것'이 바로 고전문학이라 할 수 있다.

이러한 논의를 조금 더 고전문학 교육의 필요성으로 끌어 들일 필요가 있을 것이다. 이상익은 조윤제, 김형규, 김용목이 제시한 고전문

---

55) 김중신, 「고전시가의 문학교육적 자질」, 『문학교육의 이해』, 태학사, 1997. 247 - 250쪽(한창훈, 「언어와 예술 자료로서의 고전문학과 교육」, 『문학교육학』, 태학사, 1999 겨울호, 136쪽에서 재인용)

학 교육의 필요성을 다음과 같이 정리하였다.

○ 참다운 현실적, 민족적 생활을 하기 위하여
○ 건전한 민족의 역사를 창조하기 위하여
○ 문화사회에서 떳떳한 존재가 되기 위해서
○ 문학교육을 효과적이며 기능적으로 수행하기 위해서56)

이를 다시 정리하면 고전문학 교육의 필요성을 세 항목으로 나누어 살필 수 있다. 첫째, 민족 문화를 전승하여 떳떳한 문화인이 되기 위해서 둘째, 민족 문화의 창조적인 계승 발전을 위해 셋째, 문학의 내용과 형식을 이해하여 문학 교육을 효과적으로 수행하기 위해 등이다.

그러나 이러한 고전문학 교육의 필요성과 고전문학의 교육 목표는 학습자의 현실 생활과 밀접한 관련을 맺어야 한다. 즉, 학습자 일상 생활에서 언어를 사용하는 데 불편함을 겪지 않아야 하며, 오늘의 삶을 풍요롭고 행복하게 누릴 수 있도록하여야 한다. 그래서 학습자는 문학의 소비자가 아니라 문학을 창조하는 창조자로서 자리매김할 수 있도록 하여야 한다.

그렇다면 이제는 문학교육에서 '시가교육'으로 논의의 내용을 조금 더 구체화할 필요가 있다. 논의의 초점을 문학교육에서 시가교육으로 좁히는 일은 본 장에서 구체적으로 다룰 '기행가사의 교육적 필요성'에 더욱 가깝게 접근하는 일이기 때문이다.

우선 '시'를 가르쳐야할 필요성은 어디에 있는가?

한 편의 시는 모름지기 단 하나의 주도적인 상상력만으로 이루어져 있지 않기 때문이다. 섬세한 발견과 날카롭게 대상의 본질을 길어 올리는 투사와 유추, 분리된 것을 결합하는 연상과 현실을 부정의 눈으로 확인하는 전복의

---

56) 이상익, 「古典文學 외 가르쳐야 하나」,(이상익 외, 『古典文學 어떻게 가르칠 것인가』, 집문당, 1994), 16쪽.

상상력들은 기실 한 편의 시에 긴밀하게 습합되고 용해된 채, 하나의 시적
세계를 튼실하게 엮어 나가고 있는 것이다. 그럼에도 이러한 분리는 상상력
의 실체를 더욱 선명하게 들여다보기 위한 장치라는 점에서 놓칠 수 없는 이
점들을 갖는다. 더욱이 상상력들은 동일한 깊이로 시적 세계를 구성하는 것
이 아니라, 주도적인 상상력이 전면에 배치된 채 여타의 상상력들은 후경에
서 마치 삼각형의 꼭지점을 위한 밑면과 옆면을 형성하는 것처럼 이루어져
있기 때문이다.57)

김상욱은 시에는 하나의 상상력이 아닌 다양한 상상력들이 서로 다
른 깊이로 내재하여 있다고 하였다. 이러한 상상력들은 탄탄한 삼각
형 구조를 지니고 세계를 인식하는 틀을 이루고 있다. 뿐만 아니라 투
사와 유추, 연상, 전복의 상상력들은 세계를 표현하는 방식으로도 작
용한다.

이렇게 시가 지니고 있는 대상에 대한 투사와 유추, 연상, 전복의
상상력들은 문학의 본질이기도 하며 동시에 세계를 인식하고 세계를
재구성하는 능력으로 작용한다. 이러한 논의를 '문학 교육에서 시를
가르칠 필요성이 있는가?'에 대한 물음에 답하기 위해 정리할 필요가
있을 것이다.

우선 '시'를 가르쳐야 할 필요성은 문학 과목의 목표 나항, "작품의
수용과 창작 활동을 함으로써 문학적 감수성과 상상력을 기른다"58)
에서 찾을 수 있다. 즉 문학 교육의 한 내용을 이루고 있는 '문학적
감수성과 상상력'을 기르는 데 시, 시 교육이 주도적인 역할을 수행할
수 있다는 것이다.

그리고 새로운 세기의 교육 목적으로 삼고 있는 '창의력 개발과 건
전한 인성' 역시 시, 시 교육을 통해 달성할 수 있다. 시를 통해 창의
력을 개발하고 건전한 인성을 육성할 수 있다는 것은 시가 지니고 있

---

57) 감상욱, 『시의 숲에서 세상을 읽다』, 푸른나무, 1996, 216 - 217쪽.
58) 교육부, 『제7차 교육과정 - 국어과 교육과정』, 교육부 고시 제 1997 - 15호,
    151쪽.

는 다양한 상상력과 그에 따른 다양하고 섬세한 세계에 대한 인식 태도를 주된 근거로 한다. 즉, 시적 상상력은 창의력의 주된 성분이 될 수 있고, 세계에 대한 폭넓고 본질적인 시적 인식 태도는 건전한 인성의 바탕이 된다는 것이다.

그러나 무엇보다 중요한 것은 문학 교육 현장에서 학습자 활동 중심의 교수·학습 방법에 시가 적합한 소재라는 것이다. 이는 시가 지니고 있는 특성들, 가령 상상력, 분리와 결합의 연상, 감수성, 비유와 유추 등의 세계 인식 방법과 표현 방식들이 다른 갈래의 문학 작품을 수용하고 이해하는 데 기초가 될 뿐 아니라 45분 또는 50분 동안의 짧은 수업 시간을 통해 문학 교육의 목표를 이루어야 하는 수업 여건에도 시가 적합한 소재라는 것이다. 즉 짧은 수업 시간에 학습자 활동 중심의 수업을 이끌어 내기 위해서는 소설이나 희곡과 같은 산문보다는 활동 시간의 부담이 적은 시와 같은 운문이 강점을 지니고 있다는 것이다.

그렇다면 국어 교육에서 고전시가를 가르칠 필요가 있으며, 고전시가의 교육적 가치는 무엇인가?.

이에 대한 답변은 이제까지 논의한 '고전문학'과 '시' 교육의 필요성을 결합하면 될 것 같다. 논의의 반복을 피하기 위해 간단히 정리한다면, "대상을 인식하는 다양한 상상력과 다양한 표현력을 기반으로 민족 문화의 전통을 현실 생활 속에서 계승하고 새로운 문화를 창달하기 위하는 데 고전 시가는 국어 교육의 주도적인 역할을 한다"고 할 수 있다.

사실 고전 시가는 다른 문학 양식과는 달리 민족의 고유한 사상과 정서를 대립과 갈등이 아닌 비유와 함축으로 담아 내고 있으며, 민족 문화의 한 영역으로서 전통과 사상, 역사를 담고 있으므로 교육적 가치는 매우 높다고 할 것이다.

5. 1. 4 새로운 고전 문학 교육에 대한 발전적 논의

국어교육 역시 '무엇을', '어떻게' 가르칠 것인가의 문제로 집약될 수
밖에 없다. 일반적으로 '무엇을'을 명제적 지식(knowing that)으로
'어떻게'를 방법적 지식(knowing how)이라 한다.59) 그러나 무엇을
가르칠 것인가는 다분히 추상적이고 포괄적이기 때문에 구체적인 논의
가 어려워 교육의 수행적 측면을 강조할 수밖에 없다. 따라서 최근의
논의는 교육의 기능과 전략에 논의의 초점이 모아지게 되었다.

그러나 방법적 지식은 기능론에 빠지기 쉬운 단점을 가지고 있다.
이에 이도영(1998)은 '조건적 지식'을 첨가하였다. '조건적 지식'은
'무엇을'과 어떻게'게 이외에 '언제', '왜'에 해당하는 지식이다. 즉 교수
-학습하여야 할 내용을 언제, 왜 하여야 하는지에 대한 조건적 지식
을 함께 가르쳐야 한다는 것이다.

하지만 이 또한 국어의 이해 능력과 표현 능력을 명쾌하게 가르치
고 능력을 신장시킬 수 있는가에 대한 의문은 남는다.

'명제적 지식', '방법적 지식', '조건적 지식'은 모두 학습자에게는 하
나의 정보 내지 명제의 형태로 전달되기 때문에 학습의 목적에 쉽게
도달할 수 없다. 이에 구체적인 실천의 맥락에서 반성과 연습을 통해
체득되며, 언어화가 불가능한 차원에 있는 암묵적 지식과 이와 비슷
한 맥락에서 실제적 지식이라는 개념이 소개되었다. 실제적 지식이란
활동하는 동안 나타나는 여러 흥미나 호기심, 지적 열정 및 사고 방식
을 포함하는 것으로 규정된다.60)

그러나 이러한 원리와 지식들이 실제 수업에서 활용되기 위해서는
특별한 처치가 있어야 한다. 실제 수업에서 학습자들이 이러한 원리

---

59) 이를 선언적 지식과 절차적 지식이라고도 하고, 본질적 지식과 도구적 지식이
라 구분하기도 한다.
60) 염은열, 앞의 책, 161쪽.

와 지식을 체득하는 것을 바라는 것은 무리이며, 실제 수업에서 원리
와 지식 중심의 수업은 학습자의 동기유발을 이끌어내지 못할 것이
분명하기 때문이다.

문제는 실제 수업을 통해 학습자들에게 가르칠 내용에 대해 흥미를
갖게 하여 학습 동기를 유발하고, 지식의 이해나 수행 활동을 통해
머리 속에 저장되고, 다음 학습과 일상 생활에서 올바른 이해와 표현
을 할 수 있도록 하는 것이다.

가령, 정철의 〈관동별곡〉을 학습하기 위해서는 학습자에게 〈관동별
곡〉에 대해 관심을 갖도록 유도하여 동기유발을 하고, 〈관동별곡〉 작
품에 대한 지식이나 가사문학에 대한 지식을 설명을 통해 지식으로
받아들이게 한 다음 〈관동별곡〉의 내용을 이해하고 감상하게 한다.
이러한 수업 과정을 통해 〈관동별곡〉과 가사문학에 대한 이해를 지
식, 지식구조화 하여 다른 가사 작품과 문학 전반에 대한 이해를 높이
고 일상 생활의 언어 생활을 풍성하게 한다.

이러한 수업 모형과 수행은 지금까지 학교 교육에서 일반적으로 이
루어진 교육 형태이다. 그러나 교사의 '설명하기'와 '시범 보이기'에도
불구하고 학습자가 수업 내용에 흥미를 갖지 못하거나 '설명하기', '시
범 보이기' 자체에 대해 거부 반응을 일으키는 수가 있다.

특히 고전문학 작품을 학습하는 경우 이러한 양상은 두드러지게 일
어난다. 그 동안 고전문학은 암기식, 주입식 교육으로 말미암아 학습
자들에게 동기를 유발하거나 애착을 가지고 이해와 표현 활동에 참가
할 수 있는 기회를 제공하지 못하였다. 따라서 학습자들은 고전문학
을 '딱딱한 것', '어려운 것', '재미없는 것'으로 인식하여 고전문학을
학습하는 데 거부감을 가지고 있다.

이러한 현상은 곧 '인문학의 위기', 특히 '고전문학의 위기'로 이어
져 고전문학의 위상을 떨어뜨리고 말았다. '고전문학의 위기'가 고전
문학의 본질과 기능에 의한 것이라면 어쩔 수 없는 일이겠지만 학습

내용의 선정과 교수·학습의 방법에 문제가 있는 것이라면 이는 시급히 시정되어야 할 일임이 분명하다.

새로운 고전 문학 교육을 위한 발전적 논의는 국어 교육의 본질과 특성에서 출발할 수 있다. 즉, 국어 교육에서 가장 본질이 되는 것은 '이해'와 '표현'이므로 효과적인 이해와 표현 방법을 터득하고 이를 일상 생활에서 활용할 수 있도록 하는 것이 새로운 국어 교육의 출발점이라는 것이다. 그러나 한 가지 중요한 것은 이해와 표현은 서로 다른 영역임에도 불구하고 일정한 지식(앎)을 바탕으로 한다는 점에서는 동일한 조건을 갖으며, 활동을 통해 목표에 구체적으로 도달할 수 있다는 점에서 서로 관련을 맺는다는 것이다.

김대행(1995)은 지식, 지식적 구조는 원리적 성격을 띰으로써 그 원리의 터득이 삶의 여러 국면에서 두루 활용될 수 있고, 동시에 구조로서의 면모를 지니는 본질적 지식을 가르칠 내용을 제안하였고 구체적인 표현 현상으로부터 구조화된 지식을 추출하고자 시도하였다. 그러나 지식을 어떻게 가르쳐야 하는지[61] 명확하게 밝혀졌다고 보기에는 어렵다.

오히려 이해와 표현을 중시하는 국어 교육에서는 지식, 지식 구조의 획득을 전면으로 내세우기보다는 이해와 표현이라는 활동을 전면에 내세우고 활동을 통해 원리를 체득함으로써 그 결과가 지식, 또는 지식 구조가 되도록 하여야 할 것이다.

---

61) 지식을 어떻게 가르쳐야 하는가도 중요하지만, 지식이 무엇인가에 대한 논의도 필요하다. 즉 동양에서는 지식을 '앎과 정서의 복합체'로 인식하고 있는 반면, 서양에서는 '논리적인 앎과 과정'을 지식으로 인식하고 있다. 따라서 서양에서는 지식을 쌓아가는 과정과 결과를 교육의 중요한 요소로 삼았다면, 동양에서는 깨달음을 통해 얻는 앎을 교육의 덕목으로 삼았던 것이다. 지식에 대한 시각 차에 의해 서양 교육은 지식을 쌓는 것을 중시한 반면 동양 교육에서는 세계를 올바로 인식하고 인화(人和)적인 삶을 영위하는 것을 목적으로 삼았던 것이다.

'활동' 중심 교육은 6차 교육과정에서부터 특히 강조되었다. 활동을 교육 내용으로 삼는 것은 구체적인 활동을 통해 기능이나 능력을 체득함으로써 실제적인 행위를 수행할 수 있다는 것을 가정한 것이다.

국어 교육은 이해와 표현을 본질로 삼기 때문에 특성상 활동이 강조된다. 구체적인 활동이 없이는 이해와 표현은 의미가 없기 때문이다. 특히 적극적이고 능동적인 학습자로 육성하기 위해서 이해와 표현의 주체가 되어 '활동'하는 일은 매우 의미 있는 일이다. 국어교육은 학습자가 실재 생활에서 이해의 힘을 높이고 이를 바탕으로 실제적으로 말하고 쓰는 일을 수행하는 것을 목표로 삼기 때문에 더욱 그렇다.

그러나 '열린교육', '학습자 중심 교육', 또는 '수준별 학습'으로 대변되는 '활동' 중심의 교육은 학습자에 대한 이해를 소홀히 함으로써 심각한 문제점에 봉착되고 말았다.

'활동'을 '교사에게 질문하기', '정보수집하기', '경험이야기하기', '친구들과 토론하기' 등으로 인식하여 수업에 적용하고 있다. 사실 활동 중심의 수업은 학습자에게 동기유발을 부여한다. 그러나 이재승62)에 의하면 실제 수업에서는 활동과 지식(앎)을 연결하지 못하는 경우가 많고, 활동은 왕성하게 하는데 활동을 통해 무엇을 배웠는지 확신하지 못한다고 한다. 따라서 활동을 지식화 할 수 있는 내용이 구안될 필요가 있음을 보여준다.

지식, 또는 지식의 구조를 가르치는 일이 중요하고 또는 그것이 교육이 지향해야 할 목적일 수 있으나 명제화된 지식의 가르침만을 교수·학습 방법으로 강조하다보면, 재현의 심리 욕구와 실험 정신이 가장 강한 학습자들에게 동기를 유발할 수 없으며 적극적이고 능동적인 학습을 기대하기 어렵다.

따라서 지식, 지식의 구조를 전면에 내세울 것이 아니라 그 원리를

---

62) 이재승, 「과정 중심의 쓰기 교재 구성에 관한 연구」, 한국교원대학교 대학원 박사학위논문, 1999. 참조.

구현하고 있는 문학 작품을 먼저 제시하고 문학 작품을 학습 자료로 이해와 표현 활동을 수행하는 과정에서 원리를 직접 체득하게 하고 체득한 원리를 바탕으로 지식을 구조화 할 수 있도록 도와줄 필요가 있다. 즉 이해를 위해 지식, 지식 구조를 먼저 설명하는 것보다는 작품을 학습 자료로 글쓰기와 말하기를 먼저 수행하여 학습자들이 지니고 있는 언어·문학에 대한 지식과 능력을 이끌어 내는 교수·학습 방법이 먼저 필요하다.

그렇다면 제시된 고전 문학 작품은 분석해야 될 학습 자료로 기능하기 보다는 읽기와 쓰기(이해와 표현)의 체험으로서 기능하게 될 것이고, 수업 모형 역시 '활동하기(쓰기·말하기를 포함한 활동) → 토론하기 → 질문하기 → 설명하기'의 모형으로 바뀌게 될 것이다. 이와 같은 변화가 일어나면, 고전 문학 작품과 학습자의 활동에 의해 표현된 창작물이 동시에 학습 자료가 될 것이고, 교사에 의해 주입된 지식보다 학습자 활동에 의한 지식이 확고한 지식 구조화를 이룰 수 있을 것이다.

교육부에서 고시한 '국어과 교과 과정 해설' 중에서 문학 영역의 목적과 성격을 보면 이러한 관점 변화의 필요성이 분명해진다. 문학 영역의 목표를 살펴보면 "문학 작품의 감상 활동과 표현력 및 이해력의 신장을 위한 학습 활동이 유기적인 관계를 맺으면서 통합적으로 이루어질 수 있도록 하였다"라고 명시되었다. 이를 분석하면 문학 작품을 교육하는 목적으로는 '감상활동'·'표현력'·'이해력'을 신장하는 데 있고, 교수·학습 방법은 이것들이 '유기적인 관계'를 맺으면서 '통합적'으로 이루어지는 것, 이루어질 것을 요구하고 있다.

읽기(이해)와 쓰기(표현)가 별개의 것이 아니고 적극적인 읽기는 쓰기와 통하고 쓰기는 읽기에서 얻은 앎을 바탕으로 한다는 관점에서 위와 같은 명시는 매우 바람직한 것이라고 할 수 있다. 그러나 교과서 체제가 읽기와 쓰기 영역을 따로 구분하고 있고 이에 따라 학습 활동이 각 영역의 활동으로 제한되어 있는 점, 그리고 수업 시수의 부족으로 이해와 표현의 유기적으로 관계를 맺으면서 통합적으로 이루어질 수 없다는 점은 문제가 아닐 수 없다. 따라서 교과서 체제를 여섯 개의 영역으로 구분하여 편집할 것인가의 문제와 학습 활동을 통합적인 활동이 될 수 있도록 구안하는 점, 그리고 수업 시수의 문제들이 다시 폭넓게 이루어져야 할 것이다.

문학 교육에서 이해와 표현, 그리고 감상 활동이 유기적이고 통합적으로 이루어지기 위해서 그 동안 간과되었던 교수·학습의 주체에 대한 올바른 인식도 필요하다.

5. 1. 5 학습자 활동 중심의 문학 교육

(1) 학습자 활동 중심 교육의 개념과 가능성

지금까지 이루어진 고전 문학 교육의 문제점은 학습자 중심 교육과 활동 중심 교육의 '부재'로 요약할 수 있다. 그렇다면 효율적인 고전 문학 교육을 위해 '학습자'와 '활동'의 개념을 점검하고 학습자 활동 중심의 고전 문학 교육이 가능한지를 면밀히 살펴야 할 것이다.

고전 문학 교육이 학습자 활동 중심의 교육이 되어야 함은 국어 교육의 특성과 목적을 통해서 검증될 수 있다. 국어 교육은 이해와 표현을 본질로 삼기 때문에 성격상 활동[63]이 강조된다. 구체적인 활동이 없는 이해와 표현은 의미가 없다. 특히 적극적이고 능동적인 학습자로 육성하기 위하여 학습자가 이해와 표현의 주체가 되어 '활동'하는 일은 매우 의미 있는 일이다. 국어 교육은 학습자가 일상 생활에서 이해의 힘을 높이고 이를 바탕으로 실제적으로 말하고 쓰는 일을 수행

---

63) 6차 교육과정에서부터 '활동' 중심의 교육이 강조되었다. 활동을 교육 내용으로 삼는 것은 구체적인 활동을 통해 기능이나 능력을 체득함으로써 실제적인 행위를 수행할 수 있다는 것을 가정한 것이다.

하는 것을 목표로 삼기 때문에 더욱 그렇다.

논의 전개를 위해 과거의 문학 교육(활동)을 추론해 보자. 가령, 기행가사를 읽는 학습자는 작품을 해석하고 그를 바탕으로 작품을 이해하고 감상한 다음, 작품의 형식을 견고히 하거나, 이해·감상의 내용을 바탕으로 자신의 사상과 정서를 담은 새로운 작품을 창작하였을 것이다.64)

이를 다시 '작품의 이해와 감상 → 새로운 작품 창작'으로 요약할 수 있다. 이는 학습자가 주체적으로 작품을 이해·감상하였다는 것을 의미하고, 동시에 새로운 작품 창작을 통해 이전의 작품 영역을 확대하는 과정을 거쳤음을 의미한다. 교육의 목적이 '문화 전수와 새로운 문화 창달'에 있음을 상기한다면 이와 같은 과정은 매우 효율적인 방법으로 받아들일 수 있다.

'문화 전수'는 명제화된 지식으로만 이루어질 수 없고, 또한 명제화된 지식 전달만이 문화 전수의 유일한 방법이라는 주장은 설득력이 없다. 다시 말해서 고전 문학 작품의 운율, 갈래적 특성, 한국문학 안에서의 역할과 특질, 대표 작가와 내용 등과 같은 지식을 전달했다 해서 고전 문학 작품을 이해하고 감상할 수 있는 것은 아니라는 것이다.

학습자에게 명제화된 지식을 잘 정제하여 전달한다 하여도 학습자는 주관적 상상력과 선이해(pre - underst and)를 거치게 된다. 교사의 의도와는 달리 학습자는 지식을 전달받으면서도 주관적으로 상상하고 이해 이전에 자신의 생각(선이해)을 작동한다. 그리고 이것은 문학 교육, 문화 전수와 새로운 문화 창달에 매우 중요한 요소이다.

이제까지 고전 문학 교육은 학습자의 주관적 상상력과 선이해 과정을 인정하지 않았고, 이것이 고전 문학의 위기로 이어졌다고 해석할

---

64) 〈관동별곡〉이 〈관서별곡〉의 영향을 입어 창작되었다든지, 그 외 많은 작품들이 앞 작품과 일정한 영향 관계에 있다는 연구 결과에 비추어 이는 단순한 가정이나 추론이 아닐 것이다.

수 있다. 고전 문학 교육에서 가장 경계하여야 할 것은 해석의 지평을 닫는 것이다. 모든 문학 교육이 그러하지만, 특히 고전 문학 교육에서는 고전 문학의 세계와 학습자의 세계가 서로 자유롭게 만날 수 있는 환경을 만들어야 한다. 이러한 '지평의 융합(fusion of horizons)'이야말로 고전의 세계를 넓힘과 동시에 학습자의 세계를 넓히는 요소가 될 것이다.

교육부에서 고시한 '국어과 교과 과정 해설' 중에서 문학 영역의 목적과 성격을 보면 "문학 작품의 감상 활동과 표현력 및 이해력의 신장을 위한 학습 활동이 유기적인 관계를 맺으면서 통합적으로 이루어질 수 있도록 하였다"[65]라고 명시되었다. 이를 분석하면 문학 작품을 교육하는 목적으로는 '감상활동' · '표현력' · '이해력'을 신장하는 데 있고, 교수 · 학습 방법은 이것들이 '유기적인 관계'를 맺으면서 '통합적'으로 이루어지는 것, 이루어질 것을 요구하고 있다.

통합적인 교수 · 학습을 위해, 읽기(이해와 감상)는 글쓰기(표현)와 연계했을 때 완성된다는 견해[66]나 '적극적인 읽기 = 쓰기'[67]라는 주장은 설득력 있게 받아들여지는데, 이는 읽기를 통해 습득된 지식이나 이미지는 거의 추상적인 관념으로 내재하기 때문이다. '이해(듣기, 읽기)'는 '표현(말하기, 쓰기)' 활동을 수반하였을 때 구체적인 앎이 되거나 일상 생활에서 수행될 수 있다.

---

65) 문학 과목의 목표 '나'에 의하면 "작품의 수용과 창작 활동을 함으로써 문학적 감수성과 상상력을 기른다"라고 명시하였다.
66) 한철우 · 천경록 역, 『독서지도방법』, 교학사, 1996. 참조.
67) 김동환(「비평적 에세이 쓰기」, 『문학과 교육』 제4호, 한국문학교육학회, 1999)은 독자는 글을 읽으면서 끊임없이 새로운 각 편을 만들며 읽는 점에 주목하여 적극적 읽기는 바로 쓰기라고 주장하며, 적극적 읽기의 방식으로 비평적 글쓰기나 메타적 글쓰기를 제안하였다.

(2) 학습자 수준과 취향에 대한 고려

교수·학습의 주체는 교사가 아니라 학습자이어야 한다는 인식은 일찍부터 있어왔고 6차 교육 과정에서부터 강조되어 왔다. 그리고 7차 교육 과정에서는 '수준별 수업'을 표방한 바, 이는 학습자 중심의 교육을 더욱 구체화하고 확대한 것이다. 그럼에도 불구하고 학습자에 대한 이해 부족이 진정한 학습자 중심의 교수·학습을 어렵게 하는 요인이 되고 있다.

이러한 요인의 배경에는 현대 사회의 매체 변화와 그에 따른 사회 변화를 감지하지 못하고 있으며, 매체 변화가 가져온 의사 소통 구조의 변화를 이해하지 못하는 것이 자리 잡고 있다. 그리고 학습자를 아직도 제도권 교육의 틀 안에 갇혀 있는 존재로 파악하고 있기 때문이다.

컴퓨터를 중심으로 한 매체 변화는 사회의 의사소통 구조를 '일방적 작용으로서의 의사소통 구조'에서 '교류로서의 의사소통 구조'로 변화시켰다68). 현재를 살고 있는 학습자들은 교사에 의해 일방적으로 이루어지는 수업 형태보다는 '학생과 학생', '교사와 학생'의 상호 교류적인 수업 형태에 긍정적인 반응을 나타낸다. 즉 '교사 → 학생'의 일방적인 수업 방식보다는 '학습자 ↔ 학습자', '교사 ↔ 학습자' 형태의 수업 형태를 선호하는 것이다69)

이러한 현상은 학습자들의 인지적 발달 특성과 밀접한 관련이 있다. 효율적인 논의를 위해 중학교에 다니는 학습자를 중심으로 살펴보면, 일반적으로 중학생들은 '구체적 조작기'를 완성하면서 '형식적 조작기'로 넘어가는 특성을 보인다.

---

68) 졸저, 『읽기 교육의 이론과 실제』, 2000, 역락. 2장 참조.
69) 물론 이러한 활동의 결과가 지식, 지식 구조의 파악으로 이어져야 한다는 점에서 교사의 역할은 지속적으로 중요한 것이다. 즉 학생들의 활동을 정리하고 평가하며 그것을 수업 목표와 관련 짓고 수업 내용을 학습자에게 지식, 지식 구조로 남기기 위해서는 교사의 역할이 더욱 증대된다고 하겠다.

중1(12세) : 구체적 조작 후기 - 69.8%
중2(13세) : 구체적 조작 후기 - 51.1%, 형식적 조작 전기 - 48.8%
중3(14세) : 구체적 조작 후기 - 47.4%, 형식적 조작 전기 - 52.2% [70]

또한 이 시기의 학습자는 정열적인 실험 정신과 활동력을 보이며, 자신을 독립적인 존재로 정립하는 데 큰 관심을 보인다. 수동적인 학습보다는 적극적이고 능동적인 학습 참여를 선호한다. 가설을 세우기를 좋아하고 세운 가설을 검증하기 위해 실험을 수행하고 실험에 참가하는 것에 흥미를 갖는 특성을 갖는다.

이 시기의 상상력은 하나의 가능성이나 결과를 도출하는 데 만족하지 않고 또 다른 가능성이나 결과를 도출하기 위해 탐색하는 수준으로 발달한다. 이 시기의 상상력을 '조응적 상상력'이라 하는데, 조응적 상상력은 '하나로 말하여 다른 것을 의미하는' 방법을 분석적으로 재구성하는 수준의 상상력을 의미한다.

이 시기 학습자들이 이러한 수준의 상상력을 갖는 배경에는 '자아 정체성' 획득을 위한 강렬한 욕망이 내재해 있다. 다시 말하면 앞 시기에서부터 시작한 자아 정체성 획득을 더욱 구체화·내면화하기 위하여 현실 사회를 깊이 탐색하여 비판적 의식을 키우기도 하고, 다른 사람의 삶을 모습을 들여다보고 삶의 진정한 의미와 방향을 찾기 위하여 숨겨져 있는 사실들이 지니고 있는 상징성이나 아이러니, 역설적인 의미들을 파악하고 파악해내기 위해 집중하고 골몰하는 특성을 지닌다. 따라서 이 시기에 갖는 인지 발달, 즉 조합적 사고력·추상적 이해력·조응적 상상력 등은 모두 삶과 삶을 살아가는 사람들의 사는 모습을 더욱 구체적으로 파악하기 위한 본능이라고 할 수 있다.

즉, 이 시기 학습자들은 어떠한 사실을 주입 받기보다는 사실을 대

---

70) 한종하 외, 『중등학생의 지적 정의적 발달 특성 조사 연구』한국교육개발원연구
　　보고서, 1982, 69쪽.

상으로 능동적인 해석과 실험 등 활동하기를 좋아하고, 답이 하나인 것보다는 다양한 가능성과 결과를 도출하는 데 관심을 보인다는 것이다. 그리고 '자아 정체성'을 높이기 위해 다른 사람의 삶을 구체적으로 파악하여 비판도 하고 모방도 한다는 것이다. 이러한 특성 때문에 이 시기의 학습자는 무한한 세계를 탐색하고 구현할 수 있는 인터넷 사용을 즐기고, 정지되어 있고 평면적인 형태의 자료보다 동영상이나 입체적인 형태의 자료를 더욱 선호하는 것이다.

5. 2 인성교육과 시조교육

시조를 국어과 교육 과정에 포함하여 학교에서 가르친 지 75년이 지났다.71) 이는 시조가 근대 교육의 출발에서부터 교육 자료로 채택되었고, 학교 현장에서 국어 교육과 문학 교육의 중요한 자리를 차지해왔음을 의미한다.

그러나 그 동안 시조 교육이 효율적으로 이루어졌는가에 대한 평가는 그리 긍정적이지 못하다. 시조 문학 연구자들이 시조의 문학적 지평을 넓히고 풍부하게 하는 데에는 나름의 성과가 있었지만, 국어 교육적 입장에서 체계적인 교육 과정을 세우고 다양한 교수·학습 방법을 구안하는 논의는 상대적으로 열악한 수준에 머물러 있다.72)

시조 교육이 근대 교육 출발에서부터 중요한 고전 문학 교육의 한 부분이었음을 상기한다면, 최근에 일어나고 있는 '국문학 위기'에 시조 교육이 일정 부분 책임이 있음을 통감하여야 할 것이다. 사실, 반성적인

71) 중등학교 경우에는 『신편 고등조선어급한문독본』권2(1924. 2)에, 초등학교의 경우 『조선어 독본』 권5(1934. 3)에 처음 나타난다.
72) 시조 교육에 대한 통시적 연구는 김선배, 『시조문학 교육의 통시적 연구』(박이정, 1998)를 참고할 수 있다.

입장으로 '국문학 위기'를 바라본다면, '국문학 위기'는 '고전문학 교육' 또는 '시조 문학 교육'의 "부재"에 있음을 자인하여야 할 것이다.

이제 효율적인 시조 교육을 위하여 학습 목표, 학습 내용 및 교수·학습 방법, 작품 선정, 교과서 내의 '학습 활동' 및 '단원의 마무리'의 질문 내용·유형 등 교육 외·내적인 문제에 대하여 전반적으로 고민하고 깊이 있는 논의가 필요한 때이다. 그리고 이러한 고민과 논의를 바탕으로 고전 문학의 위기, 국문학의 위기에서 벗어날 때이기도 하다.73)

이러한 인식을 바탕으로 시조 교육을 반성하면서 시조 교육의 문제점을 구체적으로 살필 필요가 있다. 동시에 교수·학습의 주체인 학습자 활동 중심 교육의 가능성을 논의하고 그 가능성을 동인으로 하여 중학교를 중심으로 한 시조 학습의 모형을 구안하여야 한다. 그리고 구안한 모형 안에서 '건전한 인성과 창의성 함양'이라는 교육 목표를 달성하기 위한 학습자 중심의 감상 표현의 의의와 실례를 통해 새로운 시조 교육의 방향을 찾아야 할 것이다.

5. 2. 1 시조 교육에 대한 반성적 논의

새로운 시조 교육을 위해서 제일 먼저 논의할 것은 지금까지 이루어져 온 시조 교육을 반성하는 일일 것이다. 그리고 그 반성은 추상적이거나 이론적인 것이 아니라, 구체적이고 실천적인 것이어야 한다.

---

73) 덧붙인다면 시조(교육) 연구자들의 반성적인 자세도 필요하다. 가령, 연구 논문에 외래어를 사용한다든지, 꼭 필요하지 않은 곳에서 국어 교사들조차 이해하지 못하는 낱말을 사용하여 연구 내용을 파악하지 못하게 하는 기술 태도라든지, 교육 현장의 상황을 파악하지 않은 채 이론에만 치중한다든지 하는 것들도 시급히 시정되어야 할 것이다. 그래서 시조(교육) 연구 논문 자체가 우리의 얼과 말을 되살리는 것이어야 하고, 교육 현장의 교사가 수업 시간에 학습자들과 한차원 높은 수업을 진행할 수 있도록 도와주는 연구가 되어야 할 것이다.

시조 교육에 대한 반성이 구체적이고 실천적이기 위해서는 1차 교육 과정에서부터 6차 교육 과정까지 시행된 시조 교육을 점검하고, 교수·학습의 매체가 되고 있는 현행 교과서와 교수·학습의 길잡이가 되었던 교사용 지도서의 내용을 면밀하게 분석하여야 할 것이다.

먼저, 그 동안 교육 과정에서 시조 교육이 어떻게 다루어졌는지 살펴보면 많은 문제가 내재해 있음을 알 수 있다. 이는 시조가 근대 교육의 출발에서부터 국어 교육의 한 영역이긴 하였지만, 오랜 동안 관심의 대상에서 제외되었기 때문이다. 1차 교육 과정에서부터 3차 교육 과정까지 시조 교육은 별다른 논의 없이 독본(讀本) 수준으로 진행되었다. 4차 교육 과정에서 약간의 변화가 나타나지만 역시 작품 이해 차원의 교육만 있었을 뿐, 효율적인 시조 교육을 위한 근본적인 논의는 생략되었다.

이러한 현상은 5·6차 교육 과정에서도 이어져 시조 교육에 대한 논의는 별다른 진전이 없이 작품의 이해와 감상, 갈래 특성 파악 등에 머물고 있다. 오히려 교과서에 실리는 시조 작품의 수가 줄어들면서 6차 교육 과정에서는 중학교 교과서에는 6수, 고등학교 교과서에는 3수의 시조만이 실리는 '시조 교육 위축' 현상이 일어나고 말았다. 물론 교과서에 실린 시조 작품의 편수만으로 시조 교육이 위축되었다고 단정할 수는 없을 것이다.

따라서 좀 더 구체적인 상황을 파악하기 위해 현행 중학교 국어 교과서를 중심으로 시조 작품과 학습 목표, 주요 학습 내용 및 활동에 대해 알아볼 필요가 있다.

현행 중학교 교과서 1학년 1학기 제1단원 '시의 운율'에서는 2수의 시조와 5편의 현대시가, 2학년 2학기 제7단원 '국문학의 세계'에서는 시조 〈오우가〉 1수와 상대가요인 〈황조가〉, 향가인 〈제망매가〉, 고려 가요인 〈정석가〉 등이 함께 실려 있고, 3학년 2학기 제4단원 '시의 표현'에서는 시조 2수와 6편의 현대시가 수록되어 있다.

그리고 시조 작품을 학습하기 위한 '단원 학습 목표'와 '주요 학습 내용 및 활동'을 구체적으로 살펴보면 다음과 같다.74)

◎ **1학년 1학기 - 1. 시의 운율(〈오늘도~〉, 〈동기로~〉 : 2수)**

◇ 단원 학습 목표 ◇
(1) 시와 산문이 운율 상 어떻게 다른지 안다.
(2) 시의 운율에 대하여 알고, 어떤 기능을 하는지 이해한다.
(3) 시의 운율과 분위기를 살려 낭송할 수 있다.
(4) 시를 바르게 이해하고, 감상할 수 있다.
(5) 시를 즐겨 읽고, 삶의 가치와 아름다움을 발견하는 태도를 가진다.

◇ 시조 주요 학습 내용 및 활동 ◇
(1) 시조 낭송하기
(2) 끊어 읽기를 중심으로 운율 분석하기
(3) 시조의 기본 율격 알기(기본 율격/운율이 잘 느껴지는 까닭)
(4) 시조의 내용 감상하기

◎ **2학년 2학기 - 7. 국문학의 세계(〈오우가〉 : 1수)**

◇ 단원 학습 목표 ◇
(1) 국문학의 개념을 안다.
(2) 국문학(고전문학)의 종류를 안다.
(3) 국문학(고전문학)의 발달 과정을 이해한다.
(4) 국문학 작품을 읽는 이유를 안다.
(5) 국문학 작품 중에서 옛 노래 몇 편을 감상할 수 있다.

◇ 시조 주요 학습 내용 및 활동 ◇
(1) '오우가' 낭송하기
(2) 작품 이해하기
(3) 작품 감상하기

---

74) 중학교 국어 교사용 지도서. 1 - 1, 2 - 2, 3- 2 참조.

◎ 3학년 2학기 - 4. 시의 표현(〈국화야~〉, 〈청산은~〉, 〈모란은~〉 : 3수)

◇ 단원 학습 목표 ◇
(1) 시의 분위기를 살려서 시를 낭송할 수 있다.
(2) 시에 쓰인 독특한 표현법을 이해한다.
(3) 시의 내용을 바르게 이해하고, 감상할 수 있다.
(4) 시에 쓰인 아름다운 표현들을 음미하고, 이러한 아름다운 언어 표현을 생활 속에서 살려 쓰는 태도를 가진다.

◇ 시조 주요 학습 내용 및 활동 ◇
(1) 시조의 운율을 살려 낭송하기
(2) 시조의 표현 방법에 대하여 알아보기
(3) 시가 주는 감동을 주제와 관련하여 감상하기
(4) 평시조와 사설시조의 차이점을 알아보기

이러한 시조 교육의 '학습 목표'와 '주요 학습 내용 및 활동'을 교과 과정과 교과서 편성 체제 안에서 살펴보면 다음과 같은 몇 가지 문제점을 파악할 수 있다.

첫째, 고전 시가의 하위 갈래인 시조를 현대시와 동일한 단원에서 다룸으로써 작품의 이해와 감상, 표현법 등을 신비평적 분석 방법에 적용하고 있는 데에 따른 문제이다. 시조는 시조 나름의 독자성과 특수성이 있음에도 불구하고 현대시를 해석·연구하는 방법을 적용하는 것은 시조를 시조답게 이해·감상하는 방법이 아닐 것이다.

둘째, 시조를 현대시와 같이 다루면서도 1학년 2학기 제3단원 '시의 화자', 2학년 1학기 제5단원 '시의 언어', 2학년 2학기 제11단원 '시의 주제', 3학년 1학기 제8단원 '시의 심상'에서는 고전 시조를 수록하지 않았다. 고전 시조에는 '화자'·'언어'·'주제'·'심상'의 문제가 중요하지 않다는 것인지, 아니면 고전 시조가 지닌 이러한 요소들은 현대시와 동일한 성격을 갖는다는 것인지 분명히 설명되어 있지 않다. 또한 1학년 1학기 제1단원 '시의 운율', 3학년 2학기 제4단원 '시의 표현'에서만 시조 작품을 다룸으로써 '운율'과 '표현'면에서는 고전시조가 현대시와는 다른 특성을 가지고 있지만, 위의 네 요소는 시조와 현대시가 동일한 특질을 가지고 있는 것으로 오해할 소지가 있다.

셋째, 2학년 2학기 제7단원 '국문학의 세계'에서 시조 문학을 다루고 있는데, 이후 제시된 시의 형상화 요소, '시의 주제' · '시의 심상' · '시의 표현' 등은 시조 문학을 이해하는 데 필요가 없는 것인지, 아니면 이런 요소들은 고전 시조와 현대시에 동일하게 나타남으로 현대시 학습을 통해 충분히 학습할 수 있는 것인지도 설명되어 있지 않다.

넷째, '운율' · '화자' · '언어' … 등 시조 학습을 위하여 세분화한 요소들이 어느 시점에서 통합되어 시조를 이해하는 하나의 지식, 지식구조로 작용할 수 있는 것인지도 제시되어 있지 않다.

다섯째, '단원 학습 목표'에 제시된 내용들, 즉 '운율에 대해 알기' · '이해 · 감상하기' · '삶의 가치와 아름다움 발견하기' · '표현법 음미하고 일상 생활에서 활용하기' 등이 전 단계(초등학교)와 후 단계(고등학교) 사이에서 어떠한 역할을 하고 있고, 시조를 이해하기 위한 모든 과정 중 어떤 위치에 있는지 명확하지 않다.

여섯째, '주요 학습 내용 및 활동'이 과연 '단원 학습 목표'를 달성하기 위해 과연 구체적이고 능동적인 활동이 될 수 있는지도 의문이다. 그리고 이러한 내용과 활동이 45분 수업 시간에 다 이루어질 수 있는 것인지도 생각해 보아야 할 과제이다.

이밖에도 지식, 지식 구조를 가르치는 것이 시조를 이해 · 감상하고, 일상 생활의 언어사용에 도움이 되며 새로운 언어 문화 창달에 최선의 교수 · 학습 방법인가 하는 것도 심각하게 논의되어야 할 사항이라고 여겨진다.

5. 2. 2 국어 교육과 시조 교육

시조 교육은 문학 교육 안에 있고, 문학 교육은 국어 교육 중 한 영역이다. 따라서 효율적인 시조 교육에 대한 고민과 논의는 국어 교육에 대한 고민과 논의에서부터 시작하여야 할 것이다. 시조 교육이 아무리 효율적으로 이루어진다 하여도 문학 교육과 국어 교육의 목표를 달성하는 데 일정한 역할을 하지 못한다면 또 다른 위기에 도달할 것이기 때문이다.

새로운 시조 교육 방안을 마련하기 위해서 우선 제7차 교육 과정에 제시한 국어과 교육 목표를 살펴보는 것이 순서일 것이다.[75]

> 언어 활동과 언어와 문학의 본질을 총체적으로 이해하고, 언어 활동의 맥락과 목적과 대상과 내용을 종합적으로 고려하면서 국어를 정확하고 효과적으로 사용하며, 국어 문화를 바르게 이해하고, 국어의 발전과 민족의 언어 문화 창달에 이바지 할 수 있는 능력과 태도를 기른다.
> 가. 언어 활동과 언어와 문학에 대한 기본적인 지식을 익혀, 이를 다양한 국어 사용 상황에서 활용하는 능력을 기른다.
> 나. 정확하고 효과적인 국어사용의 원리와 사용 양상을 익혀, 다양한 유형의 국어 자료를 비판적으로 이해하고, 사상과 정서를 창의적으로 표현하는 능력을 기른다.
> 다. 국어 세계에 흥미를 가지고 언어 현상을 계속적으로 탐구하여, 국어의 발전과 국어 문화 창달에 이바지하려는 태도를 기른다.

이를 다시 정리하면, 인지적 영역에서는 ① 국어사용 능력을 위한 지식 교육과 ② 자료의 비판적 이해 능력과 창의적인 표현 능력 향상을 강조하였고, 정의적 영역에서는 국어 발전과 국어 문화 창달로 확장되는 교육 활동을 강조하였다. 그리고 이러한 교육은 항상 일상 생

---

75) 교육부, 『중학교 교육 과정 해설(Ⅱ)』, 교육부 고시 제1997 - 15호, 1999.

활의 다양한 언어 상황에서 활용할 수 있는 것이어야 함을 명시하고
있다.

이에 따르면, 국어 교육의 최상위 목표는 '창조적 국어사용 능력의
질적인 향상'에 있다는 것을 알 수 있다. 이러한 최상위 목표를 달성
하기 위해 '듣기·말하기·읽기·쓰기·국어 지식·문학' 등 여섯 영
역으로 구분하였고, 각 영역은 국어 교육의 최상위 목표를 달성하기
위해 상호 보완적으로 기여할 것을 요구하고 있다.

그렇다면 문학 교육, 시조 교육 역시 일상 생활의 국어사용 능력
향상과 국어 발전, 국어 문화 창달에 공헌할 수 있어야 한다. 그러나
문제는 국어과의 여섯 영역이 어떻게 상호 보완적으로 교육될 수 있
는가 하는 것이다. 그리고 교과서가 여섯 영역이 상호 보완적으로 기
능할 수 있도록 구성되었느냐, 혹은 어떤 유형의 교수·학습 방법이
이 여섯 영역을 상호 보완적인 관계로 이끌어 낼 수 있는가 하는 것
이 과제로 남게 되었다.

이러한 과제를 풀기 위해서는 여섯 영역을 종합적으로 논의하여야겠
지만 본고의 목적 상 문학 영역을 중심으로 살펴보아야 할 것 같다.76)

문	·문학의 본질 - 문학의 특성 - 문학의 갈래 - 한국문학의 특질 - 한국 문학의 사적 전개	·문학의 수용과 창작 - 작품의 미적 구조 - 작품의 창조적 재구성 - 작품에 반영된 사회· 문화적 양상 - 문학의 창작	·문학에 대한 태도 - 동 기 - 흥 미 - 습 관 - 가 치
학	·작품의 수용과 창작의 실제 - 시(동시) - 희곡(극본)	- 소설(동화, 이야기) - 수필	

---

76) 중학교 교육 과정 해설(Ⅱ), 앞의 책, 22쪽.

문학 영역의 교육 내용은 '본질', '원리(수용과 창작77))', '태도'를 근간으로 이러한 교육 내용이 문학 작품을 읽고78) 이해 · 감상하는 실제의 문학 활동과 유기적으로 관련되어야 함을 나타내고 있다.

문학 교육이 '본질', '원리', '태도'를 근간으로 문학 활동과 유기적으로 이루어져야 한다는 논의는 타당성을 갖는다. 그러나 '작품의 수용과 창작의 실제'에서 시조가 제외되었다는 것은 납득하기 어렵다.

5. 2. 2에서 살핀 바와 같이 시조의 독자성, 전통성, 문학성을 교육하는 것이 아니라, 현대시 안에서, 현대시의 요소를 학습하는 과정에서 시조 작품을 다루려는 태도를 가지고 있음을 확인할 수 있다. 따라서 전통적인 사유 체계와 표현법으로 창작된 시조를 서구의 신비평적 시각으로 해석하고 이해 · 감상할 것을 강요하고 있는 것으로 파악할 수 있다.

이처럼 교과서에 수록된 작품과 그 작품을 접근하는 시각의 차이가 학습자로 하여금 시조의 정확한 이해와 감상을 어렵게 하는 요인이 되고 있다. 여기에 시조가 고전 문학으로서 거쳐야할 별도의 과정들, 고어 해석 · 서지적 상황 판단 · 갈래적 특성 이해 · 사회 문화적 요인 · 작자에 관한 이해들이 강조되면서 시조 교육은 교사 중심이 되었고 필연적으로 설명적 · 암기식 학습이 되고 말았다.

따라서 시조 교육이 국어 교육 안에서 효율적으로 이루어지기 위해서는 시조의 독자성과 특수성을 살리는 분석 방법이 구안되고 학습되어야 할 것이고, 학습자 활동 중심의 교수 · 학습이 이루어져야 할 것이다.

---

77) '창작'은 문예 창작이 아니라 문학 작품에 대한 문학적 반응을 다양한 방식으로 표현하는 활동을 의미한다.
78) 이 때 '읽기'란 '해석'의 개념을 갖는다.

5. 2. 3 인성교육을 위한 학습자 활동 중심 모형

시조 교육 역시 '무엇을'79), '어떻게'80) 가르칠 것인가 하는 문제로 귀결될 수밖에 없다. 그러나 '무엇을', '어떻게'의 문제는 '왜', '언제' 가르칠 것인가와 '학습자'를 떠나서는 성립할 수 없다.

특히 교수·학습의 주체가 학습자임을 상기한다면, 이 모든 논의들은 '학습자'에서 출발하여야 함이 마땅하다. 교수·학습의 주체가 학습자이어야 한다는 인식은 일찍부터 있어왔다. 그 결과 7차 교육 과정에서는 '건전한 인성과 창의성 함양'을 교육 목표의 차원에서 다루면서, '수준별 수업'을 기본 방향으로 설정하기에 이르렀다.

'건전한 인성과 창의성 함양'은 지식 변화와 사회 변화에 따른 것이다. 즉 세계화·정보화 사회에서는 건전한 인성과 창의성 교육이 필수적이라는 인식이 배경으로 작용하고 있다. 그리고 학습자 중심의 교수·학습을 구체화하여 '수준별 수업'을 도입하기에 이른 것이다.

그러나 학습자 중심 교육의 부재는 시조 교육에서도 예외가 아니다. 그것은 '학습 목표'와 '학습 내용 및 활동'을 제시하는 문장의 형태에서도 알 수 있다. 교사 중심의 '설명하기'와 추상적인 '이해·감상하기' 형태의 문장이 주를 이룬다는 것은, 시조 역시 교사 중심의 추상적인 학습이 이루어지고 있음을 나타내는 것이다.

---

79) '무엇을' 가르쳐야 할 것인가에 대한 논의도 더욱 심도 있게 이루어져야 한다. 특히, 현행 중·고등학교 국어 교과서에서 다루고 있는 내용 외에, '형성 원리'·'형상화 방법' 등의 교육 여부는 좀 더 적극적인 논의가 필요할 것으로 보인다. 이들이 바로 시조에 접근하는 가장 근본적인 요소이기 때문이다.
    '시조의 형성 원리'에 대하여는 : 崔東元, 『古時調論』(三英社, 1980.)과 원용문, 「시조 형성의 원리」(『時調學論叢』第15輯, 韓國時調學會, 1999. 7 - 43쪽)를 참고할 수 있다.
80) '어떻게' 가르칠 것인가에 대하여는 이상익 외 『古典文學 어떻게 가르칠 것인가』(집문당, 1994)와 김대행 『국어교과학의 지평』(서울대학교출판부, 1995), 그리고 계간지 『문학교육학』의 여러 논문들을 참고할 수 있다.

시조 교육, 나아가서 국어 교육은 학습자 활동 중심의 교육이 되어야 한다. 이는 새로운 주장이라기보다는 국어 교육이 지니고 있는 본질적인 성격에 충실한 교육이 이루어져야 한다는 것을 강조한 것이다. 즉, 국어 교육은 이해와 표현을 본질로 삼기 때문에 성격상 학습자의 활동이 강조된다. 학습자의 활동이 없는 이해와 표현은 항상 이론적이며 추상적일 수밖에 없다. 특히 적극적이고 능동적인 학습자로 육성81)하기 위해서는 학습자가 이해와 표현의 주체가 되어 '활동'하여야 한다.

시조 교육, 나아가 고전 문학 교육이 위기를 맞은 것은 일반적인 교수·학습 모형을 그대로 시조 교육에 적용하고 있는 것도 하나의 이유이다. 앞에서 살핀 한창훈의 지적처럼 고전 문학은 현대 문학이나 다른 영역과는 다른 별도의 과정이 필요한 데도 이를 무시하고 일반적인 모형을 그대로 적용하고 있는 것이 고전 문학 위기의 한 요인이 되고 있다.

지식, 또는 지식의 구조를 가르치는 일이 교육이 지향해야 할 목적이라는 것은 타당하다. 그러나 명제화된 지식만을 가르치려다 보면, 학습자의 동기를 유발할 수 없고, 적극적이고 능동적인 학습을 기대하기 어렵다. 문제는 어떠한 활동을 통해 효율적인 시조 교육을 이루느냐, 또는 시조에 관한 학습 내용을 지식 또는 지식 구조화할 수 있는 것인가 하는 것이다.

이를 위해 앞에서 살핀 '학습자 활동 중심'의 교수·학습 모형을 단계별로 제시하면 다음과 같다.82)

---

81) 국어 교육의 궁극적 목표는 '일상 생활의 언어 사용 능력 배양'이므로, 국어 교육은 초·중·고에서 끝나는 것이 아니라 평생 동안 국어 사용에 관심을 가지고 올바르게 사용하는 학습자 육서에 중점을 두어야 한다. 그러기 위해서는 언어 사용에 적극적이고 능동적인 자세를 갖도록 하는 것에 초점을 두어야 할 것이다.

82) 사용한 번호 중 '(1), (2), (3)…'은 활동 단계의 순서이나, '①, ②, ③…'은

(1) 동기 유발 단계 〔학급 활동〕
　㉮ 교과서의 시조 작품 읽기(어려운 한자어는 현대어로 풀어준다 - 교사)
　㉯ 주제가 비슷한 시조 읽기 (자료 - 교사·학습자 선정)
　㉰ 주제가 비슷한 산문 읽기
　㉱ 주제와 비슷한 경험 이야기하기

(2) 기초 단계 〔개별 활동〕
　㉮ 학습자 자신의 경험을 산문 또는 3행시로 쓰기
　　또는, 자신의 경험 중 가장 기억에 남는 장면 쓰기
　㉯ 학습자 자신의 경험과 작자의 경험 비교하기

(3) 심화 단계
　㉮ (2)의 ㉮글을 압축하여 3·4자, 4음보로 정리하기 〔개별 활동〕
　㉯ (2)의 ㉮글과 다른 점 이야기하기(산문과 운문의 차이점 알기)
　　〔모둠별 활동 후　교사 정리〕
　㉰ 시조 형식에 대해 토론하고 질문하기

(4) 발전 단계
　㉮ (3)의 ㉮를 시조의 운율에 맞춰 고쳐 쓰기
　㉯ 교과서에 실린 시조와 자신이 쓴 시조의 형식 비교하기
　　〔모둠별 활동 후 교사 정리〕

(5) 정리 단계
　㉮ 자신이 지은 시조 발표하기 〔학급·모둠별 활동〕
　㉯ 다른 학생이 지은 작품을 읽고 잘된 점과 잘못된 점 토론하기
　　〔학급·모둠별 활동〕
　㉰ 다듬기 〔개별 활동〕

순서와 상관없다.
학습자의 수준이나 학습 목적에 따라 선택할 수 있고, 또는 순서를 바꿀 수 있을 것이다.
이 모형은 여러 가지 모형 중 기본적인 모형의 한 예일 뿐임을 밝힌다.

(6) 추후 활동 단계
　㉮ 교과서에 실린 시조 작품의 대상 인식방식에 대해 공감하거나 비판하기
　　　〔학급·모둠별 활동 - 교사, 학습자 자료 준비〕
　㉯ 현대시와 다른 점 이야기하기〔모둠별 활동 후 교사 정리〕
　㉰ 관련 학습 활동 및 관련 주제 토론하기〔학급·모둠별 활동〕

　이러한 교수·학습 모형으로 수업을 진행하면 '학습 동기 유발하기 - 학습자 중심의 표현 활동하기 - 토론하기·질문하기 - 교사 정리하기 - 추후 활동하기'의 과정을 거치게 된다. 그리고 이러한 단계와 과정은 단선적이 아니라 복선적으로 이루어질 수 있어 '교사 중심 교육', '설명하기', '암기 위주의 평가'에서 벗어날 수 있을 것이다.

5. 2. 4　학습자 활동 중심의 감상 표현 활동

　학습자 활동 중심의 교수·학습 모형은 반드시 '무엇을 가르칠 것인가', 또는 '교육을 통해 무엇을 얻도록 할 것인가'와 동시에 모색되어야 한다. 교수·학습 모형은 가르칠 내용과 교육 목표에 따라 달라야 하고, 달라야 효율적인 교육을 이룰 수 있기 때문이다.
　따라서 학습자 중심의 교육이 되면 다양한 내용과 학습 목표를 설정할 수 있고, 이에 따라 교수·학습 모형 역시 다양해질 수 있다. 특히 7차 교육 과정에서 강조하고 있는 '건전한 인성'과 '창의성' 함양을 달성하기 위하여 더욱 다양한 교수·학습 방법과 모형이 필요하다.
　이 곳에서는 '학습자' 중심의 교육을 위해 학습자의 경험과 생각을 적극적으로 활용하는 감상 표현 활동과 '건전한 인성'과 '창의성' 함양을 달성할 수 있는 표현 활동의 의의와 결과물을 제시하는 것을 목적으로 하였다.

(1) 학습자의 경험과 생각 표현을 중심으로 한 표현 활동

이제까지의 시조 교육, 고전 문학 교육은 학습자의 주관적인 경험과 상상력, 선이해(per-understand) 과정을 인정하지 않았다. 그러나 고전 문학 교육, 또는 더 넓게 '문화의 전수'는 일방적인 의사 소통 구조가 아닌 상호 교류적인 의사 소통 구조를 바탕으로 하여야 한다.83)

구체적으로 말한다면, 고전 문학 교육은 명제화된 지식만으로는 이루어질 수 없고, 현재를 살고 있는 학습자와 반응하면서 이루어진다는 것이다. 즉 시조 작품을 객관적으로 분석하여 학습자에게 전달하지만 학습자는 자신의 선이해 과정을 거쳐 주관적으로 받아들이는데, 고전 문학 교육은 이러한 객관과 주관 사이를 서로 넘나들면서 이루어진다는 것이다. 그리고 객관과 주관을 넘나들면서 주관은 확장되고 주관의 확장은 곧 객관의 확장으로 이어진다.

학습자는 교사의 의도와는 달리 정제된 객관을 그대로 받아들이는 것이 아니라, 자신의 주관과 정제된 객관에 상응(相應)하면서 고전 문학을 이해하고 지식 구조화한다. 따라서 고전 문학 교육에서 경계해야 할 것은 학습자의 주관적인 반응을 억제하는 것이다. 바꾸어 말하면 고전 문학 교육에서는 고전 문학 작품의 세계와 학습자의 세계가 서로 자유롭게 만날 수 있는 환경을 만들어 주어야 한다. 이러한 '지평의 융합(fusion of horizon)'이야말로 고전의 세계를 넓힘과 동시에 학습자의 세계를 넓히는 중요한 요소가 된다.

시조 작품을 읽으면서 학습자의 경험과 생각을 적극적으로 이끌어내고 이를 바탕으로 작품의 세계와 자신의 세계를 견주고 융합하는 표현 활동은 무엇보다 중요하다. 이러한 활동은 2. 5. 4에서 소개한 교수·학습 모형의 (1)과 (2) 단계에서 이루질 수 있다.

---

83) 교류적인 의사 소통 구조의 중요성에 대해서는, 졸저 『읽기 교육의 이론과 실제』(역락, 2000) 제2장 참조.

【예문1】

〈오우가〉를 읽고…
- 다섯 친구들에 대한 나만의 생각 -

물: 물은 투명하다. 왠지 거짓말을 할 것 같지 않다. 정직함이 느껴진다. 물은 또한 모든 것을 다 흡수한다. 아무 것도 거부하지 않는다. 그래서 그런 물의 착한 마음씨 때문에 요즘 병이 나서 심각한 상태에 빠진 물이 많다. 사람들은 그러나 그러한 물의 심각성을 잘 알지 못한다. 그저 물은 항상 우리 곁에 조용히 계속해서 있어 주었기 때문에 별로 물이 귀한 줄은 모른다. 정말 안타까운 일이다. 이제 정말 물은 우리에게 귀한 존재가 될지 모른다. 정말 소중한 우리의 물… 이제 그 의미를 깨닫고 물이 더 이상 병나지 않게 또 이미 병난 것을 고쳐주기 위해 우리는 노력해야 한다. 건강한 물을 보고 싶어도 더 이상 볼 수 없는 날이 오기 전에 우리는 힘써야 한다.

돌: 돌에 대한 나의 생각이라… 음 밥 먹다가 유난히 돌을 많이 씹은 것 같다. 그래서 돌이 싫은 적이 많다. 돌은 주로 부정적인 의미로 많이 쓰인다. 이를테면 머리가 나쁜 사람한테도 돌이라고 하는 경우가 많다. 그리고 감정이 없어 보이는 사람한테는 돌 같다고 한다. 그러나 돌에게도 나름대로의 매력이 있다. 바닷가에서 깔려있는 돌들은 정말 예쁘다. 아니 그렇게 모질게 모났던 돌들이 둥글둥글하게 되어 있는 걸 보면 신기하고 그 네모남이 둥글함으로 바뀔 때까지의 세월을 잘 견뎌낸 돌의 인고의 힘이 정말 감동적이다. 나도 돌 같은 인내심을 배우고 싶다.

소나무: 우리 집은 산골이기 때문에 소나무가 정말 많다. 소나무는 정말 많은 일을 하는 만능 재주꾼이다. 소나무는 옛날에 땔나무로 많이 이용되고, 정말 먹을 것 없던 시절에는 소나무 껍질이 식량이 되기도 하였다. 지금도 소나무에서 나오는 송진가루로 다식을 만들기도 한다. 또한 소나무 향은 정신을 맑게 해주는 천연 방향제이다. 소나무 숲에서 바람이 불면 마치 내가 신선이 된 느낌이다. 정말 기분이 좋다. 일상사에서 벗어나 수목원 같은 곳에 가도 좋을 것이다. 머리 아픈 세상사 일은 모두 지우고 수목원의 소나무를 벗삼아 맘껏 자연을 느끼는 것이, 피씨방에서 게임을 하는 것 보다 훨씬 재미있을 것이다.

대나무: 옛날에 살던 우리 집 뒷곁은 대나무 숲이었다. 아주 어렸을 때 눈이 펑펑 쏟아지는 새파란 소나무에 눈이 쌓이는 모습을 신기하게 바라보던 생각이 떠오른다. 그러나 대나무는 소나무만큼이나 매력적이지는 않다. 별로 쓸모가 없어 보인다. 그러나 요즘은 대나무의 여러 가지 유용성을 개발하여 사람들이 많이 이용하는 것 같다. 치약부터가 죽염이라는 성분을 이용하여 만들고 대나무를 이용하여 여러 가지 요리를 한다. 술도 담그고 밥도 짓고 고기도 굽는다. 별로 실용적으로 보이지 않는 대나무가 그렇게 많은 일을 해 내다니 정말 신기하다. 눈에 보이는 것만 보면 아무런 쓸모가 없었을 대나무, 그러나 사람들은 지극히 평범한 대나무를 보고 여러 가지를 기능을 만들어 낸 것이다. 나도 내 안의 잠재력을 발견하여 여러 가지 장점을 만들어 내고 싶다.

대나무 같은 잠재력만 있으면 정말 여러 가지 일을 해낼 것 같다.

달: 초등학교 때 친구들과 늦게까지 놀다오면 어느새 해가 뉘엿뉘엿 지고 달이 희미하게 보이곤 하였다. 근데 정말 신기한 일이었다. 달이 자꾸 나의 뒤를 쫓아오는 느낌이 드는 것이다. 아무리 계속 길을 걸어도 달은 계속 나를 쫓아왔다. 너무 이상해서 선생님께 일기장에 물어보기까지 했다. 그 때 선생님은 달이 쫓아오는 것이 아니라 달은 워낙 크고 어디서나 볼 수 있어서 그렇게 느끼는 것이라고 말씀해 주셨다. 암튼 그 시절부터 나에게 달은 심상치 않게 느껴진 것 같다. 달은 겨울 달이 정말 예쁘다. 달이야 항상 똑같이 뜨지마는 왠지 겨울달이 더 차갑게 느껴지고 그 차가움이 매력적으로 느껴진다. 그래서 바람이 생생 부는 추운 겨울날 창문을 열고 달을 감상하곤 한다. 차가운 매력이 느껴지는 달을 더욱 잘 느끼기 위해...

오늘도 창문을 열고 달을 보아야겠다. 달은 정말 아름답다. 해보다 더 아름답다...

학습자는 〈오우가〉의 다섯 소재를 통해 자신의 주관적인 생각과 경험을 적극적으로 이끌어 내고 〈오우가〉와 상응하면서 다섯 소재를 통해 자신의 삶과 행동을 계획하고 성찰한다.

'물'에 대한 주관적인 느낌을 표현하고 물의 속성을 상기한다. 그러면서 현재 심각한 물 문제를 떠올리고, '물은 항상 우리 곁에 조용히 계속해서 있어준다'며 물과 반응한다. 그 결과 물을 귀중히 여겨 아껴야 한다는 결론을 도출하고 있다.

이러한 활동은 '돌'·'소나무'·'대나무'·'달'에도 이어진다. 자신의 주관적 느낌과 경험을 작품 속의 세계와 상응하면서 '인내심(돌)'·'다양한 쓰임(소나무)'·'잠재력(대나무)'을 발견하고 자신의 세계 속으로 받아들인다. 그러면서 "자연을 느끼는 일이 피씨(p.C)방에서 게임을 즐기는 것보다 훨씬 재미있다"는 삶에 대한 새로운 세계에 대해 눈을 뜨게 된다.

학습자의 주관적인 경험과 생각을 적극적으로 이끌어 내고 그것을 작품 속의 세계와 상응하도록 하는 활동은 학습자의 동기 유발과 함께 학습자에게 '삶'에 대한 새로운 '눈 뜸'의 기회를 부여할 수 있다.

(2) 작품 속 세계를 적극적으로 파악하는 표현 활동

학습 목표에 따라 교수·학습의 내용과 방법은 달라져야 한다. 학습자의 주관적인 느낌과 생각을 적극적으로 이끌어 내는 6.1의 활동보다는 학습자로 하여금 작품 세계를 구체적으로 이해하고 형상화 방식에 대한 근본 태도를 경험하기 위해서는 또 다른 유형의 활동을 실시할 수 있다.

가령, 〈오우가〉의 '의미 형상화 방법'을 학습 목표로 한다면, 다섯 소재에 겹쳐진 유교적 관념을 이해하고, 다시 유교적 관념 속에서 다섯 소재가 주는 의미를 확장하는 유형의 활동을 구안하고 실시할 필요가 있다.

이러한 유형의 활동은 학습자에게 자칫 딱딱하거나 어렵다는 느낌을 줄 수도 있다. 하지만 시조를 정확하게 이해하기 위해서는 반드시 필요한 활동 유형이기도 하다. 왜냐하면 시조는 현대시와 달리 "인식 주체와 인식 대상의 관계를 철학적인 인식"[84]으로 형상화하는 문학

84) 허왕욱, 「시조 작품의 의미 형상화 방법에 대하여」, 『時調學論叢』, 第15輯, 韓國時調學會, 1999. 203 - 204쪽.

이기 때문이다. 즉, 〈오우가〉는 대상(다섯 소재)을 인격화하고, 그 바탕 위에 유교적 관념을 겹치는 형상화 방법을 채택하고 있으므로 다섯 소재에 겹쳐진 유교적 관념을 파악하고 그를 통해 유교적 관념을 확대해 나가는 유형의 활동이 필수적이다.

【예문2】

〈오우가〉에 대해서 더 자세히 알기
- 유교적인 관점으로 본 〈오우가〉 -

◎ 오우가의 긍정적인 면에 대해서

1. 맑다. 깨끗하다(청결성)
2. 그칠 때가 없다. 변하지 않는다.
   사시에 푸르다(항상성)
3. 눈서리를 모른다.(의연성)
4. 구천에 뿌리 곧다.(강직성)
5. 나무도 풀도 아니다.(중용성)
6. 속이 비었다.(통달성)
7. 높이 떠 있다.(고고성)
8. 만물은 다 비친다.(겸전성)
9. 말하려 하지 않는다.(침묵성)

위에 든 관념들은 모두 유가에서 말하는 인격과 관련성이 있다.

첫째, 청결성은 인격의 청결성을 의미한다.

둘째, 항상성은 유교 도덕에서 윤리 이전의 대전제이다. 이것은 유교 도덕자체의 절대성을 강조하기 위해서, 또 현 체재의 영속을 위해 강조되었던 것이다.

셋째, 의연성은 유교이념의 하나인 인(仁)의 속성으로 볼 수 있다. 이것은 공자가 "강직하고 의연하고 질박하고 말이 뜨면 인(仁)에 가깝다." 라고 말한 것과 관련지을 수 있다.

넷째, 강직성은 외부에서 힘이 가해졌을 때 견디어 나가는 것으로 맹자는 "곧지 않으면 도가 나타나지 않는다."하고 했다. 이런 면에서 곧다는 것은 군자가 갖추어야 할 심성의 하나인 것이다.

다섯째, 중용성이란 치우치지도 의지하지도 않고 바뀌지도 않는 면을 대(竹)에 비유하여 군자가 갖추어야 할 미덕을 노래한 것이다.

여섯째, 통달성은 대나무의 속이 빈 것에서 찾은 관념인데, 이는 마음을 비우면 세상이 보이는 것과도 같은 맥락이라고 할 수 있겠다.

일곱째, 고고성은 달이 높이 떠 있다는 데서 찾은 관념이다. 고고성은 유가의 이상인 인자의 당연한 성격이다. 여기서 높다는 것은 물리적인 위치를 나타내는 것이 아니라 인격의 높이를 의미하는 것이다.

여덟째, 겸전성은 달이 높이 떠서 만물을 다 비친다는 데에서 찾을 수 있다. 달이 광명을 천하에 비춤은 선비가 때를 만나 그 덕을 천하의 모든 사람에게 베푸는 것을 의미한다.

아홉째, 침묵성은 달이 말하지 아니하는 점에 찾은 것이다. 이 침묵은 절대자인 하늘이 하는 바다. "하늘은 말하지 않고 행위와 일로써 그 뜻을 보여 줄 따름이다."

〈오우가〉의 다섯 소재에 깃들어 있는 철학적인 인식 내용을 아홉 개로 정리하고 그것의 의미를 다시 풀어내고 있다. 그리고 아홉 개의 인식 내용은 유교에서 강조하는 '인격'과 밀접한 관련이 있음을 파악하고 있다.

이러한 유형의 활동을 통해서 〈오우가〉의 형상화 방법을 이해하고 유교에서 강조하는 '사람됨'에 대해 인식하는 계기를 마련할 수 있다. 덧붙여 대상을 인격화하고 대상에서 삶의 속성을 이끌어 내는 방식에 대해서도 폭넓게 파악할 수 있다.

(3) 반응일지 쓰기를 통한 표현 활동

그 동안 국어 교육에서는 문학 작품을 학습하기 위하여 자주 독후감을 활용하였다. 작품을 읽고 독후감 쓰기를 과제로 내거나, 독후감을 또 다른 글쓰기의 자료로 활용하였다. 그러나 독후감 역시 글의 한 유형이므로 일정한 틀을 갖고 있다. 다시 말해서 독후감을 쓰기 위해서는 독후감의 구조를 학습하고 학습자의 생각과 느낌을 그 구조의 틀에 맞추어 나가는 과정을 거쳐야만 한다. 따라서 독후감 쓰기는 학습자에게 또 다른 부담이 되었고, 이는 곧 문학 작품 읽기를 꺼려하는 요인이 되고 말았다.

문학 작품을 읽는 것은 또 다른 세계를 이해하고 삶에 대한 인식을 조정하고 확장해 나가는 행위임을 상기할 때, 일정한 구조를 가지고 있는 독후감 쓰기가 효율적인 문학 교육의 한 방법일 것인가 하는 것은 재론의 여지가 있다.

사실, 문학은 즐거움의 대상이어야 하지 해석과 분석의 대상이 되어서는 안 된다. 또한 문학 행위는 자발적이고 자유스러운 것이어야지 강요하거나 의도에 의해 이루어지는 행위여서도 안 된다. 이 때문에 문학 교육의 당위성에도 불구하고 '문학을 과연 가르칠 수 있는 것인가?'라는 의문에 시달리는 것이다.

이제 문학 교육은 '독후감 쓰기'에서 벗어날 필요가 있다.85) 이에 '반응일지'86)는 하나의 대안으로 제시될 수 있다. 반응일지가 독후감의 대안이 될 수 있다는 것은 독후감 쓰기를 통해 얻을 수 있는 것,

---

85) 독후감에서 벗어나 다양한 독서 감상 활동은 졸저, 앞의 책, 14장 참조.
86) 반응 일지에 대해서는 양정실, 「반응 일지(response journal) 쓰기의 문학
    교육적 함의」(『국어교육』 102, 한국국어교육연구회, 2000. 113 - 133)를 참
    고할 수 있다.
    양정실은 이 논문에서 "반응 일지는 최종적으로 구조화된 글인 비평적 에세이
    와 달리 작품을 읽는 중에 혹은 읽은 후에 자유롭게 자신의 견해를 피력하도
    록 하는 쓰기 방식"이라고 소개하였다.

가령 '글의 내용을 정확히 이해하였는가', '줄거리 파악을 하였는가', '자신의 감상과 느낌을 잘 표현하였는가' 등등과 같은 독후감의 요소들을 반응일지 쓰기를 통해 모두 구현할 수 있기 때문이다.

뿐만 아니라 반응일지 쓰기는 문학 교육 평가와 교수·학습 활동과 연계하여 여러 가지 교육 목적을 달성할 수 있다.

> 반응일지 쓰기는 일차적으로 학습자에게는 반응을 표현하여 명료화하는 계기가 되고, 문학 교사에게는 학습자의 반응 양상과 그 수준을 확인하게 해 주는 평가 재료를 제공해 준다. 그러나 학습자의 감상 능력에 대한 최종 평가 자료라기보다 학습자의 감상 능력의 성장을 위한 거멀못으로서, 이후 더 나은 감상에 이르도록 하는 새로운 교수·학습 활동을 위한 매개로 쓰이는 것이 온당하다.87)

즉 반응일지 쓰기는 학습자에게는 학습자 중심으로 문학 작품 감상을 명료화하는 기회가 되며, 교사에게는 학습자의 반응 양상과 수준을 파악할 수 있는 자료를 얻는 효과를 준다. 뿐만 아니라 더 나은 문학 감상을 위한 교수·학습 활동의 매개가 될 수 있다는 장점도 가지고 있다.

반응일지의 활동 항목은 ① 작품의 줄거리 ② 인상적인 대목 ③ 작품에 대한 전체적인 감상 ④ '나'에게 주는 의미 ⑤ 토론한 내용 ⑥ 하고 싶은 이야기 ⑦ 이해할 수 없었던 내용(부분) ⑧ 다음 독서 계획 등이 있다.

이처럼 반응일지 쓰기는 일정한 틀에서 벗어나 학습자의 생각과 느낌을 자유롭고 적극적으로 표현할 수 있는 활동이다. 따라서 시조 교육에서도 활용할 수 있으며, 2. 5. 4의 (2)단계에서 이루어질 수 있다.

---

87) 양정실, 앞의 논문, 127쪽.

【예문3】

윤선도의 〈오우가〉를 읽고

◎ 〈오우가〉가 주는 전체적인 느낌
: 자연에 대한 예찬을 주로 이루고 있는 이 시조는 매우 편안하게 느껴진
다. 물, 돌, 대, 솔, 달, 이 다섯이 자신의 유일한 벗이라며 극찬된 작자의 말
때문에 평소에는 무심코 지나쳤던 주위의 자연물들이 매우 소중하게 느껴졌다.

◎ 나에게 주는 의미
: 나는 지금 삭막한 아파트의 작은 창가로, 둥글게 활짝 웃고있는 달을 쳐
다본다. 나도 모르게 웃음이 나온다. 이 시조를 읽고 나서는 지금처럼 달 한
번 쳐다 볼 수 있는 여유를, 앞으로는 가져야겠다고 생각한다. 그냥 시조의
차원을 넘어서 나에게는 조금이라도 교훈을 준 것 같다.

◎ 하고 싶은 이야기
: 만약 윤선도가 지금 시대의 인물이라면? 이 삭막한 생활 속에서 이런
멋진 시조를 써낼 수 있었을까? 여기 저기서 내보낸 폐수, 심지어는 미군들
까지도 내보내는 폐수... 그 항공기 찌꺼기로 섞인 물을 마시면서, 아스팔트
위에 누워서 납이 들어있는 찌개를 끓여먹으면서 말이다.
우리는 지금 우리가 사는 이 시대를 풍족하다고, 모든 게 편리하다고...
자연을 얼마나 훼손하는 지도 모르고... 편안한 시대라고 한다. 이제 우리는
반성을 해봐야 할 것이다. 그리고 조금이라도 자연을 보존해 나갈 수 있도록
노력해야 할 것이다.

◎ 내가 할 일. 해보고 싶은 일
: 앞으로는 자연을 보존하기 위해 나부터 솔선수범할 것이다. 구체적인
건 밝히지 않도록 하겠다. 그리고 나도 멋진 시조를 한편을 써볼 것이다.

◎ 독서 계획
: 자연과 인간을 주제로 한 고전 작품을 찾아 읽기로 했다.

〈오우가〉를 통해 자연의 소중함을 느끼고, 작자가 살았던 시대에는

지금처럼 자연이 오염되지 않았을 것이라는 추론을 한다. 추론의 결과 자연을 보호해야 한다는 실천적인 태도를 도출하고 있다. 학습자는 반응일지 쓰기를 통해 '다섯 소재 → 자연'이라는 사고의 확장을 도모하고 있다.

(4) 학습자의 비판적 생각 표현을 중심으로 한 표현 활동

6차 교육 과정에서부터 창의성 교육은 강조되었다. 그러나 창의성에 대한 이해는 제대로 이루어지지 않고 있는 것 같다. 단순한 상상력과 다양한 표현을 창의성이라고 여긴다든지, 엉뚱하면 다 창의성이라고 생각하는 것이 대표적인 예이다.

올바른 창의성은 상상력과 비판력을 바탕으로 하여야 하며, 인간의 삶을 아름답게 건설할 수 있는 내용을 갖추어야 한다. 창의성은 상상력만으로 이루어질 수 없다. 비판적인 정신이 결여된 상상력은 망상이나 공상이 될 수밖에 없다. 그리고 창의적인 사고의 결과는 인류의 삶에 보탬이 되는 것이어야 한다.

그러나 대부분의 학습자들은 자유로운 상상을 펼치는 데에서부터 어려움을 겪는다. 이는 그 동안 교육에서 학습자의 상상을 인정하지 않은 데에서 기인하는 것이다. 뿐만 아니라 학습자는 비판적인 사고를 표현하는 데에도 매우 서툴다. 이 역시 우리의 전통적인 관습과 교육 태도에 의한 것이다. 즉, 우리는 전통적으로 상대방의 생각과 주장을 드러내 놓고 비판하는 것을 부정적으로 여기는 관습을 지니고 있다. 특히 아랫사람이 윗사람의 생각이나 의견을 비판하는 것을 허용하지 않았다. 그리고 이러한 관습이 학교 수업 현장에도 이어져 학생이 교사의 수업 내용에 대해 비판적인 자세를 갖는 것을 매우 부정적으로 인식하였다.

이러한 전통적인 관습과 수업 현장의 분위기가 학습자로 하여금 자유로운 상상과 비판적인 사고의 기회를 앗아갔고 또한 표현하지 못하도록 하였다. 그러나 상상력과 비판력은 창의성의 근본적인 요소이며 새로운 사회에서 가장 필요한 요소가 되었다.

문학은 작자의 직관적인 상상력을 바탕으로 한다. 따라서 문학 작품의 이해와 감상은 작자의 상상력을 읽는 행위이며, 작자의 상상력과 학습자의 상상력이 상응하는 실재 행위이다. 뿐만 아니라 학습자가 작자의 생각과 의도를 비판적으로 탐색할 때 새로운 문화를 창달할 수 있으며, 문학의 지평을 넓혀갈 수 있다.

특히, 조선 전기 사대부들의 시조는 대상에 자신의 유가적인 관념을 겹치기 하기 때문에 학습자의 현재적인 상상과 현대적인 안목에서 건전한 비판이 이루어졌을 때 시조 교육의 참된 목표를 실현할 수 있다.

【예문4】

오우가(五友歌)
작　가: 윤선도
창작시기: 지은이 윤선도가 금쇄동에 은거할 때
내용: 자연에 대한 애정과 관조를 나타냄
비　평: 오우가는 다섯 가지 벗에 대한 노래이다. 외로움과 그리움을 달래주는, 그리고　속세마저도 잊게 만드는 그런 벗에 대한 이야기이다. 물, 돌, 소나무, 대나무, 달에 대한 이야기인 것이다. 맑고 깨끗한 그리고 항상 그치지 않는 물의 영원성, 언제나 변함없는 바위의 불변성, 땅속 깊은 뿌리를 들어 소나무의 절개를, 대나무의 사계절 푸르름을 들어 절개와 지조를, 광명과 과묵함을 들어 달을 또한 찬양하고 있다. 하지만 어쩌면 이 다섯 가지를 위해 다른 것들을 격하시키고 있지 않은가?

구름빛깔과 바람소리, 꽃과 풀은 작가에 의해, 너무도 처량한 바람소리에 그치고, 꽃잎이 피다가 지고 풀잎이 푸르다가 누렇게 되는 것, 그것을 지은이는 지조 없는 것으로 표현하고 있다. 단지 그것만 일까?

나는 이렇게 생각한다. 그것만이 아니라고. 때를 알고 물러서는 겸손함으로 보고도 싶다. 오기와 독선으로만 치닫는 삶이 아니라. 때를 물러서고 겸손함을 나타내는 것 일수도 있으리라. 한쪽 면만을 보기 보단 양면성을 이해하고 바라보는 것도 중요치 않을까?

【예문5】

〈오우가〉를 읽고
- 비판적으로 생각하기 -

내가 싫어하는 벗이 몇인가 하니 水石과 松竹이라
아니아니 아니야 동산에 떠있는 月도 있구나
나머지는 그만하자 다섯 말하기도 힘이드네 그려

아래서 위로 올라가지 못하는 것이
길만 뚫어주면 어디든 가네
너는 정말 단순허이

무식한 것 무식한 것 너무나 무식한 것
무식이 탈로나 친구들이 비웃네
너는 정말 돌이라고

더우면 꽃피고 추우면 옷 입거늘
솔아 너는 어찌 눈서리를 모르는가
세상 복잡한데 융통성이 없구나

나무면 나무답게 풀이면 풀답게
이것도 아닌 것이 저것도 아닌 것이
힘주지마 힘주지마 그러다가 부러질라

내가 안보이면 다른이도 안보일 것을
밤에만 나타나 밤손님 들게하네
사라져라 사라져라 도둑들까 무섭다

【예문4】 는 작자가 자신의 유가적 관념을 형상화하기 위해 '물·돌·소나무·대나무·달'을 높이고, '구름·바람·꽃·풀'을 상대적으로 비하한 것에 대해 학습자가 비판한 것이다. 이와 달리 【예문5】

는 작자가 내세운 '물·돌·소나무·대나무·달'의 부정적인 면을 내세워 이들에 대한 작자의 생각을 전면적으로 비판한 것이다.

이러한 감상 표현이 과연 교육적으로 타당한가 라는 우려에도 불구하고 새로운 교육을 열기 위한 활동으로는 매우 가치가 있다. 문학 교육을 '정제된 지식을 그대로 학습자에게 주입하는 행위'라는 생각에서 조금만 벗어난다면, 그리고 문학 작품의 이해와 감상을 '작자와 학습자의 창조적인 대화'라고 인식의 틀을 바꾼다면, 학습자의 비판적인 사고를 적극적으로 끌어내는 감상 표현 활동은 새로운 문학 지평과 문화 창달의 바탕이 될 것이다.

(5) 인성 교육을 위한 학습자 활동 중심의 감상 표현 활동

'건전한 인성' 발달은 교육 초기에서부터 교육의 목표로 삼았다. 특히 7차 교육 과정에서부터는 '창의성'과 함께 교육의 목표로 더욱 강조되고 있다. '건전한 인성'을 교육 목표 차원으로 삼은 것은 매우 바람직한 일이다. 미래 사회는 정보가 중심이 되는 사회일 뿐 아니라 그 정보를 다룰 사람의 도덕성이 필요한 사회이기 때문이다. 도덕성은 건전한 인성을 바탕으로 하기 때문에 건전한 인성은 정보화 사회에 중요한 교육 요소가 되는 것이다.

그러나 인성 교육 역시 과거의 주입식 방법이어서는 큰 효과를 얻을 수 없다. 현대를 사는 학습자들은 과거와는 달리 매체를 통한 다양한 교양 정보를 갖고 있으므로 과거처럼 훌륭한 사람의 이야기나 교훈적인 글을 들려주고 그것을 그대로 따라 하기를 강요해서는 안 된다.

새로운 시대의 인성 교육은 학습자 스스로 인성의 덕목을 설정하고 스스로 실천할 수 있도록 유도하여야 한다. 시조, 나아가 고전 문학 작품은 학습자가 스스로 인성 교육을 수행하는 데 매우 효과적인 자료가 될 수 있다. 시조는 진솔한 인간과 인간애를 담고 있으며, 개인의 정서나 사회의 규범적인 의식이 담겨있기 때문이다. 뿐만 아니라 민족 고유의 정신과 사상, 역사성을 담고 있어 학습자로 하여금 인생에 대해 폭넓은 자의식을 갖도록 하는 데에도 매우 효과적이다.

다음 예문은 2. 5. 4의 (1) ~ (5) 단계를 모두 활동한 다음, 추후 활동의 형식으로 '나는 어떠한 우정을 쌓겠는가?'라는 질문을 통해 '交友 10계명'을 학습자 스스로 작성하게 한 결과물이다.

【예문6】

교우(交友) 10 계명
- 〈오우가〉를 읽고 -

1. 나는 친구를 위해 대신 죽을 수 있는 우정을 갖겠다.
2. 나는 친구의 허물을 감싸줄 수 있는 우정을 갖겠다.
3. 나는 친구의 어려움을 돌보아주는 우정을 갖겠다.
4. 나는 마음으로 느낄 수 있는 우정을 갖겠다.
5. 나는 친구를 옳은 길로 인도하는 우정을 갖겠다.
6. 나는 물질로 평가하는 친구가 아니라 성품을 사랑할 줄 아는 우정을 갖겠다.
7. 나는 친구가 나를 필요로 할 때 옆에 있는 우정을 갖겠다.
8. 나는 가까울수록 예의를 갖추는 우정을 갖겠다.
9. 나는 친구의 부모님을 나의 부모님처럼 공경하는 우정을 갖겠다.
10. 나는 친구와 함께 발전적인 미래를 도모하는 우정을 갖겠다.

이렇듯 학습자 스스로 생각하고 작성한 문장은 기성 세대의 시각으로 만들어지고 채택된 어느 글보다도 학습자의 의식에 깊게 자리할 것이다. 이러한 활동을 통해 학습자는 〈오우가〉에 담겨 있는 선인의 목소리와 삶의 태도에 접근하고, 그것을 자신의 것으로 만드는 과정을 거치게 된다.

교육을 시행하는 과정에서 학습자를 조금 더 긍정적으로 바라보고, 학습자의 세계와 활동 능력에 믿음을 갖는다면 학습자 활동 중심의 교수·학습 방법은 다양하게 구안될 수 있으며 효과적으로 진행될 수 있을 것이다.

교수·학습의 주체인 학습자의 세계와 활동 능력에 대해 믿음을 가지고 학습자의 자발적이고 능동적인 활동을 통해 그들 스스로 시조의 세계와 삶에 접근할 수 있도록 유도하여야 한다. 그래야 만이 새로운 문학 지평, 새로운 문화 창달을 열어 갈 수 있고, 시조(문학) 교육을 통해 '건전한 인성과 창의성을 함양'할 수 있을 것이다.

5. 3 인성교육과 가사교육

국어교육에서 고전문학 교육이 어떤한 가치가 있는지, 고전문학을 통해 인성교육을 이룰 수 있는지에 대해서는 다시 논의하지 않아도 될 것이다. 한 가지 가사교육이 인성교육에 어떠한 역할을 하는지에 대한 논의는 하여야 할 것 같다.

가사는 운문과 산문의 중간 단계에 있는 장르이다. 가사가 운문과 산문의 중간 단계에 있다는 것은 그만큼 표현 형식이 다양하다는 것을 의미한다. 즉 운문적 표현 형식과 산문적 표현 형식을 모두 가지고 있는 것이 가사이다.

이러한 점에서 가사는 학습자들이 쉽게 활동할 수 있는 표현 형식인 것이다. 그리고 표현 형식이 자유롭다는 것은 가사에 담을 수 있는 내용 역시 일정한 주제를 갖고 있지 않다는 것을 의미한다.

사실 가사 작품들을 보면 서정적인 것에서부터 서사적인 것까지 다양한 내용을 담고 있다. 즉 정서적인 내용에서부터 일상적인 생활, 또는 비판적인 내용까지 모두를 가사의 내용의 담고 있다.

가사는 형식과 내용면에서 인간의 삶을 오롯하게 옮겨 놓은 장르이다. 시처럼 함축과 상징, 은유의 부담감도 없고 시조처럼 율격의 정형성의 부담도 없다. 소설처럼 갈등과 대단원을 별도로 준비하지 않아도 되고 희곡처럼 지문과 대사, 인물의 행동을 구체화하지 않아도 된다.

그러면서도 가사는 시이고 시조고 소설이고 희곡이다. 가사는 인생 철학을 미리 준비하지 않지만 일상생활의 철학을 담고 있다. 문학 장 으로 중에서 가사는 형식에서뿐만 아니라 내용에서도 우리의 일상을 그대로 담고 있다. 현란한 수식과 심오한 은유는 없지만 일상의 삶을 그대로 옮겨 놓음으로써 은유를 보여주고 철학을 말한다.

따라서 일상적인 생활 속에서 인성교육을 이루어야 하는 교육적 목 적을 가장 잘 실현시킬 수 있는 것이 가사이다.

이 곳에서는 가사 중 기행가사를 대상으로 인성교육과 가사교육을 접목하고자 한다. 가사 중에서 기행가사를 대상으로 하는 이유는 ① 기행가사는 아직도 창작되고 있는 유형이고 ② 새로운 세계에 대한 표현이라는 점에서 흥미를 느낄 수 있으며 ③ 대상에 대한 이입과 대 입을 가장 활발하게 이루고 있어 인성교육적 가치가 크다는 것이다.

5. 3. 1 기행가사의 창작 원리

과연 기행가사를 학습자들에게 교육할 가치가 있는가? 이 물음에 답하기 위해서는 우선 기행가사에 대한 이해를 높여야 할 것이다. 기 행가사에 대한 이해는 여러 각도에서 접근할 수 있으나, 여기서는 기 행가사의 창작 원리를 밝히는 방법을 채택하였다. 이는 기행가사 창 작 원리가 기행가사를 이해하고 감상하는 핵심 요소이며 학습자 활동 중심에 더욱 효과적이라는 생각 때문이다.

기행가사는 '여행'이라는 내용을 '가사'라는 양식을 빌어 형상화한 것이다. 필자는 기행가사를 "작자가 여행자라는 인식을 가지고 여행 동기와, 목적지를 중심으로 한 여행의 구체적인 노정(路程)과 대상에 대한 감회, 여행 후의 소감을 가사 형식으로 노래한 작품"88)이라고 정의한 바 있다.

(1) 노정에 따른 구성의 원리

기행가사의 내용적 요소 중에는 '노정(路程)'이 가장 중요하다. 목적이나 목적지가 없는 여행은 있을 수 있어도 여정이 없는 여행은 성립하지 않기 때문이다. 노정이 중요하다는 말은 곧 여행 중에 보고, 듣고, 경험한 인물·사물·풍속·역사 등을 대상으로 하여 그에 대한 인식을 형상화하는 것이 기행가사의 창작 원리이기 때문이다. 따라서 여행의 노정은 곧바로 노정 중에 만나는 대상을 의미한다.

모든 여행은 반드시 되돌아오는 것이 특색이다. 되돌아오지 않는 여행은 이민이나 망명일 뿐 여행은 아니다. 그러므로 여행을 내용 요소로 하는 기행가사는 여행의 과정을 구성과 내용 구조로 삼는다. 즉 공간적 구성을 바탕으로 '① 출발 동기 및 행장 → ② 목적지까지의 노정과 대상에 대한 느낌 → ③ 목적지에서의 구경과 삶에 대한 생각 → ④ 돌아오는 길의 노정과 대상에 대한 느낌 → ⑤ 여행 후 느낌과 창작 배경'의 내용 구조를 갖는다.

그러나 기행가사가 초기부터 이러한 5단계의 내용 구조를 가졌던 것은 아니다. 전·중기의 기행가사는 ④를 생략한 4단계[89]나 ②와 ④를 생략한 3단계의 내용 구조를 가지고 있다[90]. 기행가사가 여행의 과정을 그대로 담아 5단계의 내용 구조를 보이기 시작한 것은 〈영삼별곡(1704)〉에서부터 자리를 잡기 시작하였다. 그리고 후기 기행가사는 오히려 노정에 따른 5단계 구성을 확고히 하였다.

그러나 몇 단계가 원형인가를 살피는 일은 중요하지 않다. 오히려

---

88) 졸저, 『기행가사연구』, 한남대학교 대학원 박사학위논문, 1996. 18쪽.
89) 최강현(『한국기행문학연구』, 일지사, 1982. 15쪽)은 4단계를 기행가사의 구조적 특질로 살폈다.
90) 전·중기의 기행가사가 4단계와 3단계 구성을 갖는 이유는 졸고, 앞의 논문 참조.

기행가사 작품에 나타나는 3단계 · 4단계 · 5단계를 모두 구성의 원리를 받아들이고 학습자가 표현 활동을 할 때 자신의 경험과 형상화할 내용에 맞는 구성을 자유롭게 선택하도록 유도하는 것이 중요하다.

(2) 장면 독립의 원리

기행가사의 내용 구조를 살펴보면, 대상에 대한 표현과 느낌이 하나의 장면을 이루고 그것은 각기 다른 장면들과 독립되어 있다는 것을 알게 된다. 즉 기행가사의 하나의 대상에 대한 장면은 시의 '연'이나 일반 서사물의 '문단(文段)'과 같은 단위의 역할을 한다고 할 수 있다.

그리고 독립된 장면과 장면의 연결은 '도라 드러', '올나가니', '빗기지나' 등과 같은 동사를 사용하여 공간 이동을 표현함으로써 이루어진다.

感松亭 도라 드러　　　　　大洞江 ᄇ러보니
十里波光과 萬重烟柳ᄂᆞᆫ　　上下의 어리엇다
春風이 헌ᄉᆞᄒᆞ야　　　　畵船을 빗기 보니
綠衣紅裳 빗기안자　　　　섬섬옥수로 綠綺琴 ᄂᆡ이며
晧齒 丹脣으로　　　　　　采蓮曲 보ᄅᆞ니
太乙 眞人이 蓮葉舟 틋고　玉河水로 ᄂᆞ리ᄂᆞᆫ 닷
셜ᄆᆡ라 王事 靡固ᄒᆞ들　風景에 어이 ᄒᆞ리
練光亭 도라 드러　　　　浮碧樓에 올나가니
綾羅島 芳草와　　　　　錦繡山 烟花ᄂᆞᆫ
봄비슬 쟈랑ᄒᆞ다　　　　〈관서별곡〉

'감송정(感松亭) 도라드러'는 앞 장면과 연결하는 공간 이동이다. 즉 '감송정'은 묘사의 대상이거나 느낌을 불러일으키는 대상이 아니라 장면과 장면을 이어주는 역할을 할뿐이다. 표현 대상은 '대동강'이다. 대동강 물결과 버드나무의 어우러짐을 이전의 독서 경험에서 체득했던 표현 내용을 사용하여 형상화하고 있다. 그리고는 "셜ᄆᆡ라 왕사(王事)미고(靡固)ᄒᆞ들 風景(풍경)에 어이 ᄒᆞ리"로 작자의 주관적인 생각·느낌을 서술하고 있다.

그리고는 시나 일반 산문에서 볼 수 있는 그 어떠한 구분 장치를 하지 않고 바로 '練光亭 도라 드러 浮碧樓에 올나가니'로 공간 이동과 아울러 변화된 작자의 위치를 서술하고 있다. 이를 바탕으로 기행가사의 독립된 장면의 창작 원리를 살펴보면 다음과 같다91).

 ㉮ 공간 이동과 작자의 위치 - 짧은 여정
 ㉯ 대상 확인과 대상에 대한 서술 - 독서 체험에 의한 표현(典故)
 ㉰ 작자의 느낌과 감회 - 주관적인 정서

한 편의 기행가사는 이러한 독립된 장면들이 모여서 이루어진다. 즉 독립된 장면의 원리가 기행가사 전편의 창작 원리가 될 수 있고, 독립된 장면 하나하나는 나름대로 교수·학습의 단위가 될 수 있다. 따라서 기행가사의 독립 된 장면들은 표현 활동의 단위가 될 수 있다.

(3) 현재 시제의 원리

앞 절에서 기행가사의 독립된 장면은 공간 이동에 의해 전개된다고 논의하였는데, 이 공간 이동은 시간의 흐름을 밑바탕으로 한다. 문학 감상은 시간 체험에 기반을 둔 공간 체험이라는 말로 바꿀 수 있다. 서술자 내지 화자의 시간 체험이며, 그와 동일시된 독자의 시간 체험 이자 공간 체험이기도 하다.

작자의 시간 관념은 작품 안에서 주로 시제로 실현된다. 그러므로 시제를 검토하는 일은 작자의 시간 관념을 파악하는 효과적인 방법이 다. 작자는 시간 관념에 의해 작품 속의 시간을 실현하고 독자는 작품 속에 실현된 시간을 통해 작자의 시간 관념을 읽어낸다. 작품 속의 시

---

91) 일기 형태의 후기 기행가사에서는 공간의 이동보다 바뀐 날짜(시간), 대상만
   이 아닌 사건을 서술하기에 이와 같은 원리에서 벗어난 부분도 있다. 그러나
   기행가사들은 일반적으로 이 원리에 의해 창작되고 있다.

제를 통해 작자의 시간과 독자의 시간은 동일한 시간을 갖는다. 다시 말하면 독자는 작품 속에 실현된 시제를 통해 독자의 읽기 시간을 획득하는 것이며 이는 곧 작자의 주관적인 시간과 동일한 시간을 공유한다는 것을 의미한다.

연경 만리예   륙샥을 치힝ᄒ야
지월 초삼일에   북궐의 하직ᄒ고
갈 길을 도라보니   구름 밧긔 하놀일신
군명이 지중ᄒ니   슈고를 혜아리랴
모화관 사ᄃᄒ고   홍졔원 드러오니
서교의 젼별홀 졔   친구ㅣ가 만좌ㅣ로다

〈연행별곡〉

〈연행별곡〉은 여행을 다 마치고 지은 것으로 판단된다. 그러나 작품의 시제는 "하직ᄒ고 / 도라보니 / 하놀일신 / 사ᄃᄒ고 / 드러오니 / 홀 졔 / 만좌ㅣ로다" 등 모두 현재 시제를 사용하고 있다. "갈 길을 도라보니"에서 '도라보니(돌아 보니)'는 과거 회상의 느낌을 풍기기도 하지만 작품 해석상 '가야 할 길을 고개를 돌려 바라보니'로 풀이하여야 하므로 시제는 역시 현재 시제이다.

이러한 현재 시제 서술 방식은 〈연행별곡〉에서 뿐만 아니라 모든 기행가사들에게서 공통적으로 나타난다. 물론 제한된 몇 군데에서는 과거 회상 시제를 쓴 곳이 있다. 그러나 그것은 작품의 서사나 결사 부분, 그것도 작품 전체의 노정이나 전개와는 관계없는 여행 전·후의 상황을 말하고 있을 뿐이다. 오히려 기행가사의 회상시제는 현재 시제로 서술된 작품의 주된 내용과 여행을 더욱 현실감 있도록 하는 기재로 쓰이고 있다.

기행가사가 일관된 현재 시제로 서술되고 있는 것은 현실감·현장감을 주려는 작자의 의도와 관련이 있다. 작자는 독자로 하여금 그 누

군가가 여행을 다녀오고 쓴 기록물을 읽고 있다고 생각하기보다는 지금 여행을 하고 있다는 생각을 갖도록 의도적으로 현재 시제를 사용하고 있는 것이다. 그럼으로 해서 독자는 작자와 함께 여행을 떠나고 여행의 경험을 더욱 쉽게 공유하는 것이다.

기행가사에 사용된 현재 시제는 실제 여행 시간과 독자의 읽기 시간을 일치시킴으로써 작품에서 나타내려고 하는 작자의 의도를 명확하게 전달하는 표현 장치이다.

(4) 일상적인 의사 소통 방식의 원리

시가 문학은 일상적인 의사 소통 구조와는 거리가 있다. 특히 시가 문학에서 대화체는 아주 제한되어 사용되어 왔다. 상고시대의 시가, 향가, 고려가요, 경기체가, 시조 등 고전 시가 문학에서 대화체가 전혀 사용되지 않은 것은 아니지만 단지 몇 개의 작품에서 그것도 아주 한정되어 사용되었을 뿐이다. 그리고 대화 형식도 다양하지 않아 두 인물이 서로 대화를 나누는 경우는 극히 드물다. 그러므로 시가 문학에서 대화체를 사용하는 것은 독특한 의미를 담고 있다고 해도 과언이 아니다.

그러나 기행가사 작품에 실현된 대화 방식은 이전의 시가 문학에서 볼 수 없을 정도로 다양하다. 우선 발화 상대가 무정물이 아닌 유정물, 즉 인물과 인물간의 대화가 작품에 과감히 구사된다. 뿐만 아니라 다양한 대화 방식을 갖는다. 이전의 시가 작품에서 볼 수 있는 대상에 대한 일방적인 대화뿐만 아니라, 상대의 일방적인 대화, 발화자와 상대의 직접 · 간접 대화 등 다양한 유형의 대화 방식이 작품 안에서 이루어진다. 그리고 한 유형의 대화 방식도 여러 층위를 가지며, 대화 방식과 층위는 복합적으로 나타난다.

첫째, 서술자가 서술자에게 발화를 한다. 이는 독백을 의미하는 것이 아니라, 서술자가 자신을 객체화하여 발화를 하는 경우를 말한다.

독백은 다른 시가 문학에서도 사용되는 의사 소통 방식이다. 그러나 다른 시가 문학이 작자 자신의 정서를 드러내기 위한 것이라면 기행 가사에서 사용되는 독백은 자신의 상황을 각성하거나 대상에 대한 주관적 평가를 내리기 위한 것이다.

둘째, 현실의 인물이 서술자에 일방적으로 발화를 한다. 이 방식은 서술자가 현재 처해 있는 상황이라든가 서술자의 능력 - 이 밖에도 서술자 자신에 대한 모든 것 - 을 독립적으로 드러내면서 강조하기 위한 서술 의도를 가지고 있다.

셋째, 서술자가 짧게 묻고 발화 상대자가 길게 대답하는 대화 방식이 있다. 이러한 대화 유형은 서술자의 현실 인식을 드러내거나, 서술자가 알지 못하는 사실을 표현하고자 할 때 주로 사용하는 대화 방식이다.

넷째, 서술자와 발화 상대자의 직접 대화가 대등하게 이루어지는 유형이다. 대등한 직접 대화는 서술 전개의 기능도 가지고 있으며, 서술자가 자신의 목소리로 느낌이나 이념을 내세우기보다는 발화 상대자의 대화 내용을 비판하면서 서술자의 느낌이나 이념을 내세울 때 즐겨 사용되는 대화 방식이다.

이처럼 기행가사가 일상적인 의사 소통 방식을 갖는 것은 기행가사가 지니는 1인칭 시점과 관련이 있다. 기행가사는 가사 문학의 하위 갈래이므로 일관되게 1인칭 시점을 지니는데, 1인칭 시점은 상대의 처한 상황이나 감정·사상·이념을 직접적으로 기술하지 못하는 단점을 가지고 있다. 다른 시가 문학은 주관적인 감정이나 정서를 드러내는 것을 표현 의도로 하였기 때문에 1인칭 시점이 지닌 표현상의 단점을 느끼지 못했지만, 기행가사의 작자들은 대상과 내용을 다양하게 형상화하기 위해 1인칭 시점이 가지고 있는 단점을 극복해야만 했다. 그 극복 방법이 바로 일상적인 의사 소통 방식을 채택하는 것이다.

결국 기행가사에서 실현되고 있는 다양한 형식의 대화는 기행 가사가 갖는 다양성을 담기 위한 쓰기 전략이다. 초기의 가사나 일반 시가는 주관적 정서 표출을 목적으로 하지만 기행가사는 확대된 대상과 내용에 대한 객관적 관심의 증대로 과감하게 일상적인 의사 소통 방식을 창작 원리로 삼고 있는 것이다.

5. 3. 2 기행가사의 문학 교육적 가치

기행가사의 문학 교육적 가치는 형식 요소인 가사 문학이 가지고 있는 문학 교육적 가치와 여행을 내용 요소로 하는 기행가사의 문학 교육적 가치로 나눌 수 있다.

가사 문학의 문학 교육적 가치는 우선 가사 문학이 서정성과 서사성을 모두 가지고 있다는 것이다. 대상에 대한 정서적인 표현을 주로 하는 서정성과 대상에 대한 경험과 관찰, 대상과의 갈등을 담는 서사성을 동시에 지니고 있다. 그리고 다른 사람에게 알리고 적극적으로 읽어주기를 바라고 있어 기록성과 보고성도 지닌다. 이는 가사 문학이 작품 감상과 표현 활동에 매우 다양하게 활용될 수 있음을 의미한다. 중·고등학생들이 중심이 되는 고전 문학 교육의 학습자들은 다양한 욕구와 표현 양식을 가지고 있는데, 가사 문학은 이러한 학습자들의 특성을 모두 포용할 수 있다.

뿐만 아니라 문학 갈래 중 일상 생활의 언어 생활에 가장 효과적으로 영향을 미칠 수 있다. 5. 3. 1에서 살핀 바와 같이 가사 문학은 다양한 표현 방식과 서술 방식을 가지고 있기 때문에 일상 생활의 언어 능력 향상에 크게 도움을 줄 수 있다.

이렇듯 일상어와 일상적인 의사 소통 방식을 채용하고 있는 가사 문학은 인터넷 통신상의 새로운 언어를 사용하는 학습자들에게 전통적인 언어사용의 기회를 제공할 수 있고, 동시에 인터넷 통신상의 언어 체계가 가지고 있는 부정적인 측면에 대한 반성의 기회를 줄 수

있다.92)

기행가사가 여행을 내용 요소로 하기 때문에 갖는 독특한 문학 교육적 가치를 정리하면 다음과 같다.

첫째, 구체적이고 다양한 대상을 소재로 할 수 있다. 염은열은 대상 인식 방법에 기반하여 표현할 내용을 생성하고 있는 표현 유형을 "대상에 대한 즉물적(卽物的) 인식의 질서화"라고 하였다.93) 즉 기행가사는 추상적인 대상을 형상화하는 것이 아니라 구체적인 대상을 다양하게 선택하여 형상화할 수 있어 이해와 표현 활동에 손쉽게 접근할 수 있게 한다.

둘째, 구성과 내용 구조가 복잡하지 않다. 기행가사는 여정에 의한 공간 이동을 구성의 바탕으로 삼기 때문에 글의 구성이나 내용 구조를 이해하고 표현하는 데 수월성을 가지고 있다. 공간을 이동하며 보는 순서대로 대상을 형상화하였기 때문에 구체적 조작기의 중학생들이 어렵지 않게 이해와 표현을 수행할 수 있다.

셋째, 기행가사는 다른 가사 작품에 비해 일상 생활의 의사 소통 구조와 동일한 언어를 사용하고 있음으로 일상 언어로 이해하고 표현할 수 있다. 따라서 '국어 발전과 민족의 언어 문화 창달에 이바지할 수 있는 능력과 태도를 기른다'는 국어과 학습 목표를 충실히 구현할 수 있는 자료로서의 가치를 지닌다. 단지, 기행가사 작품을 자료로 학습할 때 고어(古語)를 교사나 참고서를 통해 해독하는 과정만을 거칠 것인가 아니면 학습자의 표현 활동을 통해 체득하게 하는 과정을 거

---

92) 다음 7. 8의 활동을 통해 학습자들이 고어와 고전적인 표현 방식에 매우 흥미를 가지고 있음을 학인할 수 있었다.

93) 염은열은(『고전문학과 표현교육론』, 역락, 1999. 51쪽) 이외에 '대상에 대한 관념적(觀念的) 인식의 구조화', '대상에 대한 주정적(主情的) 인식의 투사'를 내용 생성 유형으로 제시하였다. 본고에서는 중학생의 인지 발달 단계에서 '대상에 대한 즉물적 인식의 질서화' 중심의 교수·학습이 가장 효율적이라고 생각된다.

치는가에 따라 교육적 효과가 달라질 것이다.

넷째, 기행가사는 전·중기의 작품과 후기의 작품이 서로 다른 표현 양식을 보이기 때문에 학습자의 수준에 따라 다양하게 학습 자료로 삼을 수 있다. 전·중기의 작품은 대상과 거리를 두고 이전의 독서 체험에서 획득한 관념적 표현을 하고 있다면, 후기 작품은 대상을 작자의 인식 안으로 끌어들여 관찰하고 원리를 자세히 묘사하거나 설명하고 있으므로 학습자의 수준과 학습 목표에 따라 다양하게 선택할 수 있다는 것이다.

다섯째, 일반적으로 고전 문학이 그렇듯이 가치 있는 체험을 기록하고 있기 때문에 대상에 대한 작자의 체험과 주관적인 느낌·평가를 통해 '삶'에 대한 인식을 변화시킬 수 있다. 교육의 기본 목적이 새로운 사회 구성원에게 삶의 총체로서의 문화를 전수하고 새로운 삶으로서의 문화 창달이라는 점을 상기할 때, 여행 중에 경험한 다양한 대상과 인물·사건 등 선조들의 사실적인 삶과 삶의 자세를 감지할 수 있도록 한다는 것은 매우 중요한 인성교육적 가치일 것이다.

5. 3. 3 학습자 활동 중심의 교수·학습 방법

그러나 문제는 실제 수업을 통해 학습자들에게 가르칠 내용에 대해 흥미를 갖게 하여 학습 동기를 유발하고, 지식·지식 구조를 이해나 수행 활동을 통해 머리 속에 저장하고, 다음 학습과 일상 생활에서 올바른 이해와 표현을 할 수 있도록 하는 것이다.

이곳에서는 목적 상 효율적인 논의를 위해 기행가사가 인지 발달 과정상 '구체적 조작기'에 있는 중학생들에게 적절한 고전 문학 학습 자료가 될 수 있다는 앞의 논의를 바탕으로 '쓰기'와 '말하기' 등 표현 활동을 통해 교수·학습 방법의 한 모형을 제시하도록 할 것이다.

이러한 논의의 배경에는 고전 문학 작품을 학습함에 있어 '무엇을',

'어떻게' 가르칠 것인가도 중요하지만, 고전 문학 텍스트를 '왜', '어느 수준의 학습자'94)에게 가르칠 것인가도 중요하다는 인식이 깔려 있다. 그럼으로 해서 학습자의 흥미와 동기를 유발하고, 인지 발달 과정에 적합한 활동을 통해 기행가사, 나아가 고전 문학을 이해·표현하고 선조들의 삶의 모습과 표현 양식을 체득하여 새로운 문화 창달과 풍부한 언어 생활에 영위하는 데 기초가 되고자 한다.

　이러한 고전 문학 교육 목표에 접근하기 위해 중학생을 대상으로 한 학습자 활동 중심의 기행가사 수업 모형을 창안하면 다음과 같다.95)

　　(1) 동기 유발 단계 〔학급 활동〕
　　　㉠ 기행가사 읽기(어려운 한자어는 현대어로 풀어준다 – 교사)
　　　㉡ 산문으로 된 기행문 읽기 (자료 – 교사 선정, 혹은 학습자 글 선정)
　　　㉢ 여행 경험 이야기하기, 또는 '학교↔집'·'학교 안'의 경로 이야기하기
　　　　(학급을 단위로 교정을 거닐면서 교정 안의 여러 대상을 파악하는 것
　　　　도 좋다)
　　　㉣ 신문·(여행)잡지 등에 소개된 여행지 및 노정 파악하기
　　　㉤ 위 항목 중 하나를 선택하여 여행지도 그리기

　　(2) 기초 단계 〔개별 활동〕
　　　㉠ (1)의 단계에서 활동한 내용 중 가장 기억에 남는 부분을 짧은 글로
　　　　표현하기
　　　㉡ (1)의 단계에서 표현하고 싶은 노정을 정하고, 떠오르는 낱말을 이어
　　　　글로 표현하기

---

94) 7차 교육 개정에서부터 '수준별 교육'을 강조하고 있지만 우리 교육 현장에서 '수준별 교육'이 당장 이루어질 것이라고 기대하기는 어렵다. 따라서 본 장에스는 '수준별 교육'을 '어느 학년', 즉 초·중·고 어느 학년에서 교육할 것인가를 나타내는 의미로 사용하였다.

95) 사용한 번호 중 '(1)·(2)·(3)...' 활동 순서이나, '㉠·㉡·㉢...'는 순서와 관계가 없다. 학습자의 수준이나 학습 목표에 따라 선택할 수 있고 또는 순서를 바꿀 수 있다. 이 곳에 소개한 활동 모형은 여러 가지 모형 중 기본적인 모형의 한 예이다.

　　　* 노정을 좇아 장면 독립의 원리 의해 표현하기

　(3) 심화 단계
　　　㉮ (2)의 글을 압축하여 3 또는 4자, 4음보로 정리하기 〔개별 활동〕
　　　㉯ (2)의 글과 다른 점 이야기하기(산문과 운문의 차이점 알기)
　　　　〔모둠별 활동 후 - 교사 정리〕
　　　* 가사 형식(운율) 이해하기, 현재 시제로 표현하기

　(4) 발전 단계
　　　㉮ (3)의 결과물을 기행가사의 창작 원리에 맞춰 기행가사 짓기 〔개별 활동〕
　　　㉯ 기행가사 창작 원리(특성)에 대해 토론·질문하기
　　　　〔모둠별 활동 후 - 교사 정리〕

　(5) 정리 단계
　　　㉮ 자신이 지은 기행가사 발표하기 〔학급·모둠별 활동〕
　　　㉯ 다른 학생이 지은 작품을 읽고 잘된 점과 잘못된 점 토론하기
　　　　〔학급·모둠별 활동〕
　　　㉰ 다듬기 〔개별 활동〕

　(6) 추후 활동 단계
　　　㉮ 또 다른 기행가사 읽으며 이해·감상 능력 높이기
　　　　〔학급·모둠별 활동 - 교사, 학습자 자료 준비〕
　　　㉯ 시조(時調)와 다른 점 이야기하기 〔모둠별 활동 후 - 교사 정리〕
　　　㉰ 관련 학습 활동 및 관련 주제 토론하기〔학급·모둠별 활동〕

　이러한 교수·학습 모형으로 수업을 진행하면 '학습 동기 유발하기 - 학습자 중심의 표현 활동하기 - 토론하기·질문하기 - 교사 정리하기 - 추후 활동하기'의 과정을 거치게 된다. 이러한 모형은 과거의 '교사 중심 교육', '명제화 된 지식 설명하기', '암기 위주의 평가'에서 벗어날 수 있다. 즉, 학습자가 표현 활동을 거치면서 스스로 작품의 창작 원리를 경험하게 되고, 동시에 작품과 갈래 특성을 체득할 수 있다.
　물론, 좀 더 다양한 교수·학습 모형이 개발되어야 하고, 학습자

수준과 학습 상황에 따라 수행 과정의 변화를 구체적으로 구안하여야 할 것이다. 뿐만 아니라 활동 후 학습자의 반응과 교사의 의견을 참고하여 더욱 효율적인 고전 문학 교육의 토대를 마련하여야 할 것이다.

다음은 위와 같은 교수·학습 모형으로 수업한 결과물이다.96)

《학습자 활동 예문1》

보문산	전망대올라	대전야경	바라보니
여기저기	반짝이는	불빛이	가득하네
별빛과	불빛들의	빛평선이	끝이없다
지옥시험	어떻허나	생각만이	가득한데
불빛속의	많은사람	생각들이	궁금하다
부끄러운	내생각	한없이	작았구나
고개들어	이세상	넓게넓게	바라보니
마음이	편해진다	세상또한	고요하다
오를때는	몰랐건만	내려오는	발걸음이
한없이	가볍도다	날씨또한	포근하다

《학습자 활동 예문1》은 학습자가 자신의 생활 주변을 돌아 보고 대상을 인식하고 대상을 통해 자신의 현재 생각을 점검하고 자신의 생각이 작았음을 반성하고 반성을 통해 자신의 심리 상태를 변화하는 내용 구조를 보여주고 있다. 이를 간단히 도식과 하면 '공간 이동 → 대상 인식 → 자신의 심리 상태 점검 → 또 다른 대상 인식 → 자신의 심리 상태 반성 → 달라진 심리 상태에 의한 대상 확인 → 공간 이동' 과 같다.

'보문산 전망대 올라'는 공간 이동을 나타냄과 동시에 현재 서술자의 위치이다. 서술자는 현 위치에서 대상(대전 야경)을 확인하고 서

---

96) 동기 유발 단계에서 〈관서별곡〉, 〈관동별곡〉, 〈일동장유가〉를 각각 한 부분씩 읽어주고 각 단계를 거친 후 얻은 학습자의 글임.

술 대상으로 선정한 다음 '불빛이 가득하다'고 인식하고는 '빛평선이 끝이 없다'로 주관적으로 서술 표현하고 있다. 그리고 끝이 없이 펼쳐진 빛평선을 바라보며 '지옥시험 어떻하나'의 상념에 빠져 있는 자신의 심리 상태를 점검한다. 그러나 이러한 심리 상태는 고정된 것이 아니라 불빛 속에는 많은 사람들이 자신의 삶을 열심히 충실하게 살고 있을 것이라는 유추 연상을 통해 자신의 생각기 한없이 작았음을 반성한다. 이러한 반성은 고개를 들어 세상을 넓게 바라보게 동인이 되고 그 결과 마음이 편해지는 심리 변화를 이끌어 낸다. 세상을 넓게 바라보니 마음이 편해지는 것뿐만 아니라 그 동안 아웅다웅 시끄럽게만 여겨지던 세상이 고요하게 느껴지는 것이다. 이러한 심리 상태의 변화와 세계 인식 태도의 전환은 보문산 전망대에 오를 때와는 전혀 다르게 '오를 때는 몰랐건만 내려오는 발걸음이 한없이 가벼움'을 경험하게 되는 것이다. 그러면서 동시에 느끼지 못했던 날씨의 포근함까지 느끼게 된다.

한 편의 기행가사라 볼 수는 없지만 기행가사의 독립된 한 장면으로는 손색이 없다. 공간 이동을 통해 대상을 선정, 확인하고 대상을 인식하는 과정에서 자신의 현재 심리 상태를 표출하고 대상과의 교감 속에서 자신의 심리 상태뿐만 아니라 세계를 바라보는 시각을 넓혀가고 있다.

이처럼 기행가사 창작 활동을 통해 기행가사의 창작 원리를 직접 체득하고 주변 대상에 대한 관심과 인식의 범위를 확대할 수 있으며 대상과의 관계 속에서 자신의 심리나 세계에 대한 시각을 넓히고 변화시킬 수 있다. 이와 동시에 느끼지 못했던 세계를 자기 안으로 끌어들여 자신의 것으로 느끼게 된다.

《학습자 활동 예문2》

달래강	굽이돌아	열두대를	바라보니
높은절벽	세찬물살	세상풍파	씻기는듯
임전무퇴	조상의 넋	가슴에	새겨두고
탐금대로	도라드러	우룩얼굴	마주하니
은은한	가야금소리	가슴속에	울리우고
마음을	다비우고	푸른물결	바라보니
세상풍파	어데가고	단잠이	찾아오네
바야흐로	추풍낙엽	건드리면	떨어질세라
발걸음도	고요히	오솔길	내려오네

《학습자 활동 예문2》는 학습자가 〈관서별곡〉, 〈관동별곡〉을 읽고 예전에 여행에서 얻었던 경험과 느낌을 표현한 것이다. 학습자의 배경 지식을 이끌어내는 것이 교수·학습을 효율적이고 효과적으로 수행하는 방법임을 감안한다면 기행가사 작품을 통해 학습자의 이전 경험을 이끌어 내는 것은 기행가사, 또는 가사를 학습하는 효율적이고 효과적인 방법일 것이다. 따라서 기행가사 작품을 제시하고 가사 문학이나 작품에 대한 원리나 지식을 강요하는 것보다 학습자의 경험을 이끌어 내는 것이 먼저일 것이다. 그리고 이 경험들을 제시한 기행가사를 전고로 삼아 학습자의 경험을 표현하는 것은 새로운 고전 문학 교육을 위한 하나의 대안이 될 수 있다.

《학습자 활동 예문2》의 학습자는 제시된 기행가사 작품을 나름대로 읽고 이해한 다음 과거에 자신이 여행 중에 경험했던 사실을 이끌어 내고 있다. 이 예문 역시 '공간 이동 → 대상 선정과 대상 표현 → 공간 이동 → 대상에 대한 역사적 이해와 주관적 정서 → 자신의 심리적 변화 → 공간 이동'의 내용 구조를 가지고 있다.

예문에서 서술자의 위치는 '열두대가 보이는 곳 → 탄금대 → 내려오는 오솔길' 등으로 바뀐다. 첫 번째 위치에서 서술자는 높은 절벽의 세찬 물결에서 임전무퇴의 조상의 넋을 느끼고 있으며 두 번째 위치에서는 탄금대에 서려 있는 역사적인 인물인 우륵을 떠올리고 '은은한 가야금 소리'를 듣고 있다. 대상에 동화되어 마음을 비우자 세상풍파가 다 물러남을 경험하게 된다. 이러한 대상에 대한 인식과 대상과의 동화를 통해 서술자는 새로운 경험을 하게 되고 새로운 세계에 눈뜨게 되는 것이다.

《학습자 활동 예문2》는 과거의 여행 경험을 서술하면서도 일관되게 현재 시제를 사용하고 있다. 현재 시제를 사용하는 것은 서술자의 생각과 정서를 사실성 있게 드러내기 위한 기법으로 현장감과 현실감을 준다. 모든 기행가사가 그러하듯이 위 예문 역시 현재 시제를 사용하여 여행의 시간, 서술자의 창작의 시간, 독자의 읽기 시간을 일치시키고 있다.

《학습자 활동 예문3》

광안리에	도착하여	넓은바다	바라보니
붉은해와	푸른바다	조화중에	조화로다
한켠에는	조각배가	둥실둥실	떠다니고
그위에는	갈매기가	정신없이	날고있고
해변가에	사람들이	목숨걸고	수영하네
해변가를	고독하게	폼잡고서	걷다보니
어느사이	해는지고	보이는건	해그림자
이런곳에	머문동안	밥안먹고	배부르네
장관중에	장관일세	장관중에	장관일세

《학습자 활동 예문3》의 특징은 4·4조를 정확하게 지키고 있는 것이다. 시가 언어의 정제이고, 정서와 생각을 절제된 언어로 노래한 표현물이라는 점에서 정형의 음수율에 의한 표현 활동은 효율적인 학습의 한 방법이라고 할 수 있다. 자신의 정서와 생각을 정제된 언어로

표현하는 일도 쉽지 않겠지만 그 정제된 언어를 글자 수 4자를 지켜 표현하는 일 역시 학습자에게 쉬운 활동이 아니다. 그러나 이러한 활동을 통해 학습자는 가사 또는 기행가사에 대한 이해와 감상의 폭을 넓힐 수 있다.

위의 예문들이 한 편의 가사로서 문학적 수준이 높다고 할 수 는 없을 것이다. 그러나 가사 문학, 기행가사에 대한 지식과 고어 해석, 문학사적 가치 등을 지식 구조 가르치기에서 조금만 벗어난다면 위와 같은 활동은 학습자에게 학습 동기를 유발하고, 학습자의 경험과 사전 지식을 충분히 활용하고, 학습자 중심의 이해와 감상을 이룰 수 있을 것이다.

또한, 이와 같은 활동 결과물을 모아 한 편의 기행가사를 완성할 수도 있다. 즉, 모둠별로 일정한 공간을 경험하게 하고 각각 일정 공간을 독립된 장면으로 완성한 다음, 차례대로 모아 한 편의 기행가사를 완성하는 것이다. 그리고 먼 곳을 여행한 내용으로 지으라고 강요할 필요는 없다. 오히려 일상 생활과 주변 사람들의 삶에 관심을 갖도록 유도하는 것이 좋다.

5. 3. 4 기행가사의 인성교육적 가치

기행가사는 형상화할 대상이 구체적이어서 구체적 조작기에 있는 학습자들의 활동을 손쉽게 이끌어 낼 수 있는 큰 장점을 가지고 있다. 기행가사의 형상화 대상은 사랑, 죽음 등과 같은 추상적인 것이 아니다. 산, 나무 등과 같은 우리 주변에서 흔히 볼 수 있는 사물들이나, 생활 이야기, 내가 경험한 사람들, 나라의 풍물이나 제도 등 일상의 구체적인 삶을 모습을 대상으로 한다.

물론 그것이 사랑이나 죽음으로 이어진다. 그러나 그것을 전면에 그려내어 그것 자체를 은유로 형상화하는 것이 아니라 구체적인 대상

물을 형상화함으로써 사랑과 죽음, 삶의 철학 등을 느끼게 한다.

따라서 구체적 조작기에 있는 학습자들의 이해를 높이고 표현 욕구를 높일 수 있다. 기행가사의 형상화 대상은 지금의 학습자들도 일상 생활에서 부딪히는 대상들이기 때문이다.

기행가사는 일상적인 것 중에서 가치 있는 체험을 기록한 것이므로 '삶'에 대한 인식과 자세를 학습자 스스로 변화시킬 수 있도록 유도할 수 있다. 모든 문학을 통해서 가치 있는 삶을 경험할 수 있지만 기행가사는 그 가치를 문면에 드러내고 있어서 가치 있는 삶을 구체적으로 경험할 수 있다.

아울러 교사 설명이 없이도 학습자 활동 중심의 수업을 이룰 수 있다. 기행가사는 문학적 장치가 복잡하거나 추상적이지 않아서 학습자들이 수행해야 할 내용을 쉽게 이해할 수 있다. 수행해야 할 내용을 쉽게 이해할 수 있다는 것은 활동을 쉽게 구안할 수 있다는 것을 의미한다. 즉 학습자가 무엇을 활동할까를 쉽게 계획할 수 있다는 것이다. 그리고 수행 과정을 통해 전통 문화를 직접 체득하게 하여 이해를 높이고 새로운 문화를 창달에 기여할 수 있을 것이다.

중요한 것은 기행가사와 같은 고전 문학을 교육함에 있어 '무엇을', '어떻게' 가르치느냐 하는 것도 중요하지만, '왜', '언제(어느 수준의 학습자에게)' 가르쳐야 효율적인 교육이 이루어질 것이냐 하는 것을 심도 있게 논의하여야 한다는 것이다. 따라서 구체적인 고전 문학 작품 하나 하나의 가치와 특성을 살펴 어느 수준의 학습자에게 어떻게 가르쳐야 국어 교육의 목표를 종합적이고도 유기적으로 달성할 수 있는가에 대한 연구가 활발히 진행되어야 한다.

【참고 문헌】

중학교 국어 교과서

중학교 국어 교사용 지도서

교육부, 『중학교 교육 과정 해설(Ⅱ)』, 교육부 고시 제1997-15호, 1999.

교육부, 『교육 과정 해설』, 교육부 고시 제1992-19호, 1995.

교육부, 『도덕성·인성교육 계획』, 1955.

교육부, 『제 7차 교육과정- 국어과 교육과정』, 교육부 고시 제1997-15호

김기석, 『성격과 지도』, 현대교육출판사, 1968.

김대행, 『국어교과학의 지평』, 서울대학교출판부, 1995.

_____, 「문학교육론의 시각」, 『문학교육학』제2호, 한국문학교육학회, 1998.

_____, 『문학교육 틀짜기』, 역락, 2000.

김동환, 「비평적 에세이 쓰기」, 『문학과 교육』제4호, 한국문학교육학회, 1999.

김선배, 『시조문학 교육의 통시적 연구』, 박이정, 1998.

김완기, 『독서와 독서 감상문 교실』, 도서출판 교육관, 1983.

김형태, 「중등학교에서의 인성 교육 방안」, 『한남대학교 논문집』제27집,
    한남대학교, 1997.

박용환, 〈태도와 가치관의 본질〉, (정원식 편, 『情義의 교육』), 배영사, 1969.

변홍규, 『능률적인 질문의 기법』, 선명출판사. 1990.

변홍규·김규순, 「교사의 질문 활용 실태와 개선에 관한 연구」, 『교육논총
    제12집』

서울소년원, 『비행청소년의 가치관 변화에 관한 시험 연구』, 서울소년원, 1975.

심경석, 〈초등학교 필독도서 선정 방향과 기준〉, 『출판문화』, 1982.

양정실, 「반응 일지 쓰기의 문학 교육적 함의」, 『국어교육』 102, 한국국어교
    육연구회, 2000.

염은열, 『고전문학과 표현교육론』, 역락, 1999.

원용문, 「시조 형성의 원리」, 『시조학논총』 제15집, 한국시조학회, 1999.

윤정남, 「학교에서의 인성교육」, 『학교경영』13권 7호, 2000.

이경식, 『새로운 독서 지도』, 집문당, 1979.

이상로, 『성격과 행동의 지도』, 중앙적성연구소, 1982.

이상익 외, 『고전문학 어떻게 가르칠 것인가』, 집문당, 1994.

이성영, 『국어교육의 내용 연구』, 서울대학교 출판부. 1995.

이재승, 「과정 중심의 쓰기 교재 구성에 관한 연구」, 한국교원대학교 대학원 박사학위논문, 1999.

정기철, 『읽기 교육의 이론과 실제』. 역락, 2000.

_____, 『기행가사연구』, 한남대학교 대학원 박사학위논문, 1996.

_____, 『논술교육과 토론』, 역락, 2001.

정원식, 『정의의 교육』, 배영사, 1969.

조동일, 「작문의 난관과 과제」, 『국문학 이해의 길잡이』, 집문당, 1999.

최강현, 『한국기행문학연구』, 일지사, 1982.

최동원, 『고시조론』, 삼영사, 1980.

한국교육개발원, 『한국 도덕교육의 위상』, 방문사, 1989.

한상효 외, 『교육학개론』, 형성출판사, 1994.

한종하 외, 「중등학생의 지적 정의적 발달 특성 조사 연구」, 『한국교육개발원 연구보고서』, 1982.

한창훈, 「언어와 예술로서의 고전 문학과 교육」, 『문학교육학』, 태학사, 1999.

한철우·천경록 역, 『독서지도방법』, 교학사, 1996.

허왕욱, 「시조 작품의 의미 형상화 방법에 대하여」, 『시조학논총』 제15집, 한국시조학회, 1999.

황응연, 「인성교육 어떻게 할 것인가?」, 『교육평론』, 한국교육개발원, 1995.

황정규, 『교육평가』, 교육출판사, 1968.

Elizabeth B. Hurlock., Child Development (New York : McGraw-Hill Publication, 1950)

Gall, M.Synthesis of research on teachers' questioning, Educational Leadership, 1984.

Irwin & G. Sarason., Personality an Objective Approach(New

York : John Willey & Sons Ine, 1966)

Thomas V. Moore, The Nature and Treatment of Mental Disorders, 2nd ed. (New York : Grune, 1962).

Wilen, W. W. , Questionning skill, for teachers(4th ed), Washington D.C. : National Education Association, 1991.

저 자 소 개

■ 정기철

· 문학박사
· 한남대학교 문과대학 문예창작학과 교수

┃저서┃

· 읽기 교육의 이론과 실제(2000) - 2001년 문화관광부 우수학술도서
· 한국 기행가사의 새로운 조명(2001)
· 문장의 기초(2001) - 2003년 교사들이 선정한 중등부 문학 추천도서
· 창의력 개발을 위한 독서 지도법과 독서 신문 만들기(2001)
· 인성교육과 국어교육(2001) - 2002년 대한민국학술원 우수학술도서
· 논술교육과 토론(2003)
· 고전시가 퍼 올리기(2005) 외 다수

인성교육과 국어교육

초판 발행   2001년 10월 20일
2쇄 발행   2005년 05월 20일
지 은 이   정기철
펴 낸 이   이대현
편   집   이태곤 권분옥 박윤정 김보라
영   업   박승은
제   작   안현진
펴 낸 곳   도서출판 역락 / 서울 성동구 성수2가 3동 301-80
          (주)지시코 별관 3층(우-133-835)
전   화   3409-2058(대표) 3409-2060(편집부) FAX 3409-2059
이 메 일   yk3888@kornet.net / youkrack@hanmail.net
홈페이지   www.youkrack.com
등   록   1999년 4월 19일 제2-2803호

정가 12,000원

ISBN   89-5556-134-2-93710
* 잘못된 책은 교환해 드립니다.